LETTRES ET OPUSCULES

INÉDITS

DE LEIBNIZ

PRÉCÉDÉS D'UNE INTRODUCTION

PAR

A. FOUCHER DE CAREIL

Sentiment de Worcester et de Locke sur les idées.
Correspondance de Leibniz
avec Foucher, Bayle et Fontenelle. — Réflexions sur l'art
de connaître les hommes.
Résumé de la Consolation de Boëce. — Fragments divers
Mémoire pour les personnes éclairées
et de bonne intention.

PARIS
LIBRAIRIE PHILOSOPHIQUE DE LADRANGE
RUE SAINT-ANDRÉ-DES-ARTS, 44

LETTRES ET OPUSCULES

INÉDITS

DE LEIBNIZ.

LETTRES ET OPUSCULES

INÉDITS

DE LEIBNIZ

PRÉCÉDÉS D'UNE INTRODUCTION

PAR

A. FOUCHER DE CAREIL

Sentiment de Worcester et de Locke sur les idées.
Correspondance de Leibniz
avec Foucher, Bayle et Fontenelle. — Réflexions sur l'art
de connaître les hommes.
Résumé de la Consolation de Boëce. — Fragments divers
Mémoire pour les personnes éclairées
et de bonne intention.

PARIS
LIBRAIRIE PHILOSOPHIQUE DE LADRANGE
RUE SAINT-ANDRÉ-DES-ARTS, 41
1854

PRÉFACE.

« La tolérance philosophique devrait être, à mon avis, le grand principe de chaque éditeur, » disait, il y a cent ans, Rudolphe Éric Raspe, le premier qui s'avisât de publier les *Nouveaux essais sur l'Entendement humain de Leibniz.* Fidèle à ces principes de tolérance, que sa conduite se charge de justifier (1), il ajoutait, avec autant d'esprit que d'impudeur : « J'espère qu'avec ce mérite et l'exactitude, je puis me flatter de réunir les suffrages de tous les partis, tant de ceux qui, prévenus pour Leibniz,

> Stimano che 'l suo saper misura
> Certa sia, e infallibile di quanto
> Può far l'alto fattor de la natura (2)...

que de ceux qui, d'un autre côté, et avec un grand degré d'apparence, soutiennent avec M. Locke, que

> Augel notturno al sole
> E' nostra mente ai rai del primo vero » (3).

Je sais bien que la philosophie de Locke fut

---

(1) Raspe s'enfuit à Londres en emportant les médailles d'une collection publique, et y mourut.
(2) Tasso, *Gierus.*, XIV, 45.
(3) Tasso, *Gierus.*, XIV, 46.

longtemps à la mode, même en France, qu'elle fit même oublier celle de Leibniz, et que M. Desmaizeaux ne balança pas de dire dans la préface de son recueil : « Qu'il ne voyait pas encore que la philosophie de Leibniz eût fait fortune. » Depuis M. Desmaizeaux, les modes et les sentiments ont bien changé. Locke peut avoir conservé quelques partisans en Angleterre, mais en France le nombre en est bien petit : on est passé de l'engouement à l'indifférence. Il n'en est pas de même de Leibniz ; on le dit du moins. En effet, il n'y a pas de futur docteur qui ne consacre quelques heures à le lire dans la pauvre et mince édition qu'un agrégé, M. Jacques, a donnée pour les besoins de l'école (1).

Sauf quelques admirateurs ou curieux, Dutens est négligé ; et l'on ne trouverait pas en France aujourd'hui des frères de Tournes, comme il s'en est trouvé à Genève au siècle passé, pour imprimer, et un Ludovic Dutens pour éditer Leibniz (2). Depuis qu'un arrêt banal, partout colporté, a condamné la monadologie et l'harmonie préétablie, on ne s'occupe plus des doctrines ; on veut bien encore par moments s'occuper de l'homme. Fonda-

---

(1) *OEuvres de Leibniz*, nouvelle édition précédée d'une introduction par M. A. Jacques, 2 vol. in-12. Paris, 1847. — OEuvres de Locke et Leibnitz, par Thurot et Desrez, *Panthéon littéraire*. Paris, 1840, in-8.

(2) *Leibnitii opera*, édit. Dutens. Gen., 6 vol. in-4.

teur de l'Académie de Berlin, il a trouvé dans M. Bartholmess, le narrateur fidèle, éclairé, de ses actes académiques (1). Historien de la philosophie, il a provoqué la thèse de M. Bertereau ; philosophe, celles de M. Lefranc et de M. Lemoine (2). Théologien, il a suscité, après le vénérable abbé Émery (3), un éditeur dans le clergé, l'abbé Lacroix (4), et un traducteur, dont le nom seul est un éloge, M. le prince Albert de Broglie (5). Savant et naturaliste, son nom se rencontre tantôt sous la plume de Cuvier ou de M. Flourens, tantôt dans les savantes recherches de M. Biot. Grands amateurs d'autographes, M. Foisset et M. Cousin nous ont successivement rendu sa correspondance avec l'abbé Nicaise (6). De son côté, M. Firmin Didot

(1) *Histoire de l'Académie de Berlin*, par Chr. Bartholmess. Paris, 2 vol. in-8. — *Mémoires sur les doctrines religieuses de Leibniz*, dans le tome VI du *Compte rendu*, par Mignet, p. 141 et 245.

(2) *Leibniz considéré comme historien de la philosophie*, par Bertereau. Paris, 1843, in-8. — *Leibnitii judicium de nonnullis Baylii sententiis*, par Lefranc, Paris. — *Quid sit materia apud Leibnitium*, par Lemoine. Paris, 1850.

(3) *Esprit de Leibniz*, par l'abbé Emery. Lyon, 1772, 2 vol. in-12. — *Exposition de la doctrine de Leibniz sur la religion*. Paris, 1819, in-8. La 1re édition du *Systema* est de l'abbé Garnier.

(4) *Système théologique*, édit. P. P. Lacroix, 1845, in-8.

(5) *Système religieux de Leibniz*, trad. par A. de Broglie. Paris, 1846, in-8.

(6) Foisset, *Revue des deux Bourgognes* (1836). — Cousin. Œuvres, t. 11, p. 191.

publiait, dès 1820, son *Commerce épistolaire avec Malebranche et le P. Lelong,* tiré à trente exemplaires seulement (1), livre rare, aujourd'hui introuvable, mais auquel suppléent largement les articles de M. Cousin, dans le *Journal des savants* (2). M. Damiron, son confrère, a donné, dans le *Compte rendu des séances de l'Académie,* une courte mais substantielle notice (3). Nommons aussi MM. Nodier (4) et Archimbaud (5), qui, l'un dans ses *Mélanges,* l'autre dans un recueil de pièces fugitives, nous ont rendu quelque chose de Leibniz ; et plus anciennement M. Barchou de Penhoën (6), qui paraît avoir essayé ce qui reste à faire : une esquisse de la philosophie leibnitienne.

Voilà, depuis Fontenelle (7) et le chevalier de Jaucourt (8), en y joignant l'éloge couronné de

---

(1) *Lett. au P. Malebranche et au P. Lelong.* Paris, 1820, in-4. — Cousin, *Fragments de philosophie cartésienne.*

(2) Cousin, *Journal des savants,* 1844. — Voy. aussi XIIIe leçon du cours de 1815 et XIIe du cours de 1829. Voy. aussi un extrait de cette leçon ci-après, à l'Appendice.

(3) Damiron, *Compte rendu des séances de l'Acad. des sciences mor.* par Mignet. Paris, 1847, 1 vol. p. 349-373.

(4) Nodier, *Nouv. mél.* p. 33.

(5) Archimbaud, *Rec. de pièces fugit.,* t. III, p. 144-187.

(6) *Histoire de la philos. allem. depuis Leibniz.* Paris, 1836, 2 vol. in-8.

(7) Fontenelle, *Elog. des Académ.,* t. II, p. 9.

(8) *Vie de Leibnitz,* 1760, in-12.

Bailly (1) et quelques plaisanteries de Voltaire, tout ce que la France a fait pour la mémoire de cet homme incomparable qui lui a fait l'honneur d'écrire les deux tiers de ses œuvres en français (2). L'Allemagne est plus riche. Et puisqu'il est question de bibliographie, il me sera permis, sans doute, de donner quelques renseignements à ce sujet.

Je passe les éditions et les traductions de la *Théodicée*, qui sont infinies, et dont l'illustre bibliomane, M. Cousin, a réuni d'assez beaux échantillons (3). J'arrive tout de suite aux 6 gros volumes in-4° de Dutens (4), où se sont fondus tous les recueils précédents, notamment le volume de Raspe (5), le

---

(1) *Eloge de Leibnitz*. Paris, 1769, in-4.

(2) Je ne parle pas des anciens recueils tels que : *Europe savante*, t. VI, P., p. 124-59. — *Nem. de Trevoue*, 1721, août, p. 1350-59.—*Niceron*, t. II, p. 64-59, v. p. 77. — En Angleterre, indépendamment des livres polémiques au sujet de la querelle entre Leibniz et Newton, je citerai quelques pages de M. Israeli, *Miscell. of liter.*, t. I, p. 150-59, et de Dibdin, *Bibliom.*, p. 20, 59, v. le livre du Dr Brewster, *Life of Newton*.

(3) *Essais de théodicée sur la bonté de Dieu, la liberté de l'homme et l'origine du mal*, 1re édition, Amst., 1710, in-8; dernière réimpression par Erdmann, 2 tom., Berlin, 1840.

(4) *Opera*, studio L. Dutens. Gen., 1768, VI, in-4.

(5) *OEuvres philosophiques de feu M. Leibniz*, publiées par Raspe. Amst. et Leips., 1765, in-4. Traduites en allemand et annotées par Fr. Ulrich, Halle, 1778-80, 2 vol. in-12.

recueil de Desmaizeaux (1), la plupart des lettres de l'édition Kortholt (2) et des pièces formant l'*Otium Hanoveranum* de Feller (3), et des *Anecdota Boineburgica* de Daniel Gruber (4), mais en dehors desquels sont restés le *Commercium philosophicum et mathematicum* de Leibniz avec Jean Bernoulli (5), qui, de l'aveu de Dutens même en est le complément obligé, le volume de lettres donné par Veesenmayer (6), et surtout celui édité par Feder (7). Après Ludovic Dutens, il faut arriver tout de suite à M. Erdmann, professeur à l'Université de Halle, qui, par son volume, a élargi le domaine de Leibniz, et le cadre de la prochaine grande édition (8).

Les biographies sont nombreuses. Dutens

---

(1) *Recueil de diverses pièces sur la philosophie, la religion*, etc., par Desmaizeaux. Amst., 1719, in-8; 1720, 2 vol. in-12.

(2) *Leibnit. epist. ad diversos*, édit. Kortholt. Lips., 1734-42, IV, in-8.

(3) *Otium Hanoveranum, sive miscellanea ex ore et schedii Leibnitii*, édit. Feller. Lips., 1718, in-8.

(4) *Comm. epist. Leib. t. prodromi*, édit. Gruber. Han. et Gott., 1745, II, in-8.

(5) *Leibnit. et Joh. Bernoullii commercium philos. et mathem.* Laus. et Genev., 1745, in-4.

(6) *Epist. ad J.-A. Schmid.*, édit. Veesenmeyer. Normll., 1788, in-8.

(7) *Commercii epist. Leibnit. selecta specimina*, édit. Feder. Hannov., 1805, in-8.

(8) *Leibnit. oper. philosoph., latin., gallic., germanic., omnia*, édit. prof. Erdmann, pars I, II. Berol., 1840, in-4.

a réimprimé en tête de son recueil celle qu'a donnée Brucker, et qui est un modèle du genre philosophique. Feller, Lamprecht (1), Forster (2), Eckhart (3), Hissmann (4), Kock (5), Kastner (6), Ancillon (7), Tholuck (8), ont tous donné des vies ou des éloges de Leibniz. Eberhard (9) en a donné une élémentaire, avec un portrait et des gravures, au commencement de ce siècle. Le docteur Vogel, en 1840, en a publié une nouvelle, également destinée à populariser le nom et la mémoire de Leibniz (10). Mais la biographie de Leibniz, par M. Guhrauer, qui parut en 1842 et qui reparut en 1846 (11), à l'occasion de la fête sécu-

---

(1) Lamprecht, Leben d. Freih. v. Leibniz. Berl., 1740, in-8.

(2) Chr. Förster, Charactere dreier Weltweisen: Leibniz, Wolf und Baumgart. Halle, 1765, in-8.

(3) G. v. Eckhart, Lebensbeschr. d. Freih. v. Leibniz. Nürn., 1777, in-8.

(4) M. Hißmann, Verf. üb. d. Leb. d. Freih. v. Leibniz. Münst., 1783, in-8.

(5) Kock, *Mémoires de l'Acad. des sciences de Berlin*, 1772, *ib.*, 1774, in-4.

(6) Kästner, Lobschr. auf Leibniz. Altenb., 1769, in-8.

(7) Ancillon in d. Abh. d. Berl. Acad., 1816.

(8) Tholuck, Verm. Schrif. Bd. 1.

(9) Charakteristik d. Freih. von Leibniz. Entworfen von J. August. Eberhard. Leipzig.

(10) Gott. Wilh. v. Leibn. Eine biograph. Federzeichnung. Leipzig, 1840, in-8.

(11) Leibn. Biographie von G. G. Guhrauer. Wratislav, 1846, 2 tom. in-8.

laire de Leibniz, augmentée d'un discours, de nouvelles et substantielles notes et d'un index très complet, réunit au plus haut degré les deux mérites principaux que l'on est en droit d'attendre de quiconque écrit la vie d'un grand philosophe : les faits et les idées. C'est, sans contredit, le meilleur ouvrage qui ait paru sur Leibniz ; et il est à désirer que dans la nouvelle édition commencée de la *Biographie universelle* de Michaud, l'article Leibnitz, d'ailleurs très remarquable, soit entièrement revisé d'après la biographie de M. Guhrauer, qu'une mort récente vient d'enlever aux lettres et aux sciences. Il faut joindre à ce travail si complet deux volumes d'écrits allemands de Leibniz, tirés de la bibliothèque de Hannover et publiés par le même (1), et surtout une petite brochure de quelques feuilles, plus importante à elle seule que les deux volumes des *Deutsche Schriften*, et qui contient les remarques critiques de Leibniz sur les principes de Descartes (2). Je note en passant le *Consilium œgyptiacum*, ou projet d'une expédition d'Égypte proposée par Leibniz à Louis XIV, admirable monument de politique européenne, qui, à titre de mémoire, figure dans la riche col-

---

(1) Leibn. deutsche Schriften, herausg. v. G. G. Guhrauer. Berl., 1838-40, II, in-8.

(2) *Animadv. ad Cartesii principia*, v. Guhrauer. Bonn, 1844, in-8.

lection des savants étrangers, imprimés aux frais de l'Académie et dont se sont occupés en France MM. Hoffmann (1) et Valet de Viriville (2).

M. Grotefend, à Hannover, plus heureux éditeur que M. Guhrauer, a comblé l'une des grandes lacunes de Dutens. Il a retrouvé cette correspondance de Leibniz avec Arnauld (3), tant cherchée par MM. Guhrauer et Jourdain, et que M. Erdmann déclarait introuvable, parce qu'il ne l'avait pas trouvée. Elle dormait dans les tiroirs de la bibliothèque de Hannover, mêlée à des écrits de théologie où l'indifférence moderne hésitait à fouiller : M. Grotefend n'a eu qu'à se baisser pour l'y prendre. Il n'en a pas été de même pour l'éditer ; et on lui doit les plus grands éloges pour la pureté et la correction du texte français qu'il a donné. Ce monument de philosophie leibnitienne a reparu, grâce à lui, dans toute la sincérité du manuscrit primitif, et M. Grotefend a heureusement triomphé de toutes les difficultés que lui offrait l'étude d'un texte étranger.

Dans la même année où M. Grotefend publiait

---

(1) *Mémoire de Leibnitz à Louis XIV, suivi d'un projet d'expédition dans l'Ind. par terre.* Paris, 1840, in-8.

(2) *Concilium ægyptiacum*, d'après le manuscrit de l'Institut de France, par A. Vallet de Viriville. Paris, 1842, in-8.

(3) Briefwechsel zwischen Leibniz und Arnauld v. Grotefend. Hannover, 1846, in-8.

la correspondance avec Arnauld, M. de Rommel publiait celle avec le landgrave *Ernst von Hessen Rheinfels*, qui en est le complément obligé, et formant deux volumes (1). Une savante introduction précède le texte de Leibniz.

Les travaux historiques de Leibniz ont trouvé dans l'illustre M. Pertz, aujourd'hui bibliothécaire à Berlin, leur naturel éditeur (2), tandis qu'à sa voix et sans doute sous ses ordres, M. Gerhardt de Salzefed faisait pour les sciences mathématiques (3) ce que M. Pertz a fait pour l'histoire.

Outre les éditeurs et les biographes, l'Allemagne savante, réveillée par le second anniversaire de la fête séculaire de Leibniz, a donné des productions plus légères. M. Grotefend, déjà nommé, a eu l'idée d'un album leibnitien, pour fêter le grand philosophe de Hannover. Cette idée, empruntée aux habitudes de l'Allemagne musicale, est moins heureuse. Ce second jubilé a d'ailleurs été marqué par un fait qui ne peut manquer d'intéresser vivement les admirateurs de Leibniz. Leipzig, sa patrie, Leipzig, d'où une cabale l'avait chassé, s'est émue de voir Hannover, sa seconde

(1) Leibniz und Landgraf Ernst, von Chr. v. Rommel. Frankfurt, 1846-47, II, 8.

(2) Leibniz ges. Werke, herausg. v. Pertz. Hannov., 1843, sq. in-fol.

(3) Leib. ges. Werke. Dritte Folge. Mathem. Schrif. v. Gerhardt. Berlin, 1849-50, II, in-8.

patrie, en possession d'un monument élevé au génie de Leibniz (*genio Leibnitii*), et de n'avoir encore rien fait pour sa mémoire. Et le professeur Drobish, secondé par le recteur de l'université, le docteur de Pfordten et le bourgmestre de la ville de Leipzig, le sieur Otto, a fait la motion qu'un monument fût élevé au grand citoyen de Leipzig. Espérons que leurs vœux seront enfin exaucés. Leipzig ne peut pas oublier qu'elle doit à la pensée de Leibniz son Académie ou Société des sciences, fondée par le prince Jablonowski, en 1774. Leibniz fut le grand promoteur des Académies en Allemagne et même en Russie; ce sont les filles immortelles du grand philosophe.

Il me reste à parler des travaux spéciaux sur la philosophie leibnitienne et à dire un mot de la présente publication.

MM. Feuerbach (1) Ritter (2), Erdmann (3), Zimmermann (4), Schilling (5), Ehrenberg (6),

---

(1) Ludwig Feuerbach, Darstellung, Entwicklung und Kritik der Leibniz'schen Philosophie. Leipzig, 1848, in-8.

(2) Geschichte der christ. Philosophie, v. H. Ritter. Zwölfter Theil. Hamb., in-8, 5, 47-210.

(3) J. L. Erdmann, Leibniz u. der Entw. d. Idealismus. Leipzig, 1846, in-8.

(4) Zimmermann, Leibniz u. Herbart's Monadologie. Wien, 1849, in-8. Rechtsprinzip. Wien, 1852, in-8.

(5) Schilling, L. als Denker. Leipzig, 1841, in-8.

(6) Chr. G. Ehrenberg, Leibniz Methode. Berlin, 1845, in-8.

Siegwart (1), Keller (2), Hasse (3), Kahle (4), Horner (5) et Hartenstein (6) (je ne parle pas de plus anciens travaux, ceux de Ludovici (7), par exemple), ont écrit sur la philosophie de Leibniz.

L'hégélien Feuerbach, aujourd'hui déchu, a fait un livre dont le but est de juger la philosophie leibnitienne, et que je ne citerais pas, s'il n'était enrichi de cent pages de notes et de textes additionnels qui le rendent non pas nouveau, mais utile et commode à consulter.

M. Ritter, l'historien de la philosophie, vient, dans le tome XII, de donner un chapitre très complet sur Leibniz, où les tendances théosophiques de sa philosophie sont surtout mises en lumière.

M. Zimmermann, de Prague, est l'auteur d'un excellent travail sur la monadologie de Leibniz, comparée à celle de Herbart, et d'un écrit sur le principe du droit, d'après le même philosophe.

Quant à nous, qui arrivons le dernier, nous

---

(1) Siegwart, Lehre der prästabil. Harmonie. Tüb., 1822, in-8.
(2) Keller, Spinoza u. Leibniz. Erlang., 1847, in-8.
(3) Chr. Hasse, Erinnerung an Leibniz. Leipz., 1846, in-8.
(4) Karl Moriz Kahle, Leibniz. Berlin, 1839.
(5) Horner, Progr. Sch. Turic. Tur., 1844, in-4.
(6) G. Hartenstein, *De materiæ apud Leibnit. notione.* Leipz., 1846, in-4.
(7) Ludovici, Ausf. Entw. u. Hist. der Leibn. Phil. Leipz., 1737, II, in-8.

publions dans ce volume les lettres et opuscules suivants :

1° Sentiment de M. de Worcester et de M. Locke, des idées et principalement de l'idée de la substance ;

2° Correspondance de Leibniz avec l'abbé Foucher ;

3° Réflexions sur l'art de connaître les hommes, adressées à madame l'électrice de Brunswick-Lunebourg, suivies d'un fragment sur la générosité ;

4° Remarques critiques sur le *Dictionnaire* de Bayle (lettre O à la lettre R, d'ORIGÈNE à RUYSBROECK) ;

5° Correspondance de Leibniz avec Fontenelle ;

6° De l'usage de la méditation ;

7° Deux fragments de la vie heureuse, *De vita beata ;*

8° Trois morceaux : Qu'il n'y a point de figure précise et arrêtée dans les corps ; Sur l'existence de Dieu à un Français ; Sur l'immortalité de l'âme, à madame l'électrice de *** ;

9° Épître à la reine, sur l'*Art de bien penser*, du P. Bouhours ; autre lettre à madame l'électrice de *** ; De la nature de l'amour ;

10° Extrait des deux premiers livres de Boèce ;

11° Mémoire pour les personnes éclairées et de bonne intention.

La correspondance avec l'abbé Foucher se compose de vingt-six lettres, tant de Leibniz que de son correspondant, plus deux projets de réponse de la main de Leibniz. Sur ces vingt-huit pièces, vingt sont entièrement inédites, quatre autres le sont pour la plus grand epartie : on n'en avait que des extraits publiés en Allemagne dans des recueils divers et où elles ne sont pas à leur place ; trois enfin ont été éditées par Dutens et Erdmann, ce sont des lettres destinées au *Journal des savants*; une autre l'a été par M. Grotefend, à la suite de lettres à Arnauld, où elle se trouve déclassée. Sont-ce là toutes les lettres échangées entre Leibniz et l'abbé Foucher, qui fut un de ses correspondants privilégiés? Je ne le crois pas. Mais je crois aussi pouvoir affirmer que, sauf trois ou quatre lettres perdues (1), ou du moins qui ne se retrouvent pas, j'ai rendu l'ensemble de cette importante correspondance ; comme aussi, malgré les quatre lettres déjà éditées sur vingt-huit, dont vingt-quatre par conséquent sont inédites, j'ai le premier publié la correspondance de Leibniz avec l'abbé Foucher.

La même réflexion s'applique à la correspondance avec Fontenelle ; celle-ci malheureusement ne se compose que de onze lettres au lieu de vingt-

---

(1) Voy. p. 79 et 108 des *Lettres et opuscules*, la trace de lettres perdues ; il y en a que l'abbé Foucher n'a jamais reçues.

huit; l'éditeur regrette de n'avoir pu en découvrir un plus grand nombre. M. Feder, dans le volume qu'il a publié en 1805, n'a pu résister au plaisir de mutiler cette correspondance et d'en enchâsser deux morceaux parmi les lettres de l'abbé Bignon (1). La raison qu'il en donne est celle-ci (page 280) : « Comme ces deux lettres de Leibniz et de Fontenelle (l'une est du 12 juillet 1702, l'autre du 18 novembre même année) sont parvenues à leur adresse par l'entremise de Bignon, on les a rangées dans le recueil de la correspondance de celui-ci avec Leibniz ; elles me parurent trop intéressantes pour ne leur accorder pas une place d'abord ici. » Si la curiosité que ces deux lettres étaient de nature à exciter leur a fait donner un tour hors de faveur par Feder, personne ne s'étonnera de les voir ici rendues à leur véritable rang, dans l'ensemble dont elles font partie, et qui constitue la correspondance inédite de Leibniz avec Fontenelle, que nous publions.

Feder croyait sans doute avoir fait pour Bayle ce qu'il n'a pas fait pour Fontenelle. En effet, son recueil contient quatre lettres de Bayle à Leibniz et de Leibniz à Bayle ; mais il s'en faut bien que

(1) Le recueil de Feder est on ne peut plus mal digéré : j'y ai relevé, à propos d'une lettre de Foucher qu'il a cousue à une lettre de Leibniz, une erreur qui donne la mesure du soin et des recherches de l'éditeur. Voy. Feder, p. 102.

la liasse qui s'y rapporte soit entièrement dépouillée. Feder a négligé ce qui lui a paru illisible, et de la sorte il est resté très incomplet sur Bayle, bien qu'il eût à sa disposition la liasse entière des papiers qui le concernent. On verra par ce que nous publions, qu'indépendamment des quatre lettres ci-dessus (1), il y a dans la bibliothèque de Hannover des pages entières surchargées de notes de la main de Leibniz, qui a dû lire pour les annoter le tome N-P et le tome P-R du *Dictionnaire* de Bayle, et écrire au courant de la plume les réflexions que lui suggérait cette lecture, réflexions évidemment destinées à reparaître plus tard en partie dans la *Théodicée*. Enfin, un fragment d'une lettre considérable, écrite sur une grande feuille double, portant au dos les noms de *Bayle* et *Beauval*, et très probablement destinée à l'un de ces deux correspondants, a également échappé à Feder, ainsi que le fragment d'une lettre à S. A. l'électrice de ***, relative au même sujet.

Un mot sur les deux morceaux qui suivent. L'un est intitulé : *De l'usage de la méditation;* l'autre, *De la vie heureuse*. Ce dernier est la tra-

(1) On les trouvera à l'Appendice, sauf une, qui a paru dans Erdmann, p. 191. Nous n'avons pas cru devoir les imprimer dans le corps du volume; mais comme le recueil de Feder n'est pas répandu en France, nous n'avons pas non plus cru devoir en priver le lecteur, d'autant mieux qu'elles sont le complément obligé des notes inédites que nous publions sur Bayle.

duction française du préambule du petit traité que M. Erdmann a donné en latin, et qui se trouve aussi en allemand dans les papiers de Leibniz. Quelques nouvelles réflexions ont été ajoutées par Leibniz aux trois définitions qu'il nous donne, et prouvent que c'était là le début d'une dissertation en règle et sans doute étendue. Je n'ai pas besoin de dire quelle importance Leibniz attachait au *De vita beata*, puisqu'il paraît avoir eu l'intention de le faire connaître dans les trois langues qui lui étaient familières. J'ajouterai seulement qu'en Allemagne une discussion très vive s'était engagée entre M. Erdmann, premier éditeur du *De vita beata* et M. Guhrauer, au sujet de la valeur et de l'esprit de ce petit traité, dans lequel M. Erdmann avait cru reconnaître des traces de spinozisme (1). Nous devons à la libéralité de feu M. Guhrauer un fragment en latin sur ce même sujet, intitulé : *De vita beata*, que nous donnons à la suite du fragment français et que ses patientes investigations lui ont fait découvrir dans la bibliothèque de Vienne. On y trouvera quelques variantes dans les définitions. Ni le fragment français de la bibliothèque de Hannover, ni le fragment latin de la bibliothèque de Vienne ne paraissent pas avoir été connus de M. Erdmann.

(1) Voir la deuxième partie de l'Introduction, où il est question de la découverte de M. Erdmann.

Trois autres morceaux, tous les trois de la main de Leibniz sont intitulés, le premier : *Qu'il n'y a point de figure précise et arrêtée dans les corps.* C'est un essai de démonstration basée sur la division actuelle des parties à l'infini, thèse propre à Leibniz, et qui le menait par des considérations mathématiques à refuser au corps non seulement la substance, mais les déterminations de la substance. Le deuxième fragment est le projet d'une réponse au sujet d'un *Traité sur l'existence de Dieu*, qu'on lui avait envoyé de France. Le troisième, une lettre à madame l'électrice de Brunswic-Lunebourg, à propos d'une discussion avec Van Helmont, sur l'*Immortalité de l'âme*. Nous l'avons extraite du paquet *Van Helmont*, où s'en trouve une autre en allemand datée de Port-Royal, 1696.

Une épître à la Reine sur l'*Art de bien penser*, du P. Bouhours, et le commencement d'une lettre à madame l'Électrice de *** : *De la nature de l'amour*, sont des fragments incomplets, mais curieux.

Nous avons réservé pour la fin un résumé des deux premiers livres de Boëce, *De la consolation*, en français, et un mémoire de Leibniz, *pour les personnes éclairées et de bonne intention*. Ces deux morceaux, d'une certaine étendue, sont de nature à instruire et à charmer ; on n'y retrouve pas la métaphysique subtile, quelquefois un peu abstruse des morceaux philosophiques purs. Le mémoire *pour les personnes éclairées et de bonne intention* rappelle, avec plus de charme encore peut-être et plus d'élévation, cette douce morale qui lui a suggéré les *Réflexions à madame l'électrice de Brunswic-Lunebourg.*

Telle est la liste des manuscrits que contiendra ce premier volume.

Quant aux circonstances avantageuses qui m'ont mis en état de publier ce recueil, j'en ai dit un mot dans la brochure que j'ai fait paraître à mon retour de Hannover. J'obtins du secrétaire archiviste de la bibliothèque, M. Shaumann, la permission de consulter librement les manuscrits qu'elle renferme, « permission, disait Raspe, qui en avait obtenu une semblable, utile aux sciences, honorable aux mânes de Leibniz, flatteuse pour moi. » Je dois, en outre, à M. Grotefend, professeur au lycée, la copie de trois lettres; j'en ai fait mention en les publiant. Je pourrais citer d'autres noms qui me sont chers, mais dont la modestie s'offenserait d'un éloge. Tous se sont associés aux vues généreuses du gouvernement de Hannover, qui élève des bibliothèques comme des fontaines pour les répandre.

INTRODUCTION.

Cette introduction a trois parties, qui répondent aux trois premiers manuscrits de Leibniz, que nous publions. Déjà, dans un livre qui a récemment paru et qui est le complément de celui-ci (1), l'éditeur a fait connaître l'une des pièces qu'il avait rapportées de Hannover. Et l'accueil que le public a fait à la réfutation de Spinoza par Leibniz l'encourage à donner ce nouveau recueil. Le fait si curieux des entretiens de la Haye entre Leibniz et Spinoza, dont le souvenir même paraissait perdu et qui sont d'une importance capitale pour l'histoire de deux des plus vastes systèmes de philosophie au xviie siècle, a paru considérable et était de nature à intéresser dans un temps où l'on est singulièrement curieux d'histoire de la philosophie. Ces nouvelles pièces sont au nombre de onze. La première, intitulée : *Sentiment de M. l'évêque de Worcester et de M. Locke des idées, et principalement de l'idée de la substance*, est un

(1) *Réfutation inédite de Spinoza*, par Leibniz, précédée d'un mémoire par A. Foucher de Careil. Ladrange, éditeur. Paris, 1854.

document philosophique de grand prix (1). Les questions de métaphysique et de critique se succèdent dans la correspondance de Leibniz avec l'abbé Foucher, que nous avons fait suivre (2) : et de nobles et belles vues de morale pratique se révèlent dans l'écrit à madame l'électrice de Brunswic-Lunebourg, qui forme le troisième des manuscrits publiés (3). Les considérations qui vont suivre ont paru nécessaires pour relier ces pièces détachées et montrer l'unité philosophique de l'œuvre si fragmentée de Leibniz et dont il semble avoir négligé de réunir les matériaux épars.

I. — THÉORIE DES IDÉES (4).

L'abbé Foucher est un philosophe et un savant du XVIIe siècle, trop peu connu. Il y a beaucoup de

---

(1) Voir la troisième partie de l'introduction, où l'on en rend compte.

(2) La première partie de l'introduction est consacrée à cette correspondance.

(3) Voir la deuxième partie de l'introduction, intitulée *Morale*, et dans la préface l'indication des autres pièces qui se trouvent dans ce volume.

(4) Cette première partie, consacrée à la correspondance de Leibniz avec l'abbé Foucher fait, en outre, mention de trois ouvrages, de ce dernier, dont voici les titres : 1° *Critique de la recherche de vérité*, 2° *Réponse à dom Robert Desgabets*, 3° *Logique des académiciens*.

bien à en dire que personne n'a dit. Leibniz en faisait une estime particulière : non seulement il le jugeait digne d'être son correspondant, honneur très partagé quand il s'agit de Leibniz, qui a tant écrit, mais le ton de ses lettres indique qu'il le distinguait parmi ceux de France.

L'abbé Foucher, à qui Leibniz donnait le conseil glorieux pour sa mémoire, de traduire Platon, s'est particulièrement occupé de deux choses qui rendent ses lettres précieuses : des académiciens ou disciples de Platon dans le passé, et de la recherche de la vérité du P. Malebranche dans le présent. Je ne parle pas de sa discussion connue et publiée dans le *Journal des savants* avec Leibniz au sujet du système de ce dernier, qu'il ne voulut point admettre. Tout ce qui a trait à l'harmonie préétablie est divulgué, et l'on vient trop tard pour en parler aujourd'hui (1). Il n'en est pas de même des deux ouvrages de l'abbé Foucher, l'un en faveur des Académiciens, l'autre contre le livre du P. Malebranche, qui ont inspiré à Leibniz quelques réflexions fondamentales sur la vraie méthode de philosopher, et l'on nous saura gré sans doute d'en

(1) Nous y reviendrons toutefois dans les conclusions, car la discussion de Foucher est sans contredit la plus forte de toutes celles qui ont paru au XVIIe siècle, et les réponses que lui fait Leibniz et qu'il savait être destinées par son correspondant au *Journal des savants*, sont méditées et décisives.

dire quelques mots; car je ne sache personne qui l'ait fait.

Le P. Malebranche n'eut pas de contradicteur plus sérieux. Les lettres de Foucher à Leibniz nous apprennent le sujet de la dispute : « Je voudrais, lui écrit-il, que vous eussiez esté présent à quelques conférences que nous avons eues ensemble le P. Malebranche et moi sur la philosophie. Il me semble toujours que son opinion des idées, qui ne sont point des façons d'estre de l'âme, est insoutenable (1). » Le sentiment du P. Malebranche sur les idées, ce sentiment que l'abbé Foucher ne peut admettre, nous est connu. C'est le fond même de sa philosophie; il lui donne des développements quelquefois sublimes dans son livre de la *Recherche de la vérité*. On a beaucoup comparé Malebranche et Platon, et l'on a découvert de frappantes analogies entre ces deux grands prôneurs des idées. Elles sont évidentes, au moins pour la forme; mais quant au fond, l'abbé Foucher pensait tout autrement. Platon n'était pas pour lui ce génie sublime et même un peu aventureux qu'a tant aimé l'Église naissante. C'était aussi, c'était même surtout l'auteur de ces dialogues sévères et dialectiques qui s'appellent le *Théétète*, le *Philebe* et le *Parmenide* (2). L'abbé Foucher, il faut bien le

(1) Voy. Lettres, p. 44.
(2) Voy. Lettres, p. 28, 76, 86.

reconnaître, s'arrêtait de préférence aux résultats négatifs du platonisme, encore exagérés par ses disciples immédiats, les académiciens. Et c'est en s'appuyant sur l'Académie que, dans une critique *ad hoc*, il refuse aux dogmatiques, s'ils veulent rester fidèles à l'esprit de Platon et même aux règles de Descartes, le droit d'instituer des recherches de la vérité, en partant de trop nombreuses hypothèses.

Appliquée au P. Malebranche, quel est le sens et la valeur de sa critique, sur quoi porte-t-elle ; quelles en sont les conséquences, qu'en pensait Leibniz ?

Quant à la forme, on ne saurait nier que Malebranche soit dans la discussion par écrit, soit même dans les conférences qu'il eut avec l'abbé Foucher, ne lui ait laissé prendre sur lui de très grands avantages. Malebranche, timide et défiant comme un solitaire, ne se laissait pas conduire volontiers aux entretiens ou aux correspondances de philosophie (1). Il n'y voyait que le temps dérobé à l'étude et au silence. Et comme il n'y venait que malgré lui et comme contraint, il en gardait de l'humeur contre ses interlocuteurs ou ses contradicteurs. Leibniz l'en raille un peu dans une de ses lettres

(1) Il en était d'ailleurs surchargé. M. Cousin, d'après le P. André, fait monter à cinq cents le nombre de ses lettres.

avec cet esprit qui l'eût fait rechercher des plus délicats. « Je conçois fort bien, écrit-il à Malebranche, qui l'avait rebuté, que ceux qui ont la faculté de comprendre et de s'énoncer, trouvent plus de plaisir dans les conversations que dans les disputes par écrit. (Il se trompe; Malebranche n'aimait pas plus les unes que les autres.) Mais ceux qui sont aussi *pesants* que moi ne peuvent pas les suivre; car ils se trouvent arrêtés partout, au lieu que les écrits leur laissent le loisir de méditer. Cela étant, il est conforme à l'équité et même à la charité que ceux qui sont plus parfaits aient quelque condescendance pour les plus faibles. »

L'abbé Foucher, sans avoir l'esprit poli d'un Leibniz ou la brillante imagination d'un Malebranche, sut, dans ses rapports avec le second, mettre les formes de son côté. J'en citerai deux exemples.

Malebranche, mécontent de la critique de l'abbé Foucher, qui avait paru sous forme de lettre peu de temps après le premier livre de la *Recherche*, avait ajouté en tête du second une préface assez vive dirigée contre l'auteur de la *Critique;* puis, mieux conseillé, sans doute, il l'avait retirée. « L'auteur de la *Recherche*, dit l'abbé Foucher, commençant une nouvelle réponse, ayant osté la préface de son deuxième volume dans la quatrième édition, il me sera permis de retrancher celle qui estoit jointe à cette réponse. Ce n'est plus des circonstances particulières de notre dispute dont il s'agit icy, ny de sa manière de répondre, et je suis bien aise de n'avoir plus à me plaindre d'une préface qu'il a retranchée (1). »

Dans un autre endroit de sa critique, ayant à se plaindre des formes ironiques, souvent inciviles qu'emploie Malebranche, l'abbé Foucher, avec une véritable élévation d'idées et de sentiments, généralise la question, et sans rien lui faire perdre en précision, il l'agrandit. Il trace à l'esprit sa marche à travers les difficultés et les contrariétés qui l'assiègent dans la carrière des hautes études. « Il faut, dit-il, qu'après avoir parcouru tous les sentiments qui sont capables de l'engager, après en avoir tenté tous les moyens qu'il pouvait prendre pour arriver où il souhaite, l'esprit se trouve comme forcé de retourner sans cesse dans le même chemin. Ainsi,

(1) Conduit par une curiosité naturelle à la recherche de cette préface qui parut en tête du deuxième volume de Malebranche, en 1675, chez André Pralard, fut réimprimée en Hollande en 1678, puis disparut totalement des éditions suivantes par ordre de l'auteur, nous nous sommes procuré l'édition princeps et très rare de la *Recherche de la vérité*, et nous y avons lu avec regret et admiration les pages où il châtiait l'abbé Foucher dans un style qui sent Corneille. Désireux de faire partager au lecteur une émotion bien vive à la vue de Mallebranche irrité, puis retranchant par humilité son éloquente préface, nous donnons en note, à la fin du volume, quelques pages de sa défense. Voir l'appendice.

sans s'étonner de toutes les objections, les ayant prévues dans leur source, il est nécessaire qu'il s'accoutume à vaincre tout ce qui pourrait l'arrester, et que par cette sorte d'exercice estant aguerri pour ainsi dire en matière de sciences, tousjours égal et tousjours intrépide, il avance à la découverte des plus importantes veritez et qu'il acquière enfin cette heureuse imperturbabilité qui doit calmer toutes ses inquiétudes. »

Jamais plus haute leçon, on l'avouera, ne fut donnée à cet esprit ombrageux et délicat de Malebranche; et jamais surtout elle ne fut soutenue d'une plus mâle sévérité de langage. Mais on se tromperait si l'on croyait que tout est de cette trempe dans l'œuvre de l'abbé Foucher; Leibniz lui-même reconnaît qu'en général il y a plus de subtilité que de profondeur et des méditations plus sèches que solides (1).

Qu'est-ce qu'un chercheur de la vérité, dit-il, dans un autre passage de sa critique toujours à l'adresse de Malebranche qui avait institué une telle recherche? « C'est un homme qui veut se former un ordre dans ses idées qui ait tant de correspondance avec celui des choses, qu'en le suivant il soit exemt de toutes sortes d'erreurs; un homme qui veut établir un système entièrement infaillible

---

(1) Voir l'appendice au nom de Foucher.

fondé sur la réalité des choses indépendamment de toutes les apparences trompeuses à notre égard. »

Malebranche s'est-il formé un tel ordre? a-t-il fondé un tel système? Telle est la question que se pose ensuite l'abbé Foucher. Sa réponse, comme on devait s'y attendre, est négative.

Mais ici nous entrons dans le fond du débat engagé entre Malebranche et l'abbé Foucher, et Leibniz ne pouvait manquer de reconnaître au premier une supériorité métaphysique qui ne nous paraît pas contestable.

Sans doute, l'auteur de la *Recherche de la vérité* n'échappe pas à la critique ; il se laissait aller volontiers aux élans d'une théosophie sublime mais périlleuse. Quand on l'entend s'écrier dans un saint enthousiasme : « Je me sens porté à croire que ma substance est éternelle et que je fais partie de l'Être divin et que toutes mes pensées ne sont que des modifications de la raison universelle, » on ne sait qu'admirer ou que craindre le plus ou de cette noble confiance qui trahit le plus mystique des philosophes ou de Spinoza, qui se charge de propager comme un écho terrible l'aveu du théosophe français. Mais quand on veut réfuter Malebranche et faire la critique de son livre, il est une chose qu'il n'est pas permis d'oublier, que Foucher et Arnauld lui-même oublient trop souvent, c'est que quelque incertitude, quelque hésitation que trahisse d'ailleurs sa métaphysique, c'est à un disciple de l'école de Descartes, et au plus grand peut-être, qu'on a à faire. Arnauld aura beau qualifier son système « la plus mal inventée et la plus inintelligible hypothèse, » il aura beau lui écrire quatre lettres *sur deux de ses plus insoutenables opinions*, et l'abbé Foucher, qui partage sa manière de voir sans l'énoncer en termes aussi durs, pourra bien critiquer une à une toutes ses hypothèses et réfuter pièce à pièce sa théorie des idées; jamais pour ma part, appuyé sur Leibniz, je n'admettrai que Malebranche ait soutenu la thèse qu'on lui prête dans les termes où l'on veut qu'il l'ait soutenue. On veut que Malebranche ait inventé l'hypothèse des idées images ou êtres représentatifs, intermédiaires obligés entre le monde et nous, sortes de recrues faites par l'âme pour remplacer les objets absents, distinctes et de l'âme qui connaît et de l'objet qui est connu. Eh bien, je dis qu'attribuer à Malebranche une telle hypothèse, qui rappelle les fantômes scolastiques et les qualités occultes de la matière, c'est assurément bien mal comprendre le cartésien fidèle, qui pousse plus loin que son maître peut-être la prétention de tout ramener à l'étendue pure et l'élimination des formes substantielles, des entités fabuleuses, des forces occultes. J'en demande bien pardon à l'abbé Foucher; sur tout ce qui intéresse l'unité de la substance divine ou la spiritualité de l'être qui pense, il demeure inattaquable, et l'on a peine à comprendre qu'on lui attribue des systèmes qui compromettent l'une et l'autre. Malebranche avait donc bien quelque droit de se plaindre, dans cette préface qu'il a retirée, de n'être pas compris par son adversaire, et l'on y sent partout la noble fierté du génie méconnu. « Celui qui m'attaque, dit-il, ne doit point trouver à redire à la manière dont je me deffens. Si je ne réponds point amplement à toute sa critique, ce n'est pas que je le méprise. On peut juger que je n'aurais pas repoussé les coups qu'il m'a voulu porter, si je n'avais cru qu'il fût assez fort pour me blesser; et je pense avoir plus de droit de me plaindre de la négligence avec laquelle il me critique, qu'il n'a droit de se fâcher de la manière dont je lui répons. »

Aussi il s'en faut de beaucoup que Leibniz donne raison à l'abbé Foucher dans cette discussion, qui mène aux plus hautes considérations de la métaphysique.

« Les idées, dit-il, répondant pour Malebranche, les idées, quoi qu'elles ne sont point estendues, peuvent servir à l'âme à connoistre l'estendue, et il peut y avoir un rapport entre ce qui est estendu et ce qui ne l'est pas, comme par exemple entre l'angle et l'arc qui le mesure. »

Le point de départ de l'abbé Foucher, que les

idées ne représentent que si elles sont semblables, est très contestable. Il faudrait d'abord définir ce que c'est qu'être présent à l'âme et ce que c'est qu'être semblable. Il y a deux présences, l'une locale, dont la sensation nous avertit; l'autre virtuelle, que la perception seule peut accomplir. Il est bien évident qu'il ne peut être ici question que de la seconde.

Il en est de même de cette condition *sine quâ non* de toute représentation dans le système de l'abbé Foucher, à savoir que l'objet et l'idée soient semblables. S'agit-il d'être semblables quant à la substance? Je ne le pense pas. L'abbé Foucher n'est pas panthéiste. Il s'agit donc seulement d'être semblables quant à l'effet produit; mais alors il faut répondre à cette question : Comment un objet et l'idée de cet objet peuvent-ils produire les mêmes effets sans être semblables quant à la substance. Évidemment cette question est une des plus difficiles de la métaphysique, et l'abbé Foucher qui la soulève est loin de la résoudre. Je ne crains même pas de dire que si l'idée n'est, comme il le prétend, qu'une façon d'être de l'âme ou une qualité de la pensée qui doit être semblable aux objets, la question est entièrement insoluble, ou du moins les deux seules solutions possibles sont toutes deux insoutenables. En effet, quel est le nœud du problème ? C'est d'expliquer comment l'âme, différente du corps, a l'idée de ce dernier? comment l'esprit différent de la matière a l'idée de la matière? Si l'on supprime cette idée de la différence, rien n'est plus facile. Or, les deux seules solutions possibles, dans les termes où s'est placé l'abbé Foucher, la suppriment également. L'une est la solution matérialiste qui tranche la difficulté en faisant l'âme égale au corps et en transposant les qualités de la matière : solution grossière à force d'être simple, et d'ailleurs aisément réfutable et déjà réfutée. L'autre est la solution panthéiste, plus savante, mais aussi plus dangereuse, qui n'a pas de peine à expliquer la similitude des effets, puisqu'elle pose en principe la parfaite identité des causes; mais solution qui, à vrai dire, n'en est pas une, puisqu'elle est contre la supposition. Toutes deux ont cela de commun, qu'elles suppriment des différences essentielles et dont elles devaient tenir compte. La première supprime la différence énorme qu'il y a entre connaître et sentir; la seconde, la différence non moins grande qu'il y a entre le monde et Dieu. La source de cette double erreur est dans cette double affirmation de l'abbé Foucher : 1° que l'idée, comme la sensation, n'est qu'une modification de nous-même; 2° que l'idée ne peut représenter l'objet qu'à la condition de lui être semblable.

Mais l'idée, pour être représentative, n'a pas

besoin d'être semblable aux choses, et, en second lieu, l'idée n'est pas qu'une façon d'être de l'âme, qu'un simple mode de la pensée, correspondant à un mode de l'étendue. Sur ces deux points, victorieusement rétablis par Leibniz contre l'abbé Foucher, Malebranche, suivant lui, fait donc progresser le cartésianisme sans toucher au principe cartésien lui-même, qui est le dualisme réel, inéluctable des sens et de la raison, de l'esprit et de la matière : 1° L'idée peut représenter sans être semblable ; l'idée n'est donc pas forcément, fatalement l'analogue du fait. L'élément de la différence que nous signalions à l'origine est maintenu. 2° L'idée n'est pas qu'une façon d'être de l'âme, elle est aussi l'objet immédiat de sa perception, elle a une réalité objective différente de l'âme elle-même, et le principe de la connaissance est au-dessus sans être en dehors des êtres contingents et relatifs que nous sommes.

En rétablissant ces deux thèses de Malebranche qu'il explique, Leibniz fait deux choses. Par la première, l'âme se reconnaît, se distingue du corps, elle se débarrasse du matérialisme ; par la seconde, Dieu nous apparaît au sommet de la connaissance, distinct de l'âme sans lui être étranger. Par elle le panthéisme est écarté et la véritable connaissance établie.

Le système, ou plutôt, pour nous conformer aux

habitudes scrupuleuses de l'abbé Foucher, l'*hypothèse* de la vision en Dieu à laquelle le lien logique des idées nous amène est pour ce dernier le sujet d'une discussion fort bien conduite, et qui forme a meilleure partie de sa critique. « Effet du jugement et de la piété de l'auteur, cette pensée, nous dit-il, est bien propre à nous inspirer en même temps du respect et de l'amour pour cet estre souverain duquel nous empruntons nos plus secrettes connoissances. » Mais ce n'est qu'une supposition, et elle a le tort de s'appliquer à des objets qui appartiennent à la foi ou du moins qui doivent être considérés comme les dernières conclusions de la science humaine, « je veux dire l'essence de Dieu, sa manière de connetre ou de produire les créatures, la subordination de ses idées et toutes les différentes unions dont nous sommes capables à son égard (1) : » vaste domaine de connaissances et de pensées, où le génie de Malebranche se complaît, où l'esprit plus timide de l'abbé Foucher refuse de s'élever, si ce n'est par degrés.

Il n'entre pas dans le plan de ce travail d'exposer la vision en Dieu de Malebranche, mais seulement, après avoir indiqué l'opinion de Foucher, d'ajouter ce que Leibniz en pensait. Qui ne regretterait cependant de ne pouvoir s'engager dans

---

(1) Réponse à la critique.

les voies de Malebranche, quand on passe si près de ses doctrines ? Qui n'admirerait cette admirable philosophie cartésienne qui profite à l'esprit humain, même par ses excès ? Qu'est-ce, en effet, que ce système de la vision en Dieu, si ce n'est le fruit naturel du dualisme cartésien poussé jusqu'à ses dernières conséquences ? Quand vous avez mis d'un côté la pensée et de l'autre l'étendue, ici l'âme, plus loin le corps, dans un isolement et une indépendance absolue l'un de l'autre, quand vous avez déclaré complétement impossible tout rapport de l'âme au corps ou du corps à l'âme et aboli toute influence naturelle de l'esprit de l'homme sur la matière, afin de sauver l'âme de toute contagion de la matière sur l'esprit, ainsi dépouillé de tout ce qui fait l'éclat de grandeur, de force et de richesse, l'esprit, qui n'a plus rien à attendre de la terre et qui voit bouchées toutes les ouvertures des sens, se retourne forcément vers Dieu ; il lui demande et il en reçoit sa forme, son achèvement, sa perfection dernière; il reconnaît en lui son principe et sa fin, l'objet immédiat de sa connaissance et de son amour ; il attend de lui tout ce qui lui manque, et il sait que du repos de sa substance Dieu fera sortir, quand il lui plaira et d'une manière immédiate, des créations merveilleuses et y produira des mouvements sublimes.

Telle est la doctrine cartésienne un peu étendue

par son premier disciple immédiat. Leibniz, qui ne saurait l'accepter de Descartes, plus sec et plus dur, et qui fait trop violence aux esprits, ne peut s'empêcher de l'aimer dans Malebranche, qui la fait entrer par les douces ouvertures de la piété dans les cœurs. C'est que Leibniz, plus juste envers Malebranche que l'abbé Foucher et qu'Arnauld, très attiré d'ailleurs par la doctrine de la vision en Dieu, penchait évidemment par les tendances de son génie et les instincts de sa philosophie en faveur de Malebranche ; si d'ailleurs, par l'engagement d'un commerce épistolaire avec l'abbé Foucher, il éprouvait peut-être à son insu plus de sympathie pour ce dernier, plus affable, plus prévenant, plus poli, ce que n'était pas toujours Malebranche, plus rigide ou plus fier. Il eut dans ce débat le double mérite d'éclairer et de compléter la doctrine malebranchienne des idées sur le point en litige, sans jamais en suivre l'auteur sur cette pente du mysticisme et d'une sorte de quiétisme intellectuel essentiellement contraire aux habitudes vigilantes et actives du génie de Leibniz.

Ses conclusions sont en général favorables à Malebranche :

1° Malebranche a raison, suivant lui, de ne pas accepter la définition de l'*idée*, prise exclusivement pour la qualité ou la forme de la pensée. Elle est aussi l'objet immédiat de la perception de l'âme;

et Leibniz pense que c'est là le sentiment de Platon comme celui de Malebranche.

2° Outre l'idée image, il y a l'idée, qui est le fondement de la connaissance. De ce genre, sont les idées de l'être, de la pensée, de la durée, de l'identité.

3° Le tort de Malebranche est de ne pas prendre le mot *idée* dans un sens fixe et de donner lieu à de dangereuses équivoques.

4° Son tort le plus grave est de nous refuser la connaissance de notre âme, ce qui serait ouvrir, comme le remarque fort bien l'abbé Foucher, une porte de derrière au scepticisme impitoyablement exclu d'ailleurs.

5° Le mysticisme de Malebranche consiste à croire qu'il y a des unions naturelles de l'âme avec Dieu qui la dispensent d'avoir des idées, tandis que de telles unions constituent des faits essentiellement de l'ordre surnaturel et étrangers à la philosophie.

Sur ce point, l'abbé Foucher qui a tort sur les autres, a raison contre Malebranche. Quelle que soit en effet, l'union de l'homme avec Dieu ici-bas, et même plus cette union est intime, plus les idées nous sont nécessaires pour connaître. Elles sont les effets mêmes de cette union dans notre âme; et c'est par leur impression vive et permanente en nous-même que nous sentons vivre et se mouvoir notre intelligence (1).

Ces conclusions n'empêchaient pas d'ailleurs Leibniz de professer une estime singulière pour l'abbé Foucher. L'abbé Foucher, sans avoir la largeur des vues, l'universalité, les qualités d'un grand philosophe, avait toutes celles de l'esprit critique. Il ne faudrait pas le juger d'après le titre d'académicien qu'il s'est donné, ou plutôt ce titre lui-même ne fait que mettre davantage en relief cette tendance critique qui l'attirait vers une question d'histoire de la philosophie dans un temps où l'histoire de la philosophie était encore à naître, qui lui faisait ouvrir des vues assez neuves sur Platon, sur le Sophiste, sur le Parménide et sur les sentiments de l'ancienne Académie, qui lui dictait enfin un jugement sévère, mais presque confirmé sur les deux plus fameuses hypothèses de son temps, la vision en Dieu de Malebranche et l'harmonie préétablie de Leibniz. D'ailleurs, et malgré ce titre, comme malgré l'opposition qu'il fait au réalisme de Malebranche et aux principes métaphysiques de Leibniz, il ne représente tout à fait ni le nominalisme, ni le scepticisme. On pourrait, avec quelque raison, l'appeler le père du criticisme, que Kant a exposé plus tard avec une vigueur

(1) Ces conclusions sont en partie extraites de notes inédites de Leibniz à la critique de l'abbé Foucher, qu'on trouve à l'Appendice.

étrangère à l'abbé Foucher. Cette nuance du scepticisme, qui n'est que de la méfiance au lieu d'être une négation hardie de tous les principes, qui refuse de se mêler de théologie par excès de prudence et de réserve, qui prend les allures et les formes de l'Académie (1) afin de se mettre à couvert sous l'autorité d'une ancienne école de philosophie, tous ces traits distinctifs et curieux méritaient bien d'attirer quelque peu l'attention sur l'auteur estimable de la meilleure critique de la *Recherche de la vérité* qui ait paru au XVII° siècle (2). Sa correspondance avec Leibniz montrera mieux encore le prix qu'en faisait ce dernier. Il y a parmi ses lettres quelques pièces de la plus haute

---

(1) Leibniz, trop habile pour ne pas voir ce qu'il y avait de chimérique à vouloir nous rendre réellement l'ancienne Académie, écrivait à Bauval : « M. Foucher, qui travaille à faire revivre la secte des académiciens, m'a envoyé son quatrième livre sur leur philosophie. Il tâche de donner un bon sens à leurs pensées et de faire voir qu'ils ne doutaient point pour douter, mais pour apprendre. Mais il ne paroit pas qu'ils aient appris grand'chose, et M. l'abbé Foucher est obligé de leur prêter beaucoup du sien pour nous faire croire qu'ils ont eu de bonnes connoissances. » Feder, p. 64. — Voy. note à la fin du volume, un jugement plus sévère et moins vrai sur l'abbé Foucher.

(2) Il en faut excepter l'entretien d'Ariste et de Philarète, que M. Erdmann a cru devoir intituler *Examen des principes du P. Malebranche*, et qui est en effet la critique du malebranchisme, mais non la critique spéciale de la *Recherche de la vérité*. Voy. Ed. Erdmann, p. 690.

importance (1). Leibniz, qui le savait assez opiniâtre pour ne pas aisément modifier ses opinions particulières, avait aussi trop de perspicacité pour ne pas voir qu'après tout la réforme de l'Académie ne conduisait à rien et ne faisait pas avancer l'esprit ; croyant toutefois l'abbé Foucher encore assez retenu sur la pente du nominalisme et du scepticisme pour rester supérieur à ces deux formes du doute, il voulut lui en montrer, une fois pour toutes, le néant et la stérilité. C'est ainsi que, sans le blesser par une réfutation trop vive, il cherche à l'éclairer par cette admirable revue qu'il consent à faire avec lui dans sa lettre n° 1. Il y discute les fondements de nos connaissances et les bases du savoir humain (2) ; c'est un monument inconnu de la philosophie leibnitienne, et pourtant décisif et concluant sur la question vitale de toute science, celle de la certitude.

II. — MORALE.

Passons à la morale. Je sais qu'il n'a pas manqué de gens en Allemagne qui ont fait de Leibniz un partisan de l'Eudœmonisme, de la morale du bien-être, de l'art d'être heureux. C'est une erreur : Leibniz travaillait au bonheur des hommes, mais

(1) Voyez, par exemple, la lettre de Foucher à Leibniz, p. 84.
(2) C'est la deuxième lettre de la correspondance, p. 39.

c'était en les rendant meilleurs. Sa belle définition de l'amour, qui n'est que le charme que l'on prend au bonheur d'autrui, son ardeur pour procurer le bien général, la tendance constante de sa philosophie, qui est d'enseigner aux hommes les lois admirables du royaume des cieux et la grandeur de la suprême félicité que Dieu prépare à ses élus: toutes ces raisons métaphysiques que l'histoire confirme en nous le montrant vigoureux défenseur des principes de la morale contre Hobbes, Puffendorf et Spinoza; toutes ces preuves sont déjà suffisantes pour le ranger parmi les adversaires et non les sectateurs des systèmes égoïstes. Une anecdote qu'amèneront naturellement les circonstances dans lesquelles il écrivit le troisième manuscrit dont il nous reste à rendre compte ne laissera point de doute à cet égard.

Il y avait à Paris, à l'Académie française et dans le salon de madame de Sablé, un personnage mobile et divers dont M. Cousin nous a rendu la singulière physionomie avec le charme et l'originalité de l'auteur des *Portraits*. Dans sa jeunesse, il s'était fait une certaine réputation de bel esprit, et la protection du chancelier Séguier lui avait ouvert l'Académie. Tombé en disgrâce, il suivit madame de Longueville à Munster, puis il se mit dans l'oratoire, puis il en sortit et se maria. L'abbé Esprit, car c'est ainsi qu'on le nomme, était dans l'intimité de madame de Sablé et très janséniste. Personne plus que lui ne s'occupa de maximes et de pensées. Il en faisait en prose, il en faisait même en vers (1). Quand on saura que la Rochefoucauld fut presque son disciple, qu'il n'en parle jamais qu'avec une déférence marquée, qu'il loue ses maximes et qu'il le consulte sur les siennes, on prendra sans doute une grande idée de l'abbé Esprit. Mais si l'on se procure le livre qui lui fit tant d'honneur dans la coterie janséniste dont ils étaient tous les deux, et qu'on lise cet ouvrage qui est le développement de leurs communs principes encore exagérés par le jansénisme, il y aura beaucoup à rabattre sur l'estime singulière qu'on en faisait dans les entours de Port-Royal. Et, à vrai dire, le mérite de l'abbé Esprit est peu de chose.

Toujours est-il qu'il eut de la réputation, et qu'à cinquante ans de là, en Allemagne (les nouveautés arrivent tard au delà du Rhin), une grande princesse, qui joignait aux grâces de sa personne un peu de ce scepticisme qu'on respire en naissant dans les cours, voulant se délasser par la lecture de quelque auteur, choisit le livre de l'abbé Esprit, dont le titre satirique et séduisant promettait de lui apprendre à connaître les hommes et la fausseté de leurs vertus. Cette grande

---

(1) Cousin, *Revue des deux mondes*, février 1854.

princesse était madame l'électrice de Brunswic-Lunebourg, femme de Rodolphe-Auguste, belle-sœur d'Antoine Ulrich de Wolfenbuttel et belle-fille d'Ernest-Auguste et de la princesse Sophie. Leibniz, directeur naturel des plaisirs et même des amusements de l'esprit dans la maison de Brunswic, fut consulté. L'électrice lui demanda son avis sur cet art de connaître les hommes, qui avait fait du bruit en France. C'est l'occasion du troisième manuscrit (1) que nous donnons au public. Leibniz, empressé de satisfaire aux moindres désirs de la princesse, mais aussi soucieux de mêler quelque antidote à ce poison venu de France, analyse et critique les désolantes pensées de l'abbé Esprit. Il y joint les directions nécessaires pour faire bien juger de cette provenance janséniste. Et ses simples remarques, meilleures que le livre, suffisent à réfuter la Rochefoucauld lui-même. Elles témoignent dans Leibniz d'un égal soin de la morale et de l'esprit, d'un égal désir de rendre tout à la fois les hommes meilleurs et plus sages en les ramenant doucement à l'optimisme, en leur offrant, à côté des exagérations de l'égoïsme, les aimables compensations d'une honnête vertu. Il n'appartenait qu'à Voltaire d'en rire.

Au reste, veut-on savoir en détail ce que pensait Leibniz du livre de l'abbé Esprit? Lisez M. Cousin (1). M. Cousin entretient les grandes dames de son temps qui ont hérité de madame de Sablé et de madame l'électrice la curiosité de l'esprit et le goût de la morale, des mêmes choses dont Leibniz entretenait ses grandes princesses d'Allemagne ; et par une rare bonne fortune, tous deux sont d'accord dans la critique d'un livre qui compromet, suivant eux, le but de la morale et corrompt les vertus humaines.

Je citerai M. Cousin, qui résume en maître et sans le savoir, le manuscrit tout entier de Leibniz.

« Nous pouvons recommander cet ouvrage, dit-il (2), à ceux qui, sans doute pour s'absoudre eux-mêmes, s'instruisent à mépriser la nature humaine, à considérer la liberté des actions comme une chimère, tout ce que les hommes ont honoré et admiré comme n'étant au fond que mensonge et hypocrisie ou légèreté et sottise, et l'amour-propre et l'égoïsme comme les seuls sentiments vrais et permanents. Par-dessus cette belle doctrine vient celle de la grâce, à la fois gratuite et irrésistible, qu'on ne peut pas même invoquer efficacement s'il ne lui plaît de nous prévenir, qui nous emporte invinciblement lorsqu'elle nous visite, et hors de laquelle toutes les lumières de la raison, toutes les inspi-

---

(1) *Revue des deux mondes*, février 1854.
(2) *Ibid.*

rations du cœur, tous les enseignements de l'expérience, tous les efforts de l'éducation, en un mot tout le travail de la volonté humaine n'aboutit qu'à de fausses vertus. De là le titre du livre d'Esprit: *La fausseté des vertus humaines* (1). Qu'est-ce, à ses yeux, que le désintéressement? C'est l'intérêt qui a changé de nom, afin de ne pas être reconnu, et qui ne paraît pas sous sa figure naturelle, de peur d'exciter l'aversion des hommes. C'est un chemin contraire à celui qu'on tient ordinairement, par lequel les plus fins et les plus déliés parviennent à ce qu'ils désirent; c'est le dernier stratagème de l'ambition, c'est la plus effrontée de toutes les impostures de l'homme. Voulez-vous du la Rochefoucauld terni, effacé, lisez l'abbé Esprit. »

Telle est la remarquable appréciation que fait de ce livre M. Cousin. Il lui appartenait plus encore qu'à Leibniz d'en rechercher l'esprit vicié dans sa source par cette maxime janséniste qu'afin que personne ne s'y trompe, il porte sur sa première page : *De la fausseté des vertus humaines.*

Le salon de madame de Sablé, de précieuse

---

(1) Le livre a deux titres : M. Cousin ne le connaît que sous le premier, « *De la fausseté des vertus humaines.* » Leibniz ne parle que du second : « *L'art de connoître les hommes.* » C'est que Leibniz n'a connu que la réimpression de 1702, qui parut sous une forme un peu différente de la première : *L'art de connoître les hommes*, par L. D. B., Paris, 1702.

devenue janséniste, ne pouvait pas redresser des erreurs aussi graves. Ce n'est pas là le foyer où pouvaient mûrir les grandes vertus, se former les grands dévouements, éclore les belles pensées et fleurir les bonnes actions. Cette morale de salon à l'usage des gens du monde, patronnée par une coterie janséniste, est mauvaise ; et Leibniz a bien raison, sauf qu'il lui fait trop d'honneur, de comparer l'homme de l'abbé Esprit au prince de Machiavel. « Machiavel, nous dit-il, ne peint qu'un méchant prince et nous donne son pourtrait pour celuy du prince en général. Et notre auteur, de même, voulant faire connoistre les hommes ne donne que le caractère des méchans. » Prenez, au lieu de l'abbé Esprit, son illustre collaborateur la Rochefoucauld, et le parallèle, gagnant en grandeur par l'accession de ce grand personnage, ne perd rien en force et en vérité.

Machiavel est, en effet, la plus haute expression de la politique séparée de la morale et de la religion. Il a sur la Rochefoucauld la supériorité que lui donnent le génie de Rome, dont il a fait son génie propre, et la conversation familière des plus grands hommes d'État de l'antiquité. Tour à tour courtisan de la république et des Médicis, et journellement employé aux plus difficiles missions, il a pratiqué sur le vif cet art de connaître les hommes dont l'abbé Esprit ne nous donne que les froides dissections. On a dit qu'il avait fait de Borgia son idéal. Rien n'est plus faux. Son idéal est plus vaste ; ce n'est pas un homme, mais un empire. Quant à Borgia, ce n'est pour lui qu'un fait ; il l'a coulé en bronze comme la *Judith* de Donatello, et châtié par l'immortalité même qui s'attache à son œuvre, il a eu ce malheur que le fait manié par lui est devenu une idée, et l'idée une doctrine qui s'appelle de son nom le *machiavélisme*.

La tendance de Leibniz est directement contraire. Au lieu d'être, comme Machiavel, et dans toute la force du mot grec et païen, πολιτικὸς, l'homme d'une ville, et de restreindre de plus en plus les affections et les plaisirs de l'homme, Leibniz, cédant à de plus hautes inspirations, et les yeux fixés sur l'ordre universel, brise le ciel de plomb que l'égoïsme fait peser sur nos destinées. Il déclare qu'à ses yeux il n'y a pas de plus grand intérêt particulier que d'épouser celui du général, et qu'on ne se satisfait soi-même qu'en se plaisant à procurer les vrais avantages des hommes (1). Ce n'est pas qu'il condamne *à priori* l'amour de soi. « L'amour de soy-même est une passion très bonne et très pure, que l'auteur de la nature nous a donnée (2). » Et Leibniz rejette hardiment les noms odieux qu'on

---

(1) Préface de la *Théodicée*.
(2) *Lettre et opusc.* ci-après, p. 138.

lui prodigue. Mais si l'amour de soi fait partie de notre félicité, l'amour d'autrui y entre aussi pour beaucoup. Et c'est ainsi qu'il a pu définir l'amour: « Le penchant de trouver du plaisir dans la félicité de ce qu'on aime (1). » Voilà ce que l'abbé Esprit et la Rochefoucauld lui-même ne sentaient pas. Comment l'auraient-ils senti? L'abbé Esprit déclare la nature mauvaise et corrompue, incapable de tout bien, portée à tous les vices. Leibniz, au contraire, soutient que la nature, en ce qu'elle a de bon, est une grâce ordinaire de Dieu (2). Esprit, fidèle à son drapeau, qui est le mépris de l'homme, range, il est vrai, toutes les vertus sous les *bandières* des quatre vertus cardinales; mais c'est pour les conduire à une défaite préméditée. Leibniz les rétablit toutes, en partant de quelques principes simples et féconds, qui préparent l'enchaînement des vérités morales. Il ne fait pas de la science; il rappelle simplement quelques définitions. Qu'est-ce que l'amour? qu'est-ce que la justice? la sagesse, le bonheur? L'amour, nous le savons, est le charme qu'on trouve dans le bonheur d'autrui. La justice est l'amour du sage : *charitas sapientis*. La sagesse est la science de la félicité. Le bonheur est un con-

---

(1) *Ib.*, p. 130; et préf. du *Codex diplomat.* « Amare sive diligere est felicitate alterius delectari vel quod eodem redit, felicitatem alienam asciscere in suam. »

(2) *Lett. et op.* ci-après, p. 134.

tentement durable (1). Ce que j'admire, ce ne sont pas tant ces définitions elles-mêmes, que l'esprit ou le sentiment qui les a dictées. Évidemment, l'homme qui définit la justice, *charitas sapientis,* est un sage ; et celui qui appelle la sagesse la science du bonheur est heureux. On se figure alors ce même homme rêvant une belle morale comme un art sublime digne de Phidias et de Platon, où le plaisir ne soit que le sentiment de quelque perfection, l'utile la récompense de quelque vertu, la justice de l'amour, et le bonheur le sentiment de l'harmonie. On se le représente, auguste et solennel, comme Archimède, qui vient d'immoler une hécatombe, après avoir accompli quelque découverte sublime, remerciant à son tour la Providence d'avoir rendu la vertu non seulement bonne, mais belle, et s'écriant : « Si l'on envisageait comme il faut la vertu, on serait charmé de sa beauté ! » et l'on est tenté de dire à son tour : Oh ! Leibniz, tu aimas la vertu en sage, tu l'aimas en artiste sublime, inspiré ! Tu la fais revivre dans des œuvres immortelles par l'ordre et la beauté des conceptions, et comme par la majesté des portiques où tu gravas son nom ! Que ne l'aimas-tu davantage en chrétien, pour la faire entrer plus avant dans le cœur

(1) Toutes ces définitions se trouvent dans la préface du *Codex diplomaticus* et sont rappelées dans le manuscrit *Sur l'art de connaître les hommes.*

et l'y faire produire le degré suprême du vrai, du bien et du beau : la *sainteté*.

Le mémoire *pour les personnes éclairées et de bonne intention*, tout plein de directions morales pratiques, est basé sur ces principes solides et durables qui sont le fondement de la morale leibnitienne. On y verra que les tendances de Leibniz, quelquefois un peu vagues à force d'être générales, n'excluent pas le retour à la vie présente et les règles de conduite. Il est difficile de mieux associer la morale pratique et la spéculative (1).

Quelque chose manquerait cependant à cette étude de quelques pensées de Leibniz, relatives à la morale, si nous ne disions un mot de deux fragments qui s'y rapportent et qui, malgré leur peu d'étendue, soulèvent une grave question. Je veux parler de deux morceaux relatifs à *la Vie heureuse* et qui complètent, sans en affaiblir la valeur, la découverte que M. Erdmann fit à Hannover d'un traité de Leibniz : *De vita beata*. M. Erdmann ne s'est pas contenté de publier ce traité, il en a tiré des inductions d'après lesquelles la morale de Leibniz porterait des traces évidentes de spinozisme et serait puisée, en partie du moins, aux sources de l'éthique de Spinoza. Je ne reviendrai pas sur la discussion qui a eu lieu à ce

(1) On trouvera ce mémoire à la fin des Lettres et opuscules,

sujet (1). Je terminerai par une vue plus intime sur l'éthique de Spinoza comparée à la morale de Leibniz.

A première vue, Leibniz a un désavantage marqué sur Spinoza. En effet, tandis que celui-ci a condensé dans son Éthique un système complet, Leibniz a malheureusement trop dispersé ses vues et ne nous a laissé que des fragments souvent incomplets et dont les textes isolés et mal interprétés peuvent donner lieu aux plus indiscrets rapprochements. Leibniz, je l'ai dit et je le répète, n'a pas traité *ex professo* de la philosophie pratique. On ne saurait s'en prendre à lui de la diversité des points de vue : suivant qu'il est théologien, jurisconsulte, politique ou monadologue, le point de vue change et la forme avec lui (2). On aurait donc tort, dans sa défense, d'être plus systématique qu'il n'a été, et j'accorderais même vo-

---

(1) Voy. l'avant-propos de la *Réfutation inédite de Spinoza*, par Leibniz. Nous ne pouvons admettre la conjecture de M. Erdmann, quelque ingénieuse qu'elle soit. Nous ne saurions cependant trop recommander les études philosophiques du spirituel professeur de Halle, intitulées : *Leibnitz und die Entwicklung des Idealismus.* Leipzig.

(2) Je n'en donnerai qu'un exemple : Leibniz, dans divers opuscules, paraît incliner à l'application du calcul de la vraisemblance ou des probabilités aux questions de morale et de politique. « Je fis voir, écrit-il à Burnet, *Opp.*, v. I, 243, qu'il y a une espèce de mathématique dans l'estime des raisons, et tantôt il faut les ajouter,

lontiers, si les dates ne s'y opposaient formellement que dans le *De vita beata*, il aurait pu emprunter à l'Éthique de Spinoza une ou deux définitions, s'il les avait trouvées à son gré.

Mais, en vérité, les textes ne sont pas moins concluants que les dates. La seule définition sur laquelle on insiste est celle de l'amour intellectuel de Spinoza où l'on croit découvrir le plus intime rapport avec l'amour dont il faut aimer Dieu, suivant Leibniz. Or Leibniz, à la page citée, prononce trois fois le nom de Providence, et c'est sur l'idée même de Providence qu'il cherche à établir un amour de Dieu tout chrétien et qui n'ait rien plus à souhait que l'accomplissement de la volonté divine (1), cette volonté fût-elle même arbitraire. Qu'y a-t-il de commun entre cette notion et celle de l'amour intellectuel de Spinoza, où tout rapport personnel de Dieu à la créature est effacé pour faire place à une sorte de produit hybride, où le Dieu qui aime et la créature par laquelle il est aimé se fondent en une seule et même essence,

---

tantôt les multiplier ensemble pour en avoir la somme : ce qui n pas été remarqué des logiciens. » On a contesté la justesse de cette application, et l'on a eu raison, mais elle est curieuse quand on compare les vues de Leibniz sur la morale à celles de Spinoza, qui était assurément bien éloigné de cette estime des vraisemblances, et qu cherchait partout, même en morale, la nécessité des géomètres.

(1) « Nihil prius habeat in votis quam ut Dei voluntas fiat. » Erdm., p. 74.

une, nécessaire, éternelle, dans la contemplation de laquelle le philosophe s'abîme avec délice à la pensée que c'est Dieu qui s'aime en nous d'un amour infini (1)? M. Erdmann est dupe des mots, mais Leibniz ne veut pas l'être. On voit assez, nous dit-il, que tout cela n'est que de la monnaie courante pour le peuple (2). Ceux qui méditent sur Spinoza n'ont point assez médité une parole décisive du maître et qui explique tout. Spinoza, *Eth. schol.*, prop. 35, après avoir posé en principe de morale que ce que l'homme recherche le plus, c'est ce qui lui est utile, prouve que ce qui est le plus utile à l'homme c'est l'homme ; et il ajoute : Ce que nous venons de montrer, l'expérience le confirme par des témoignages si nombreux et si décisifs, que c'est une parole répétée de tout le monde : « L'homme est pour l'homme un Dieu, *Hominem homini Deum esse*. » Cette parole donne la clef de ce qu'est l'amour intellectuel de Dieu, suivant Spinoza : c'est l'amour de la raison pour soi-même : *Amor Dei intellectualis* (3). Dieu, en tant qu'il s'aime, aime l'homme : l'homme qui s'aime aime

---

(1) « Hic mentis amor pars est infiniti amoris quo Deus seipsum amat. » *Eth.*, prop. 36, Dem.

(2) « Ex his etiam intelligitur quæ Spinoza de amore Dei intellectuali habet, non nisi ad populum phaleras esse. » *Réfut. inéd. de Spinoza*, par Leibniz, p. 68, Ladrange, éd. 1854.

(3) On pourrait rendre cela plus sensible en traduisant *amor Dei intellectualis* par ces mots : l'*amour du Dieu intellectuel*,

Dieu; l'un et l'autre de ces deux amours ne font qu'un (1). On dirait que saint Augustin avait prévu la thèse de Spinoza, quand il distingue soigneusement les deux amours : l'un, l'amour de soi poussé jusqu'au mépris de Dieu ; l'autre, l'amour de Dieu poussé jusqu'à l'oubli de soi-même ; et qu'il fait bâtir à ces deux amours deux cités. L'amour intellectuel des rationalistes purs, *amor Dei intellectualis*, a bâti la cité du panthéisme. Leibniz, au contraire, après saint Augustin, travaille à l'érection de la *Cité de Dieu*.

Il y a des préoccupations singulières et qui résistent à l'étude des textes. On en peut juger par ce dernier trait. Dans son *Éthique*, p. 4, Spinoza n'a point assez de dédain pour l'homme qui se repent et pour l'homme qui s'humilie. Et il est bien remarquable que cet homme qui, avec un soin puéril, met l'hilarité parmi les bonnes passions et déclare le chatouillement (2) (*titillationem*) chose bonne et permise, raie le repentir et l'humilité de la liste des

---

l'amour du Dieu-raison. Ce ne serait pas dénaturer la pensée de Spinoza, bien que le sens littéral soit de rapporter le mot *intellectuel* au mot *amour*.

(1) « Hinc sequitur quod Deus, quatenus seipsum amat, homines amat, et consequenter quod amor Dei erga homines et mentis ergà Deum amor intellectualis unum et idem sit, *Eth.*, p. 5, *Coroll.*, prop. 36. »

(2) « Hilaritas excessum habere nequit, sed contra semper bona, titillatio excessum habere potest, prop. 42 et 43, part. 4. »

vertus (1). Que voulez-vous? cette sorte de générosité, qui consiste à se vaincre soi-même, un philosophe de l'école de Spinoza doit la répudier comme une faiblesse indigne de sa raison. L'homme, touché de l'amour intellectuel de Dieu, ne doit ni s'humilier, ni se repentir, *sibi acquiescit*, il se repose en soi (2). En effet, il est infaillible; il est Dieu. Or Leibniz emploie l'épilogue du *De vitâ beatâ*, de ce traité, dont la source, dit-on, est en Spinoza, à réhabiliter ce qu'il dédaigne, à honorer ce qu'il méprise, l'*humilité* : le vrai généreux, nous dit-il, c'est l'humble (3), en réponse à Spinoza, qui dit : L'humilité n'est point une vertu.

Je n'insisterai pas davantage sur l'étude des textes; un mot seulement sur le caractère général des deux morales. Persuadé que tout l'effort moral tend à la conservation pure et simple de la substance, Spinoza procède à la conservation de la substance par la destruction de la personne, et, partant, de la liberté. On ne s'applique pas assez à connaître le fondement de cette médecine vio-

---

(1) « Humilitas virtus non est sive ex ratione non oritur et sq. Pœnitentia virtus non est sive ex ratione non oritur et sq. *Eth.*, p. IV, prop. 53, 54. »

(2) « Acquiescientia in se ipso summum quod sperare possumus. *Eth.*, p. IV, p. 52. »

(3) « Sic generosiores solent humiliores quoque esse, humilitas autem consistit in ea reflexione, etc., Erdmann, p. 75. »

lente, d'après laquelle, très réellement et très certainement, l'éternité ne s'acquiert que par l'anéantissement de tout l'être moral, je veux dire de la mémoire et de l'identité, qui constituent la personne ; une fois cela anéanti, il doit rester, dit Spinoza, quelque chose qui est éternel. C'est tuer le malade pour le guérir. Leibniz, au contraire, ne croit pas que dans l'état moral il y ait rien de sauf si la personne n'est pas conservée avec la substance. Ce n'est donc pas sur la conservation exclusive de la substance qu'il fonde la science des mœurs.

Ce n'est pas tout : chez Spinoza, tout le travail moral s'accomplit en partant d'une nature dont rien n'est inné dans nos âmes ; ainsi cette nature qui produit la morale n'est point la nôtre ; au contraire, c'est nous qui sommes à elle. A ce point de vue, non seulement les deux systèmes sont diamétralement opposés ; mais les bases même de la science sont complétement différentes pour l'un et pour l'autre. Chez Spinoza, la démonstration morale a pour support le principe de la non-différence ou identité de l'intelligence et de la volonté ; elle implique : 1° La négation de l'idée du bien et du mal ; 2° la négation de la liberté morale. Chez lui, le bien et le mal ne sont que des rapports indifférents comme ceux du mouvement au repos. La liberté par laquelle nous nous sentons libre n'est rien que de purement imaginaire et de sophistique. La morale commune, la règle ordinaire de nos actions est sophistique. Aussi rien n'égale le mépris de Spinoza pour ces moralistes qui considèrent l'homme comme un empire dans un empire, rien que le dédain qu'il fait paraître partout pour ceux qui proposent un but à nos actions et une fin dernière à l'homme (1). Ai-je besoin de dire que Leibniz est tout à la fois un moraliste de cette école et un partisan décidé des causes finales ; de telle sorte que s'il eût fait une morale, il eût pris ses démonstrations précisément dans ce que Spinoza rejette et qu'il les eût poussées jusqu'à des conséquences scientifiques, en partant de ce qu'il dédaigne, je veux dire la lumière interne innée, l'instinct exprimé par l'entendement et le désir de la fin dernière.

Veut-on apprendre à mépriser la morale, à dédaigner ce que tout homme respecte, à perdre le sens du bien et du mal, à honorer ce qui est méprisable, honteux même, lisez l'*Éthique*. Ce sage idéal qu'elle nous présente comme le modèle des vertus raisonnables et le type de l'amour intellectuel, reste dans son amour ce qu'il est dans sa raison : suspendu entre le matérialisme et l'idéalisme extrêmes. Son amour a deux surfaces, et si

(1) « Hominem in naturâ velut imperium in imperio concipere videntur. »

par l'une il prétend toucher Dieu, par l'autre il touche le corps ; il se nourrit de ses affections et meurt avec lui (1). Remarquez en effet que, s'il s'interdit le repentir et l'humilité comme indignes de la raison, le sage de Spinoza ne se défend en revanche rien de ce qui peut

> Chatouiller de son cœur l'orgueilleuse faiblesse ;

Et stoïcien par l'orgueil, il ne l'est point par l'abstinence (2). Il éprouve pour le corps une secrète préférence qui lui fait rechercher la joie et bannir la tristesse. Il ne comprend rien à la douleur, rien à l'épreuve, rien même à cette pensée de la mort dont un vrai sage a dit : *Philosopher, c'est apprendre à mourir.*

« La chose du monde à laquelle un homme libre pense le moins, répond Spinoza, c'est la mort. » Il ne cherche que le calme d'une vie reposée en soi, *acquiescentia in se ipso*. Il est impossible de plus nettement accuser l'intervalle qui sépare Spinoza de Platon et la sagesse menteuse du vrai courage philosophique. Telle est la décadence de l'homme moral affaibli par cet amour et cette raison pan-

---

(1) Est enim hic amor junctus omnibus corporis affectionibus *quibus omnibus fovetur*, prop. XVI, p. 5, *Eth*. Hunc ergà Deum amorem [concludere possumus] quatenus ad corpus refertur non posse destrui nisi cum ipso corpore.

(2) Viri sapientis est moderato cibo et potu se reficere et recreare, ut et odoribus, plantarum viventium amœnitate, ornatu,

théiste qui ne sont que les voiles menteurs de l'égoïsme humain.

Qu'en résulte-t-il? Spinoza a cru faire une éthique.

> Currente rota cur urceus exit ?

En dernière analyse, son *Éthique*, je l'ai prouvé (1), n'est qu'une physique pure, où tout repose sur la base grossière de la conservation de soi-même; où, conformément à cette loi physique, la nature travaille seule, sans que l'âme y participe que d'une manière tout idéale et tout abstraite, à produire des mœurs, des vices et des vertus; où cette forme même de la démonstration tant vantée comme un prodigieux effort, ne vient là que pour

---

musicà, ludis exercitatoriis, theatris et aliis hujusmodi. *Eth.*, prop. XLV, p. 4. Cet honnête idéal, qui lui eût été commun avec plus d'un bourgeois d'Amsterdam, Spinoza ne l'a pas suivi. Sa vie fut recueillie et retirée, plus que simple et frugale, assez semblable, par sa teinte uniforme et le côté dévasté, à la seconde partie de celle de M. de La Mennais. Colérus y a relevé quelques particularités singulières au sujet du divertissement favori de son héros, qui, sans rappeler les goûts de Domitien, a quelque chose de puéril et de déplacé. Il consistait à mettre aux prises des mouches avec des araignées, et à suivre d'un œil curieux les victimes et leurs bourreaux. On se souvient alors involontairement de Leibniz se promenant avec un sage dans les jardins d'Herrenhausen, et replaçant sur la tige d'où elle s'était détachée une belle mouche qu'il en avait fait tomber pour mieux l'admirer.

(1) *Réfut. inéd. de Spinoza par Leibniz.* Ladrange, édit.

donner le tour scientifique à une thèse grossière, pour intellectualiser par la forme logique nos joies, nos amours, nos passions, nos désirs, pour rendre enfin abstrait et idéal et convertir en raison le travail de la nature, dont l'Éthique s'annonce comme la reproduction fidèle. C'est que Spinoza avait entrepris une œuvre impossible. Il a prétendu transformer la morale; il a cru, à force de dédain, de sarcasmes, qu'il aurait raison de ce qu'il appelle avec mépris les moralistes. La morale a été plus forte que Spinoza; elle s'est vengée de lui en se dérobant à ses prises; elle manque à son œuvre et le condamne par les lois qu'il a voulu détruire.

En présence de ce résultat négatif de l'Éthique de Spinoza, il y avait lieu de signaler dans les simples aperçus de Leibniz un double retour au bon sens et à la morale, qui ne sera pas contesté, je pense, après examen. Une question resterait toutefois, qui est un grand problème et qui fait pressentir de graves objections. Je ne puis que la poser. Spinoza a échoué dans sa tentative de reconstituer la morale, à partir de l'unité de substance; Leibniz n'eût-il pas échoué à son tour s'il eût cherché dans la monadologie ou les substances individuelles et séparées les fondements de la moralité? Il semble, en effet, qu'une morale basée sur les natures individuelles de monades, douées de *perception* et d'*appétit*, ne pourrait être qu'une science purement expérimentale et inclinerait à devenir une sorte de médecine, appropriée à son objet infiniment plus noble que le corps, mais ne pouvant s'élever au-dessus de l'empirisme. Il semble aussi qu'un tel système, par réaction même contre le spinozisme, devait être porté à mettre la liberté de l'homme et sa moralité dans un point métaphysique appelé *Monade*, de même qu'il y mettait déjà son individualité, sa nature et sa force. N'était-ce pas trop présumer de ce raccourci d'atome que d'y faire couler les deux sources de la vie et du bonheur ? Contre ces dangers très réels, Leibniz était prémuni par un sens moral que n'avait point Spinoza. Il l'était par ces principes d'ordre, de convenance et de sagesse qu'il a toujours défendus. Il s'est montré, dans l'ensemble de ses œuvres et de sa vie, un grand sectateur de la morale commune. On n'a point à l'absoudre de ce qu'il n'a point fait, mais à le louer de ce qu'il a su faire.

III. — ORTHODOXIE.

Edward Stillingfleet (1), évêque de Worcester, fut un des plus grands théologiens de l'Église an-

(1) Edward Stillingfleet (1635—1699), auteur des *Origines sacræ or a rational account of the Christian faith*. Lond., 1663, in-4, l'une des défenses les plus estimées de la religion révélée, et du *Discourse in vindication of the doctrine of the Trinity*, etc. Lond.,

glicane au XVII° siècle. Les déistes anglais, qui étaient nombreux et puissants, n'eurent pas d'adversaire plus redoutable. Et prenant un essor qui annonçait de grandes et précoces facultés, Stillingfleet, à l'âge de vingt-sept ans, composa un livre qui le mit à la tête du clergé d'Angleterre. On raconte à ce sujet que le jeune Stillingfleet s'étant présenté chez l'évêque Sanderson, et la similitude du nom ayant frappé celui-ci, il lui demanda avec bonhomie s'il était parent du grand Stillingfleet, dont la défense de la foi faisait tant de bruit. A quoi le futur évêque de Worcester répondit modestement qu'il en était l'auteur. Le primat fut renversé.

Nous ne raconterons pas l'origine et les circonstances de sa querelle avec John Locke. Ce fut John Toland qui la provoqua par l'impudence de son déisme (1). Comme Locke jouissait de la réputation d'être un grand philosophe, il ne

---

1697. Il ne faut pas confondre ce discours de l'évêque de Worcester avec celui de William Sherlock, qui avait paru à Londres en 1690. *Vindication of the Doctrine of the Trinity and the son of God.* Ce sont deux traités distincts Voir sur Stillingfleet Dutens, T. V, 149, VI, 241, 263. Voir aussi les lettres à Burnet, V. 223—59.

(1) John Toland est l'auteur du livre intitulé : « *Christianity not mysterious* » que l'évêque de Worcester réfute avec une grande force dans sa vindication. On trouve dans les œuvres de Leibniz, édition Dutens, quelques pages de notes consacrées à l'examen de ce même livre. Des recherches nouvelles nous ont prouvé que le

put se refuser à entrer en lice avec le premier théologien de son temps et de son pays. On se battit à armes courtoises par-dessus la tête de Toland; et rien n'est à reprendre dans le ton général des discussions.

Leibniz, rapporteur fidèle, impartial, en rend compte avec une précision lumineuse dans un des manuscrits qu'on trouvera plus loin et qui ouvre la série de ceux que nous publions. En présence de cette remarquable analyse, notre tâche est facile, et nous nous bornerons, après quelques mots sur la philosophie de Locke, à expliquer comment le mystère de la Trinité se trouvait intéressé dans la question, et pourquoi l'évêque de Worcester avait intitulé son livre, dont Leibniz analyse le dernier chapitre : *Vindication de la Trinité*, nous réservant de justifier dans les conclusions la devise que nous avons adoptée : *Orthodoxie*.

Locke n'avait pas échappé à cette nécessité de son temps et de son pays, qui semble forcer tout philosophe à faire l'application de ses doctrines à

---

naturalisme panthéistique, dont Toland, tout en se séparant de Spinoza, paraissait vouloir propager le culte par son *Pantheisticon seu forma celebrandæ sodalitatis Socraticæ*, avait surtout attiré l'attention de Leibniz. Nouvelle et bien remarquable preuve de cette vigilance qu'il exerçait d'Allemagne sur les progrès ou les manœuvres du panthéisme, de quelque côté qu'il vînt à se produire, et aussi du lien étroit qui unit cette forme de sophistique à l'irréligion et même à l'athéisme.

l'Église et à l'État. Les tendances pratiques de son système devaient d'ailleurs l'amener naturellement aux questions politiques et religieuses. Et pour ne parler que des secondes, il écrivit, en effet, une dissertation sur les miracles et des lettres sur le christianisme raisonnable. L'épreuve n'était pas sans danger pour l'auteur d'une philosophie sensualiste. Il semble qu'il lui fût interdit de s'élever si haut et que les mots de Christianisme et de Raison dussent échapper à ses prises. Locke entreprend cependant de les définir, et il commence par les confondre. Il fait de la Raison une révélation naturelle et de la Révélation une vérité raisonnable. Sans doute, dans un sens sublime et vrai, la Raison est une sorte de révélation naturelle, en tant qu'éclairée d'en haut, tenant à Dieu par ses racines et retrouvant dans la substance de ses idées l'idée de la substance divine, elle est l'image et le reflet de l'infini. Si Locke veut reconnaître avec Platon et saint Augustin une telle Raison comme le flambeau naturel qui éclaire tout homme venant en ce monde, nous serons avec Locke contre le sensualisme de tous les temps et de toutes les écoles, à commencer par la sienne. Mais est-ce bien là la pensée de Locke? En vérité, on a droit d'en douter. Cette Raison condamne Toland et tous les déistes qui veulent substituer un Christianisme sans mystères, *Christianity not mysterious*, au Christianisme mystérieux et réel, que maintient l'accord de tous les grands docteurs et de tous les grands philosophes. Je sais bien que Locke désavoue Toland et les rationalistes anglais; qu'il se montre même également l'ennemi des naturalistes ou athées qui nient Dieu, et de ces enthousiastes ou fanatiques dont le zèle dégénère en manie. Toutefois, dans sa défense de la religion révélée, le scepticisme a encore sa part; et c'est en nous montrant la faiblesse de notre certitude qu'il établit la foi, après avoir paru d'abord soumettre la révélation au libre examen de sa raison. On peut trouver à ces inconséquences une excuse dans la modération, d'autres diraient la faiblesse du caractère qui le retint sur le versant du doute et de l'erreur.

Cette retenue naturelle d'un Anglais qui médite et qui éloigna toujours Locke des partis extrêmes en religion, il la porta dans ses investigations philosophiques, entreprises sans convictions arrêtées et poussées sans vigueur. On verra que l'évêque de Worcester, grand théologien, et des plus autorisés, lui reprochait de bannir la substance du monde raisonnable. Et, en effet, quoi de plus incertain et de plus vacillant que sa philosophie sur le point de la substance. Je n'en veux pour preuve que la sceptique indifférence de Locke et les termes dans lesquels il en parle.

Mais d'abord, et pour mieux mettre en scène le personnage, rappelons-nous un moment avec quel art, Leibniz, dans les *Nouveaux essais*, lui a donné pour second, Philalèthe, ce bourgeois philosophe, qui ayant fini ses affaires à Londres, reprend le chemin d'Amsterdam, tout fier d'avoir entretenu, à Oates, chez milady Masham, le célèbre M. Locke. On ne saisit point assez la fine ironie que Leibniz a cachée dans la plupart de ses écrits. Locke, exilé avec le comte de Shaftesbury, avait passé le temps de son exil en Hollande. Puis, de retour en Angleterre, il avait vécu jusqu'à sa mort dans l'intimité de la fille de Cudworth, la respectable milady Masham. Philalèthe pourrait donc bien être Locke lui-même, qui reprend le chemin de la Hollande pour venir jouer son rôle dans cette suite de dialogues instructifs, souvent agréables et charmants que Leibniz a intitulés : *Nouveaux essais*.

Or, voici comme il parle de la substance : « I confess, there is an other idea which would be of general use for mankind to have, as it is of general talk, as if they had it; and that is the idea of substance, which we neither have, nor can have by sensation or reflection..... We have no such clear idea at all and therefore signify nothing by the word substance, but only an uncertain supposition of we know not what, i. e. of some thing whereof we have no particular distinct positive idea, which we take to be the substratum or support of those ideas we do know (1). »

We know not what! Nous ne savons pas ce que c'est! Telle est la pensée dernière de l'école anglaise, personnifiée par Locke ou par Philalèthe, dans les *Nouveaux essais* sur le point de la substance.

« Nous parlons de la substance comme des enfants, lesquels étant interrogés sur un sujet qu'ils ne connoissent point donnent cette réponse fort satisfaisante que c'est quelque chose (2). »

Ou bien encore on peut la comparer « à la supposition d'un philosophe indien qui fut obligé enfin d'avoir recours à un je sçay quoy qui porte la tortue, qui porte l'éléfant, qui porte la terre (1). »

Voilà comment Locke s'exprime sur le sujet de la substance.

Il en résulte qu'elle n'est rien de fondé dans les âmes, rien de durable dans les corps, rien de certain en Dieu lui-même.

Qu'elle ne soit rien de fondé dans les âmes suivant lui, cela ne m'étonne pas. Locke n'est pas cartésien puisqu'il est sensualiste; il le prouve en se refusant à l'évidence de sa propre substance.

---

(1) *Ess. concern. hum. und.*, I, 4, 18.

(2) *Lettres et opuscules*, p. 4, et *Nouveaux essais*, édit. Erdmann, p. 272.

(3) *Id., ibid.*

Cette idée, qu'il voudrait bannir, n'a d'obscurité que pour les esprits grossiers qui ne se fient qu'au témoignage des sens, que pour les yeux qui ont leur pointe émoussée et tournée vers la terre. Ceux qui la nient prouvent qu'ils sont incapables de s'élever à la première connaissance, au *connais-toi toi-même* de Socrate. Ils s'arrêtent avant le seuil de la première philosophie.

Mais que ce même homme qui est l'auteur d'une philosophie sensualiste traite les corps aussi mal que les âmes, qu'il admette sans contestation qu'ils n'ont rien de la substance qu'un je ne sais quoi indéfinissable et incompréhensible, qu'après avoir à peu près rejeté les substances spirituelles, il rejette à peu près les corporelles; voilà ce qui doit surprendre les sensualistes eux-mêmes, et être un grand sujet de désappointement pour ses disciples.

Il y a deux erreurs en philosophie, toutes deux dangereuses bien que d'inégal danger, mais auxquelles on ne saurait refuser des droits à une discussion sérieuse. C'est l'erreur de ceux qui tout pleins de la pensée de la grandeur et de l'étendue de l'âme, résolvent par de puissantes analyses tous les corps de la nature et les réduisent à rien afin de nous dégoûter pour toujours de l'intolérable chimère du corps sans âme, et nous ramener de plus en plus à la pensée de l'âme sans le corps, de l'âme dégagée, séparée même de la matière. C'est la philosophie de l'émancipation de la chair. Le corps est la prison, la matière une geôle, il faut en sortir.

Une autre erreur plus grave et moins noble, est celle qui ne veut point de cette délivrance, qui s'attache au corps, qui, fascinée par la beauté, le nombre et la souplesse de ses organes, soupçonne une vie latente dans la matière et de quoi se suffire à soi-même dans la nature corporelle et qui la fouille pour en trouver le secret. C'est la philosophie du scalpel : la religion des organes. Le corps est la statue d'un Dieu qui a ses prêtres qui le servent et qui lui disent : « Parlez, Seigneur, votre serviteur écoute! »

Entre ces deux erreurs, dont l'une s'appelle l'idéalisme, et l'autre le matérialisme, et qui à première vue ne souffrent pas de milieu, Locke à force de tempéraments et aussi d'inconséquences, à force de reprendre d'une main ce qu'il a donné de l'autre et d'être sophiste sans le savoir, Locke a su se faire un milieu. Ne prendre parti ni pour l'âme ni pour le corps, ne rien faire pour essayer de prouver la réalité de l'un plus que de l'autre, se payer de mots au besoin quand on en parle, et si l'on objecte la substance, répondre : *I do not know*. Telle est sa règle. C'est ainsi qu'après avoir beaucoup écrit, et, si nous l'en croyons, beaucoup senti et beaucoup réfléchi, il est arrivé à faire de Dieu l'auteur d'une religion médiocre, comme il fait de la raison une source de connaissances moyennes, et à n'être qu'un demi-philosophe et un demi-sceptique.

Je sais bien que la digne fille de Cudworth, milady Masham, qui appelait M. Locke son respectable ami, eût été choquée de l'expression. Locke lui-même n'y eût point souscrit. Il avait si peu de goût pour le scepticisme vu de face, qu'il se rejette dans la révélation toutes les fois que la raison lui fait peur ; mais ici je n'ai qu'à le remettre aux mains de l'évêque de Worcester qui ne le laissera point dans la révélation plus que nous ne l'avons laissé dans la philosophie. La logique l'exige, et la philosophie est ainsi faite qu'on y trouve d'inévitables relais qui vous font parcourir la route entière de l'erreur.

Sicut cursores... lampada tradunt.

Il fallait bien que la théologie de M. Locke ne fût point orthodoxe, puisqu'un théologien protestant croit de son devoir de la combattre au point de vue du dogme de la Trinité : *Vindication of the Trinity*.

On verra dans le manuscrit de Leibniz l'attaque et la réponse. Mais il importe de signaler ici pourquoi sur ce même dogme de la Trinité, où l'orthodoxie de Leibniz brille du plus pur éclat (1), celle de M. Locke est très contestable et contestée.

Worcester remarque (2) que M. Locke, qui a donné tant et de si bonnes preuves de l'existence de Dieu, a omis celle que Descartes tirait de l'existence renfermée dans l'idée de Dieu, la preuve *à priori*.

Je ne crains pas de dire que la même cause qui lui faisait retrancher la preuve de Descartes, mal comprise, le jetait peut-être à son insu dans l'hérésie des Sociniens sur la Trinité.

Cette cause la voici : C'est que le sensualisme de Locke lui interdisait de s'élever à la véritable idée de Dieu, à l'idée de Dieu prise comme objet immédiat externe de l'entendement. En effet, quand, parti des sens, on s'est habitué à ne reconnaître pour réel que l'individuel et le particulier, quand on n'attache à l'idée de la substance qu'une valeur relative et conventionnelle, qu'on en fait, comme Locke, un je ne sais quoi, qui est le support des accidents, l'inflexible logique nous force à faire la stricte application de ces principes métaphysiques à la théologie, et alors on va forcément, fatalement, si on est sincère, jusqu'à prétendre que la Divinité, en tant qu'universelle, en tant que

(1) Voyez les controverses que Leibniz soutint contre les antitrinitaires. Dutens, t. I, et *Systema theolog.*
(2) *Lettres et opuscules inédits*, p. 6.

notion générale et absolue, n'est qu'une pure abstraction et qu'il faut reconnaître les trois personnes en Dieu comme trois dieux, ou bien renoncer à ce trithéisme absurde et revenir à la notion vague d'un être unique, sans distinction de personnes, source de tous les êtres. Ainsi, entre le déisme et le trithéisme, il n'y a pas de milieu pour ces esprits grossiers qui rapportent tout aux sens. Un Dieu triple et un n'est pour eux qu'un fantôme.

Voilà ce que M. de Worcester ne remontre pas avec assez de solidité et d'étendue à M. Locke et où Leibniz pouvait seul suppléer du sien à ce qui lui manque. Le mérite principal du chapitre de Worcester n'est pas, en effet, sur le point de la substance où Locke a si gravement erré. C'est plutôt un mérite d'observation. Il a bien démêlé les causes des erreurs théologiques qu'il combat et dont la philosophie de Locke est involontairement devenue l'appui naturel. Locke a faussé la voie des idées et la règle de l'évidence qu'il emprunte à Descartes; habiles à détourner les découvertes modernes au profit de l'erreur et de l'hérésie, les rationalistes anglais, qui se disaient ses élèves, ont été plus loin. Ils se sont servis de cette voie des idées pour rejeter les mystères de la foi, au lieu de l'employer à expliquer ceux de la nature, qu'ils acceptent aveuglément. « Il n'y a point de gens, remarque l'évêque de Worcester, plus hardis à attaquer les mystères de la foi que les prôneurs des idées et d'autres nouveaux termes de philosophie qu'ils emploient sans les entendre. »

C'est une page curieuse à ajouter aux annales de l'esprit humain que ce nouveau travers si bien caractérisé par l'évêque de Worcester. Il ne faut pas croire, en effet, que la réforme de la philosophie au xviie siècle pût dépendre de quelques mots nouveaux substitués à d'autres, et qu'une mode de l'esprit qui change accuse un progrès réel de l'esprit humain. Si Descartes n'avait fait que substituer aux formes des scolastiques le mot *idée*, ce mot, qui dit beaucoup, n'aurait point suffi à l'immortaliser, son rôle serait bien petit dans l'histoire de la philosophie et sa réforme illusoire. Leibniz a vengé les scolastiques du dédain peu mérité qu'affectait Descartes à leur égard, et il a réhabilité quelques unes de leurs inventions les plus décriées. Ce n'est donc pas pour avoir mis les idées à la mode, même en Angleterre, et répudié des formes vieillies que le cartésianisme a conquis les intelligences. C'est là le côté extérieur et superficiel de sa réforme; c'est par là qu'il engage les esprits légers, qu'il produit l'engouement : ce sont les *tourbillons* de sa métaphysique. Mais ceux qui vont au fond des choses savent qu'il a mieux mérité de l'esprit humain et qu'il a des titres plus réels à la reconnaissance des hommes. Descartes, le premier, a trouvé des règles et montré des lois où les scolastiques voyaient des fantômes. Au lieu de travailler comme eux péniblement à dépouiller ces fantômes des qualités sensibles, afin de les approcher de plus en plus de l'esprit, que fait-il? Du premier coup, il force l'esprit, ramené sur lui-même, à renoncer à ces habitudes superstitieuses de l'enfance, qui se forge des monstres et des chimères, à se dégager de ce parti pris des âges crédules, qui ne voient partout que des symboles, à renoncer enfin à cette espèce de polythéisme persistant dans l'esprit et dans les mœurs, qui divinise et multiplie les êtres de raison, polythéisme que Leibniz a si bien caractérisé par cette phrase : *Ita reditur ad tot deunculos, quot formas substantiales et gentilem prope [polytheismum :* c'est un retour aux petits dieux et à un véritable paganisme.

Mais il y a deux manières de recevoir et d'entendre une doctrine, et il faut bien reconnaître qu'une foule d'esprits superficiels et légers, et surtout les sensualistes anglais, n'ont pris le Cartésianisme que comme une mode venue de France pour en faire parade. Locke lui-même, évidemment plus sérieux, le rapetisse à sa taille; tous ses instincts le portent à limiter l'esprit par le corps et à enlever au premier tout ce qui ne peut germer dans le second, je veux dire les idées innées, ce que Leibniz appelle les semences d'éternité.

Sa réponse à l'évêque de Worcester (*Reply to the bishof of Worcester*) contient les explications devenues nécessaires en présence du remarquable écrit de ce dernier.

Locke se défend d'avoir voulu bannir la substance du monde raisonnable et explique, en adoucissant le sens des mots, comment il a pu la comparer à *ce je ne scay quoy qui chez les Indiens supporte la tortue qui supporte le monde*. Il se défend aussi d'avoir soutenu le sensualisme grossier qu'on lui impute trop souvent et qui ne donne pas, en effet, la juste mesure de cet esprit plus subtil que matériel. Il affirme qu'il croit à l'excellence de l'homme au-dessus des bêtes, et qu'il en a donné les motifs dans ses *Essais*. Il va jusqu'à accorder que l'idée de la substance est une idée de la raison, et que si l'idée en peut être obscure, il n'a jamais dit que cette obscurité dût l'atteindre dans son existence.

Un pareil aveu ressemblait fort à une rétractation. Mais Locke n'entendait pas pour cela être engagé au delà de ce qu'il convient. La subtilité ne manque pas à l'ingénieux auteur de l'*Essai*, et il en abuse dans toute cette défense.

Elle est surtout visible sur le point décisif du débat. Locke avait prétendu que Dieu peut donner à la matière dûment préparée la faculté de penser.

Et l'évêque de Worcester y voyait une opinion de nature à compromettre les preuves de la spiritualité de l'âme, que l'auteur avait précédemment données. On pourrait regretter que Leibniz, si bien posé pour la combattre, se bornant au rôle de rapporteur, se soit interdit toute réfutation, même partielle, des opinions de Locke, si d'ailleurs ce système, où la pensée viendrait furtivement habiter le corps, ne soulevait trop de questions pour qu'il soit possible à Locke d'y répondre. Quelle est, en effet, cette préparation mystérieuse qu'il faut à la matière pour qu'elle soit en état de recevoir la pensée? Je crois la connaître : c'est qu'elle soit organisée, douée de sens et d'organes, de ce qu'on appelle aussi réceptivité ou capacité de l'être. Mais ce n'est rien dire, puisque c'est revenir à la question, qui est celle-ci : Comment un être doué de sens et d'organes est-il saisi de pensées extérieures et supérieures au corps? Est-ce par les seules lois de la matière, c'est-à-dire par des lois mécaniques aujourd'hui connues et qui ne rendent compte d'aucun des faits de la pensée? Évidemment, Locke ne peut rien expliquer par les seules lois de la matière. Il ne lui reste donc qu'à recourir à un miracle d'autant plus surprenant, qu'il est de tous les jours, et qu'à faire de la pensée l'enfant du mystère.

Locke va plus loin, et ce trait de son système, assez peu connu, mérite d'être restitué. Nous le devons à Leibniz qui, plus pénétrant que Worcester, signale dans l'avant-propos des *Nouveaux essais*, à l'occasion du débat que nous rapportons ici, le germe évident de panthéisme que contenait la pensée de Locke. Cette résolution fatale et dernière du matérialisme en une doctrine à première vue contraire est curieuse. Dans une lettre à Worcester, Locke avait dit (1) pour défendre son opinion de la *matière pensante :* « Puisque l'idée générale de la substance est partout la même, il s'ensuit que la modification, qui s'appelle *pensée* ou pouvoir de penser y étant jointe, cela fait un esprit, sans qu'on ait besoin de considérer quelle autre modification il a encore, c'est-à-dire s'il a de la solidité ou non, etc. » Jamais Spinoza n'avait présupposé d'une manière plus complète le principe qui sert de base à son panthéisme, à savoir l'unité de substance. Mais, par une singulière inadvertance, cette phrase avait échappé à Worcester, et c'est Leibniz qui, avec sa perspicacité habituelle, signale le danger. « M. de Worcester pouvoit ajouter, nous dit-il (2), que de ce que l'idée générale de substance est dans le corps et dans l'esprit, il ne s'ensuit pas que leurs différences soient des modifications d'une même chose. » Et, précisant encore mieux sa pen-

---

(1) Avant-propos des *Nouveaux essais*, p. 204, édit. Erdm.
(2) Avant-propos des *Nouveaux essais*, *ibid.*

sée, il distingue entre ce qui est physiquement homogène et ce qui n'est que logiquement réuni, entre la matière physique et réelle qui entre dans les composés de l'ordre naturel, et cette matière métaphysique ou générale qui n'est que le lien des idées, et, comme il le dit lui-même ailleurs, le mélange des effets de l'infini; montrant bien par cette profondeur des distinctions jusqu'où il avait sondé les abîmes qui ont englouti Spinoza et sur le bord desquels Worcester laissait se jouer la pensée subtile et déliée de M. Locke.

On peut donc, par une induction puissante, affirmer que si le philosophe anglais a été l'appui naturel des antitrinitaires, et notamment du plus panthéiste de tous, John Toland, c'est par cette tendance de sa philosophie qui compromet la spiritualité de l'âme et ne laisse à la morale et à la religion qu'un être matériel plus ou moins susceptible d'être façonné par leurs préceptes ou rangé sous leurs lois. Quand on ôte à l'âme ce ressort caché dont parle Bossuet « lequel, quoiqu'il soit contraint, quoiqu'il n'ait pas encore son mouvement libre, fait bien voir par une certaine vigueur qu'il ne tient pas tout entier à la matière et qu'il est attaché comme par sa pointe à quelque principe plus haut. » Quand, par une équivoque indigne de la philosophie, on prend le mot *esprit*, assurément le plus immatériel de la langue, pour je ne sais quel animal subtil, « *pro quodam animali subtili,* » assez semblable aux anges de l'ancienne mythologie,

Par levibus ventis volucrique simillima somno,

il serait assurément bien difficile de se représenter dans l'oubli des sens et du corporel répandu dans la nature, une sphère de spiritualité pure détachée de tout corps, étrangère aux sens et à toute matière préexistante, où l'être très parfait reproduit éternellement dans l'unité de sa substance les perfections de sa nature, faisant le triple personnage de Dieu, de monarque, et de père, tout à la fois principe d'unité, de pensée, d'action, volonté puissante, souveraine intelligence, réalité substantielle et intégrale, capable de toutes les influences, excepté celles purement physiques, source de tous les changements, excepté ceux qui altéreraient sa substance, le type et non l'esclave de l'unité, le partage de tous les esprits supérieurs sans jamais se répandre au dehors, portant la triple expression de lui-même dans la science, dans l'âme et dans le monde, variant le degré comme la force de cette expression, dont le monde ne garde que le vestige, dont la science n'est que la copie, dont l'âme vivante porte seule, quoique incomplétement, la marque réelle, le signe et le caractère.

Locke, en terminant sa réponse, parle beaucoup

des puissances des objets, dont les idées sont les effets et comme les traces dans le cerveau. Ses regards mortels, hébétés par le sensualisme, ne peuvent s'élever au delà, ou du moins il ne voit au-dessus de ces idées sensibles et tout imprégnées, comme il le laisse entendre, des puissances de la matière, que ces idées déjà moins grossières qui sont les images et comme la représentation des objets. Il ne sait pas qu'il y a des puissances immatérielles (*immaterial powers*) qui, elles aussi, sont capables d'agir sur l'esprit, de lui donner une forme, un achèvement, et d'y laisser des marques tout autres et vraiment sublimes. Il ignore que ces puissances invisibles qui donnent à nos âmes une consistance réelle en y fixant l'indivisible et l'universel, les rendent aussi capables de s'élever aux principes, qu'elles sont, en effet, le fondement de toutes les notions, et qu'elles composent la raison suprême, impersonnelle, et, suivant la belle expression de Fénélon, la Raison Dieu (1).

Tel est en substance et résumé par une grande pensée, ce débat dont Leibniz a dit un mot dans l'avant-propos des *Nouveaux essais*, en en affaiblissant la portée par une parenthèse diplomatique à l'égard de Locke. La diplomatie de Leibniz, et surtout sa finesse, ne sont pas toujours assez remar-

---

(1) *Traité de l'exist. de Dieu*, p. I, c. II, n° 60.

quées. L'avant-propos des *Nouveaux essais* est un modèle de cet art des polémiques conciliantes où il excelle. On remarquera d'ailleurs que le point traité dans les *Nouveaux essais* étant celui de savoir si la matière peut penser, point sur lequel Leibniz avait un système original, et où ni Locke ni Worcester ne pouvaient le satisfaire entièrement, la question religieuse est écartée. On remarquera aussi qu'à l'époque où Leibniz écrivit les *Nouveaux essais*, Locke était le seul survivant des deux antagonistes (1), et que Leibniz, se trouvant avec lui à l'ouverture d'une longue polémique, ne voulait pas sans nécessité surcharger le débat de cette question brûlante du déisme, par laquelle Worcester avait dû singulièrement lui déplaire. Ce sont ces raisons, jointes à une grande finesse et à beaucoup d'habileté, qui lui font donner à Locke, en commençant, cet éloge embarrassant et qui ne dit rien de trop : « On sait que ceux qui ont voulu détruire la religion naturelle et réduire tout à la révélée, comme si la raison ne nous enseignait rien là-dessus, ont passé pour suspects. Mais notre auteur n'est pas de ce nombre (2). » En effet, Locke n'était pas de ce nombre, puisqu'il encourageait plutôt la tendance contraire, qui est de tout ré-

---

(1) Stillingfleet était mort depuis 1699. Les *Nouveaux essais* sont de 1704.

(2) Avant-propos des *Nouveaux essais*, p. 203.

duire à la religion naturelle (1). Leibniz faisait-il de même? C'est à quoi répondent nos conclusions.

CONCLUSIONS.

Orthodoxie, Théorie des idées, Morale, tels sont les trois ordres de pensées qui nous ont paru de nature à saisir et à dominer le lecteur des manuscrits de Leibniz dont nous venons de rendre compte. Il ne nous reste plus pour conclure qu'à justifier ces trois titres, et à montrer l'unité de l'œuvre prise sur le fait dans ces fragments de philosophie leibnitienne.

Il nous a semblé que le premier de ces fragments, celui qui contient le sentiment de l'évêque de Worcester et de M. Locke sur les idées, et principalement l'idée de la substance, rapproché de ce que nous savons des rapports de Leibniz avec les rationalistes Sociniens ou Antitrinitaires de son temps, et indépendamment des mérites purement philosophiques qu'on y trouve, est de nature à jeter quelque lumière sur une des questions les plus difficiles, celle de l'orthodoxie de Leibniz. Qu'est-ce, en effet, qui était en question dans ce débat engagé entre Worcester et Locke, et qu'avaient provoqué les Unitaires ou Rationalistes de son

---

(1) Voy. *Lettr. et opusc.*, p. 4.

temps? C'était, nous l'avons vu, la Trinité et l'Incarnation du fils de Dieu. Arius et Montan renaissaient à la faveur des nouvelles doctrines; et déjà ces enfants perdus de la réforme arrivaient à nier la divinité du Christ et la substantialité de Dieu lui-même. Supposons un instant que Leibniz eût, comme philosophe, professé le dédain ou l'injuste méfiance que ses successeurs ont trop souvent montré pour la théologie, croit-on qu'il se fût inquiété des revendications de l'évêque de Worcester, qu'il fût intervenu dans le débat, qu'il en eût rapporté longuement, scrupuleusement toutes les phases? Pourquoi donc alors cette vigilance à ne point souffrir qu'une attaque fût impunément portée à ces deux dogmes fondamentaux? Pourquoi ces déclarations formelles, et déjà citées par nous, d'un inviolable attachement à la Trinité, à l'Incarnation du Verbe? Pourquoi ces travaux peu remarqués, et cependant très dignes de l'être, contre les hérétiques de son temps et principalement contre les Antitrinitaires (1)? On ne sait point assez, et nous raconterons peut-être un jour, l'histoire et les origines de ses travaux sur la substance. Elle est toute théologique; c'est à la théologie chrétienne qu'il demande les données du problème,

---

(1) *Opera omn.*, édit. Dutens. *Wissowatii epistola de sacra Trinitate. Responsio ad ejus objectiones contra Trinitatem et Incarnationem.* (T. I, p. 2, sq., p. 2, sq.)

c'est de l'Église qu'il les reçoit, quitte à les développer suivant la libre inspiration de son génie. Or de quoi s'agit-il entre Locke et Worcester ? Précisément de la substance, et de la substance dans ses rapports avec le dogme chrétien de la très sainte Trinité. En effet, c'est là le point sur lequel roule toute la philosophie. Et Leibniz en comprenait si bien l'importance, qu'il a médité toute sa vie sur cette notion primordiale qui est le fondement de toutes les notions, et que l'originalité de son système provient tout entière de la profondeur de ses méditations sur ce seul point. Cette vue en ouvre d'autres non moins fécondes, si on les fait servir à l'intelligence des *Nouveaux essais sur l'entendement* et de cette polémique contre Locke, qui forme, avec la *Théodicée*, son œuvre capitale. Le manuscrit que nous publions prouve que la question religieuse engagée au nom de Locke par des hérétiques qu'il désavoue, mais qui ne pouvait manquer d'être reprise par l'école sensualiste anglaise, étroitement unie aux déistes dont elle était l'appui, a dû préoccuper Leibniz, d'ailleurs très familier à toutes les questions de théologie spéculative ou pratique. Mais les *Nouveaux essais* eux-mêmes fournissent sur ce point de grandes lumières, hélas ! peu connues. Qui donc s'est assez soucié de la théologie pour y rechercher les principales vues de Leibniz, qui y sont cependant toutes indiquées ? Faisons connaître d'un mot quelques uns de ces trésors négligés et dont la variété même est inouïe.

Sans admettre absolument que Leibniz ait donné à Locke le personnage de Philalèthe et se soit réservé celui de Théophile, il est incontestable que c'est en général ce dernier qui défend les opinions de Leibniz et qui donne les ouvertures les plus grandes sur les parties cachées de son système, sur ce qu'il appelle lui-même dans la préface sa méthode acroamatique. Ces opinions sont surtout remarquables dans les chapitres xvii, xviii et xix du livre IV, qui sont des modèles achevés de l'art de ces controverses philosophico-théologiques où il excelle. Leibniz, avec une adresse infinie et une érudition prodigieuse, nous fait assister à toutes les luttes de son temps, si semblables aux nôtres, sur le sujet de la raison et de la foi. On y suit le mouvement des universités d'Allemagne sur la question de l'usage de la raison en théologie (*rationale theologicum*). Iéna (1), Genève, Helmstaedt, retentissent de la querelle engagée au sujet de la conciliation de la philosophie avec la révélation. Partout on discute les bases d'un traité entre les deux puissances.

Leibniz ne dissimule pas son sentiment, qui est

---

(1) Université évangélique en Thuringe.

d'unir la théologie et la philosophie, et par conséquent la raison et la foi. Il rappelle que ce fut là sa position dans la correspondance engagée avec Pelisson, et qu'il s'appuyait sur une décision du dernier concile de Latran, contraire jusqu'à l'anathème à ceux qui opposaient la vérité philosophique à la théologique. Fort de cette autorité, que Descartes lui-même avait invoquée (1), et qui était comme la charte philosophique du xviie siècle, Leibniz note en passant, comme expressions outrées, mais d'ailleurs d'intention excellente, ces mots de Bossuet, qu'*en matière de foi, il faut se crever les yeux pour voir clair*, assez voisins de ceux de Tertullien, qu'*il faut croire, parce que c'est absurde*. Il énonce cette maxime, contraire à la pensée de Bayle, que ce qui est *au-dessus* de la raison n'est pas *contre* la raison. La richesse des aperçus est inouïe, les détails histo-

---

(1) C'est un fait peu remarqué, et cependant très digne de l'être, que cet appel au concile de Latran, invoqué d'abord par Descartes (Epître dédicatoire en tête de ses *Méditations*), puis ensuite par Leibniz, c'est-à-dire par les deux plus grands philosophes du xviie siècle. Mais cette décision du concile de Latran est elle-même renouvelée d'une autre, antérieure de plusieurs siècles, rendue par le concile de Béziers. De sorte qu'on peut affirmer que l'Eglise n'a point varié sur ce point, de l'accord de la théologie et de la philosophie, qu'elle l'a toujours reconnu d'elle-même, et que Descartes et Leibniz, en attestant ses décisions souveraines, en ont parfaitement compris toute la portée et se sont montrés animés de son esprit.

riques immenses. Veut-on savoir toutes les *Analyses de la foi* qui ont paru (1)? Veut-on connaître le sentiment de Zwingle et celui de Calvin, sur la présence réelle? Est-on surtout désireux d'apprendre ce que Leibniz lui-même pensait de l'autorité et de la tradition dans l'Église, des conciles œcuméniques et des livres symboliques, de l'erreur, des divers degrés d'assentiment et des motifs de crédibilité, des sectes et des personnes, d'Antoinette Bourignon et de mademoiselle d'Assebourg, toutes deux visionnaires, et de Barclay, le premier auteur de la secte des Trembleurs (*quackers*)? Lisez les *Nouveaux essais*. On y trouve, sauf un point où Leibniz paraît très porté en faveur des évangéliques et pactiser avec l'hérésie (2), toute la science d'un concile, une connaissance inouïe de l'histoire ecclésiastique, et, en général, une juste appréciation des disputes. On peut donc, en faisant des réserves sur le point de la transsubstantiation, affir-

(1) Ainsi, par exemple, celle de Henry Holden, docteur de Sorbone ; celle de Gretser, jésuite bavarois.

(2) On fait allusion ici à un passage du liv. IV, chap. XX, des *Nouveaux essais*, § 7, où Théophile défend contre Philalèthe le sens de la confession d'Augsbourg ou des évangéliques. Vis-à-vis de Locke, qui inclinait au socinianisme, c'était presque, je l'avoue, le courage de l'orthodoxie ; mais vis-à-vis de Bossuet et de l'Église, c'était, il faut bien le reconnaître, la marque de l'hérésie. La confession d'Augsbourg admettant *une présence réelle du corps de J.-C.*, mais refusant d'admettre *une transsubstantiation quelconque*.

mer l'orthodoxie suffisante de l'auteur des *Essais*, et en particulier sa complète orthodoxie sur les deux dogmes de la Trinité et de l'Incarnation, sources premières du débat dont il se fit le rapporteur.

Il a même cet avantage sur les cartésiens, de ne point accepter en aveugle ce théorème rationaliste des idées claires qui plaisait médiocrement à Bossuet, dont Regis et d'autres cartésiens abusaient, et que M. de Worcester signalait comme une arme dangereuse entre les mains de certains hérétiques de son temps.

Il nous resterait à confirmer ces vues sommaires par de nouveaux aperçus tirés de la théorie des idées et de la morale de Leibniz. Mais ce que nous en avons dit dans l'introduction est suffisant pour nous confirmer dans cette pensée, qu'il y a dans les œuvres de Leibniz l'ensemble d'une philosophie orthodoxe dont les principales données sont favorables au grand but de la morale et de la religion. C'est ainsi que, dans un travail récent, nous avions l'occasion de justifier la Monadologie et l'harmonie préétablie de ces tendances au panthéisme, si mal à propos exagérées par le rapport indiscret qu'on en fit en Allemagne et même en France au Spinozisme. Non, le panthéisme ne découle pas, même par voie de conséquence, de la théorie des monades; car la Monadologie et l'harmonie préétablie ne sont que deux belles suites de la théorie leibnitienne des idées. Or, cette théorie n'est elle-même que la théorie platonicienne renouvelée à force de génie, exposé, avec une rigueur mathématique, mais complétement remaniée à l'aide d'Aristote, de Démocrite, des scolastiques même (1), et surtout débarrassée de tous les germes de panthéisme. Nous chercherons, en terminant, à justifier d'un mot cette assertion complexe, mais vraie, dont les développements, déjà prêts, sont réservés pour un nouveau livre.

Le rapport de la théorie leibnitienne des idées avec celle de Platon n'est pas arbitrairement choisi ; c'est lui-même qui l'indique en divers endroits et en termes précis (2). « 1° Lettre à Hanschius : Il y a

(1) « La considération de mon système (c'est Leibniz qui parle) fait voir aussi que lorsqu'on entre dans le fond des choses, on remarque plus de raison qu'on ne croyait dans la plupart des sectes des philosophes. Le peu de réalité substantielle des choses sensibles des sceptiques ; la réduction de tout aux harmonies, ou nombres, idées et perceptions des pythagoriciens et platoniciens ; l'un et même un tout de Parménide et de Plotin, sans aucun spinozisme ; la connexion stoïcienne, compatible avec la spontanéité des autres ; la philosophie vitale des cabalistes et hermétiques qui mettent le sentiment partout, les formes ou entéléchies d'Aristote et des scolastiques ; et cependant l'explication mécanique de tous les phénomènes particuliers, selon Démocrite et les modernes, se trouvent réunis comme dans un centre de perspective. » (Erdm., p. 154.)

(2) Outre les trois textes qui suivent, en voici un qui prouve la

de beaux dogmes dans Platon, celui-ci surtout : que l'objet de la science, ce sont τὰ ὄντως ὄντα, c'est-à-dire les substances simples, que j'appelle monades, et qui une fois existantes durent toujours. » 2° Autre lettre au même, datée de Hannover, 25 juillet 1707. « Les idées innées de Platon, qu'il a voilées du nom de réminiscences, sont bien préférables à la table rase d'Aristote, de Locke et d'autres modernes qui ont une philosophie exotérique. » 3° Et enfin, tome II de Desmazeaux, p. 130-190 et sq. : « Si quelqu'un réduisoit Platon en système, il rendroit un grand service au genre humain, et l'on verroit que j'en approche un peu. » On peut joindre à ces textes ceux de la correspondance avec l'abbé Foucher.

Mais ce qui est plus décisif et plus précis que ces textes mêmes, ce sont les traits communs aux deux systèmes, et les ressemblances puisées dans le fond même de ces deux théories. Dans le système ingénieux de Leibniz, la monade prend la place de l'idée, et l'harmonie préétablie vient se substituer à la réminiscence de Platon ; mais tout

---

prédilection de Leibniz pour la philosophie platonicienne : « Qui
» specimen profundissimæ philosophiæ Platonis cupit, is legat... ip-
» sum Parmenidem et Timæum, quorum ille de uno et ente id est
» Deo (nam nulla creatura est ens, sed entia) admiranda ratiocinatur,
» hic naturas corporum solo motu et figura explicat. » (Dutens, t. IV,
p. I, p. 77.)

cela se fait avec un art infini et une originalité merveilleuse qui laisse à chaque système son caractère propre et sa physionomie à part. Cependant la monade garde tous les principaux caractères de l'idée de Platon, résumés dans cette phrase du Timée : Ὁμολογητέον ἓν μὲν εἶναι τὸ κατὰ ταῦτα εἶδος ἔχον, ἀγέννητον καὶ ἀνωλέτερον οὔτε εἰς ἑαυτὸ εἰσδεχόμενον ἄλλο ἄλλοθεν, οὔτε αὐτὸ εἰς ἄλλο ποι ἰὸν, ἀόρατον δὲ καὶ ἄλλως ἀναίσθητον, τοῦτο ὃ δὴ νόησις εἴληχεν ἐπισκοπεῖν. De même que l'idée, la monade est en soi (αὐτὸ καθ' αὐτὸ); elle est ingénérable (ἀγέννητον), indestructible (ἀνωλέτερον), invisible (ἀόρατον), étrangère aux sens (ἀναίσθητον). La suite des rapports est plus étonnante encore. Comme l'idée, la monade ne reçoit rien en elle-même (οὔτε εἰς ἑαυτὸ εἰσδεχόμενον ἄλλο ἄλλοθεν), et elle ne peut se communiquer à autre chose (οὔτε αὐτὸ εἰς ἄλλο ποι ἰὸν). C'est précisément ce que Leibniz rendait avec esprit, en disant : « Mes monades n'ont point de fenêtres, elles ne laissent rien entrer ni sortir; » et ce qu'on a traduit philosophiquement ainsi : *Neque substantia neque accidens in monadem forinsecus intrare potest.*

Ces rapports n'ont rien de fictif; ils sont évidents et suivis. L'histoire des anciens systèmes de philosophie amenait naturellement le génie inventif de Leibniz à cette réflexion que, depuis les temps les plus mythiques de la pensée, je parle de l'époque Pythagoricienne, jusque dans les cerveaux les moins préparés, ce semble, à ces sortes de dogmes, chez les Arabes en Orient, il y a toujours eu la croyance aux infiniment petits, aux nombres, aux idées, aux atomes : croyance très variée suivant les points de vue, mais attestant un fait général, le besoin de ramener les choses aux premiers éléments : que ce soit l'ἄτομος de Démocrite, le ἕν de Parménide ou l'εἶδος de Platon, la tendance est la même ; et qu'on cherche à atteindre ce point métaphysique, mathématique ou physique, par la marche déjà savante de Platon (διαλεκτικῇ πορείᾳ), ou par les informes essais des philosophes antérieurs, le désir d'arriver est le même, et l'effort de l'esprit pour trouver la plus indispensable de ses méthodes, je veux dire l'analyse, est égal. Que si l'on se transporte des temps anciens dans ces temps relativement modernes où florissait la scolastique, on retrouve la même tendance, le même effort, la même recherche de ce procédé qui n'est jamais perdu, mais que l'on cherche toujours, parce qu'il est essentiel à l'esprit. Et en effet jamais, peut-être, le désir de trouver le fin des choses, de décomposer les éléments du savoir, de tout réduire à ses plus petites parties, ne fut plus réel qu'au moyen âge. Les formes substantielles, tant décriées, attestent au plus haut point cet effort, Leibniz le reconnaît. Et les Réaux et les Nominaux, dont les uns, comme il le disait si bien, faisaient la nature trop prodigue, et les autres trop avare, ne paraissent avoir tant disputé sur les entités, les quiddités et les heccéités, que pour faire mieux voir les différentes démarches de l'esprit dialectique à la recherche de sa méthode.

Leibniz, observateur attentif et curieux de ce mouvement général de l'esprit, le seul peut-être, au xviie siècle, qui l'ait étudié à fond, l'a condensé dans son système, en lui donnant un de ces noms qui étonnent à dessein et indiquent une tendance ésotérique, Μόνας, la Monade. La Monade, qu'est-ce à dire? le résultat scientifique et dernier de l'analyse, dans les temps modernes; le point métaphysique, exact et réel, où convergent l'atome de Démocrite, les formes substantielles des scolastiques, l'idée de Platon. Les textes sont là : si j'ai cité ceux qui se rapportent à Platon, c'est que cette forme plus élevée du Platonisme est évidemment celle que Leibniz préfère et dont ses monades portent la vivante empreinte.

Mais après avoir montré les ressemblances, il reste à indiquer d'un mot les différences. La monade, en effet, qui a tant de points de ressemblance avec l'idée de Platon, se distingue profondément du type platonicien par deux de ses caractères qui lui appartiennent, en propre et qui, bien que peu remarqués, sont dignes de l'être. On croit généralement que la monade, étant ingénérable (ἀγέννητον), est incréée comme l'idée de Platon. Rien n'est moins conforme aux textes de Leibniz. Leibniz insiste continuellement sur ce point, que ses monades n'ont pu commencer que par création, et c'est une reconnaissance explicite du miracle de leur origine. Continuellement, d'ailleurs, il dit, en parlant de ses monades : *Monades creatæ seu derivatæ* : Mes monades sont créées ou dérivées. Et il va même jusqu'à comparer leur conservation à une création continuée comme si Dieu les créait à chaque instant de nouveau, en leur donnant de nouvelles forces et un nouveau commencement. Il n'y a qu'une monade qui soit incréée, c'est la Monade primitive, celle dont dérivent toutes les autres, c'est-à-dire, Dieu.

La conséquence naturelle de ce premier caractère, c'est que les monades sont limitées ; elles reçoivent avec leur constitution des limitations originelles conformes à leur nature d'êtres créés, c'est-à-dire d'êtres qui n'étaient pas (ὄντα ἐκ μὴ ὄντων). Quelles sont ces limites, quelles sont ces bornes? Si l'on cherche à se bien rendre compte de la pensée un peu obscure de Leibniz sur ce point, on ne saurait nier qu'il est très porté à considérer les limites qu'il impose à la créature comme des espèces de points ou d'indivisibles, et l'on se trouve amené à demander quel sera le rapport de ces points à ces autres points indivisibles, véritables atomes de substance qu'il appelle ses monades. Or, d'une étude attentive des différents textes, voici pour nous, du moins, ce qui semble résulter. C'est aux mathématiques que Leibniz emprunte l'idée et le caractère de ses limites; c'est à la métaphysique, au contraire, qu'il emprunte celle de ses monades. Il en résulte que les limites sont pour lui des points mathématiques qui renferment la négation d'un progrès ultérieur, mais qui ont, il faut bien le reconnaître, quelque chose d'idéal, ou mieux encore, et d'après lui-même, *aliquid privativum*. Les monades, au contraire, sont des points métaphysiques et vivants qui contiennent quelque réalité, *aliquid positivum* (1). Évidemment les uns ne sauraient se résoudre dans les autres, puisque les uns sont les limites des autres; mais cela ne suffit pas, et si les mathématiques lui servent à établir la possibilité des limites, il faut autre chose qui les rende actuelles. Lui-même le reconnaît dans un texte précieux que nous avons donné: ce quelque chose, ce sont les accidents particuliers ou propriétés du sujet, par lesquels il procède, pour

---

(1) « Fines seu limites sunt de essentia creaturarum, limites
» autem sunt aliquid privativum consistuntque in negatione pro-
» gressus ulterioris. Interim fatendum est creaturam, postquam jam
» valorem à Deo nacta est qualisque in sensus incurrit, aliquid etiam
» positivum continere, seu aliquid habere ultra fines neque adeo in
» meros limites seu indivisibilia posse resolvi. » (*Lettre à Shulenburg*, t. III.)

ainsi dire, à la circonscription effective de son propre territoire (1). Les indivisibles mathématiques par lesquels il cherchait à se rendre compte avec exactitude de la possibilité qu'un être ait ses limites, ne sont donc, comme il le reconnaît lui-même avec esprit, que les points de vue pour limiter les êtres (2), et non pas les points vitaux dont il constitue ses monades. Ce ne sont que des modalités, dit-il encore, et dans une lettre à Fontenelle que nous donnons plus loin, il ajoute : « Ma métaphysique les bannit de ses terres et je ne leur donne retraite que dans les espaces imaginaires du calcul géométrique (3). » Si donc Leibniz prend aux mathématiques l'idée de ses limites et la fait

---

(1) « Hæc propria accidentia faciunt limites magnitudinis figuræque actuales, prius ante possibiles. » (*Réfut. inéd. de Spinoza par Leibniz*, p. 28.)

(2) « On les pourrait appeler *points métaphysiques* (les monades). Ils ont quelque chose de vital et une espèce de perception, et les *points mathématiques* sont leur point de vue pour exprimer l'univers. Ainsi les points physiques ne sont indivisibles qu'en apparence ; les points mathématiques sont exacts, mais ce ne sont que des *modalités*. Il n'y a donc que les points métaphysiques ou de substance qui soient exacts et réels. » (T. II, p. I, p. 53.)—Il est facile, dans ce texte, d'apprécier la distinction que fait Leibniz du point mathématique (*punctum visus*) au point métaphysique (*punctum vitæ*). Le point mathématique est le : *Tu n'iras pas plus loin* de la métaphysique, ce que Leibniz appelle la *négation d'un progrès ultérieur*.

(3) Voyez *Correspondance inédite de Leibniz avec Fontenelle*, dans ce volume, p. 234.

valoir d'une façon tout idéale à propos de la création, il reconnaît explicitement, d'ailleurs, que ces limitations idéales ne sont rien tant qu'elles ne passent pas de la puissance à l'acte, et il sait très bien que la science de l'âme ne se réduit pas à une combinaison de points.

Le second caractère des monades leibnitiennes qui les distingue non moins profondément des idées de Platon, c'est qu'au lieu que ces dernières courent grand risque de rester à l'état abstrait, et d'être prises, comme le veut Aristote, pour des nombres, les monades leibnitiennes ont toutes un principe d'action ou entéléchie (1). *Ce ne sont point des idées, mais des sources d'idées.* Elles ont la force d'agir ; et l'action qui dérive de cette force devient ainsi leur principal caractère. Très certainement en progrès sur Aristote, pour la clarté, comme il l'était sur Platon pour la précision, la doctrine de l'entéléchie ne le conduit pas à resserrer les liens de l'âme et du corps organique à ce point de faire de la première une forme inséparable (ἀχώριστον) du second (2).

(1) « Il semble que chez Aristote l'entéléchie en général ait une réalité positive où l'actualité opposée à la possibilité nue ou à la capacité... » (Feller, p. 353.)

(2) Mais il (Aristote) ne donne pas le moyen de rendre ces choses assez intelligibles. Il l'avoue lui-même quand il parle de l'âme un peu après sa définition, qu'il n'en donne qu'une description légère. » (Feller, *ibid.*)

L'harmonie préétablie qui vient après pour être le lien des monades, n'est qu'une suite de la théorie des idées dans le système de Leibniz. C'est dans l'innéité ou spontanéité naturelle qu'a le sujet pensant de ramener tout ce qui est du corps à un point métaphysique indivisible par une des opérations intellectuelles les plus simples, les plus faciles, et presque machinale, *la perception* (1), que consiste l'explication de tout le mystère des idées. Ce point fait centre (2) et est un foyer de vie qui rayonne sans être alimenté du dehors, mais son origine est toute céleste, et cela suffit à le rendre exact et réel, de même que son incommunicabilité en fait un être original et individuel (3). Ainsi, unité de vie (4), individualité de caractère (5), incommunicabilité de substance,

(1) « Dans la perception naturelle et dans le sentiment, il suffit que ce qui est divisible et matériel et se trouve dispersé en plusieurs estres soit exprimé ou représenté dans un seul estre indivisible, ou dans la substance qui est douée d'une véritable unité. » (*Lettre à Arnauld.*)

(2) « Chaque substance simple ou monade qui fait le centre d'une substance composée et le principe de son unité est environnée d'une masse composée par une infinité d'autres monades qui constituent ce corps propre de cette monade centrale. » (T. II, p. I, p. 32.)

(3) « Una quæque est velut separatus quidam mundus. » (T. II, p. I, p. 207.)

(4) « Ce sont des unités de substance... des centres qui expriment une circonférence infinie. » (T. II, p. I, p. 86.)

(5) « Monades omnia ex penu suo ducunt. » (T. II, p. 344).

exactitude de représentation et réalité d'existence, telle est la monade ou force native de l'être créé.

Comment devient-elle un principe d'harmonie? Le voici. C'est que cette même représentation, sans laquelle la monade ne serait rien, fait elle-même le lien des choses, le *nexus rerum*. Par elle, les monades, exacts miroirs de l'univers, ou même expression de la divinité, multiplient à l'infini et avec une force de reflet prodigieuse, suivant leur nombre, les représentations, les expressions, et jusqu'aux simples vestiges de Dieu dans les êtres créés. Cette force d'harmonie, *harmoniæ vis*, dit Leibniz, conserve le monde, le maintient, en fait l'accord, et témoigne du Dieu qui l'a créé en nous révélant quelques unes de ses lois, ou conditions de stabilité. Or, *cette réduction de tout aux harmonies* est donnée par Leibniz lui-même comme un trait commun au Pythagorisme et au Platonisme, et que, nous dit-il finement, il s'est contenté de mettre en perspective (1).

Sans doute, un tel système peut être attaqué, combattu, et il serait même difficile aujourd'hui, après tout ce qu'on a amassé d'objections à l'encontre, d'en trouver de nouvelles. Nous avons dit un mot de celles dont Bayle et l'abbé Foucher sont les auteurs. Mais ce n'était là que le prélude des objections futures. Et de nos jours, en Allemagne,

(1) Voy. le texte de Leibniz.

l'attaque s'est faite en deux sens, et deux ordres de critiques assurément bien diverses ont été adressées à ce seul et indivisible système. Les uns y ont vu le panthéisme ; les autres, pourquoi ne le dirais-je pas ? une sorte d'*atomisme*, ou même, pour employer les mots allemands, mais expressifs, un réalisme pluralistique, pluralistic Realismus. Cette attaque à deux visages (*Jani bifrontis imago*) porte tous les caractères de la critique allemande, *thèse, antithèse, synthèse*. La synthèse appartient à Feuerbach, qui l'accomplit en ces mots : « Hegel dit (*Logique*, I B., 96, n° 108) que les monades sont tout pour soi (Die Bestimmung der Fürsichsein, ist eine wesentliche Bestimmung der Monade) et rien pour autrui (Es ist in diesem System das Andersfein überhaupt aufgehoben). L'auteur (Feuerbach) soutient tout le contraire (Das Entgegengesetzte behauptet). Hegel a pourtant raison (Hegel hat allerdings Recht). Voici comment. Hegel considère le système de Leibniz comme objet de critique (als Object der Kritik). L'auteur en donne le développement génétique (genetische Entwicklung). Le système varie suivant la diversité des points de vue. Ce qui est vrai, au point de vue critique, est faux au point de vue génétique, et réciproquement.

Quoi qu'il en soit, Mendelsohn et d'autres ont cru retrouver dans l'harmonie préétablie la voie du panthéisme. Or, Hegel, qui connaît cette voie-là, reproche au système de Leibniz de conduire à un atomisme complet. Tout ce qu'il dit de l'*atome*, il l'applique indifféremment à la *monade*. La monade conduit de même à une pluralité sans lien, à l'isolement des êtres, à la séparation absolue des pouvoirs. Μόνας, privatisirt, οὐ πολιτεύεται, disait-il avec bonhomie. Les monades sont trop particulières ; on n'en fera jamais les membres d'un même corps politique, les citoyens d'une même ville ; et il en désespère. Ces petites personnes, qui tiennent la fenêtre fermée, qui ne reçoivent rien du dehors, et qui vivent au dedans, lui paraissaient faire une très pauvre figure et même être déplacées dans un aussi grand royaume. Il ne les avait pas reconnues pour être d'origine grecque. Arrière-petites-filles de Platon, et petites-nièces d'Aristote, elles avaient eu cependant la main dans le gouvernement d'Athènes, et quoi qu'en dise Hegel : Μόνας πολιτεύεται. La monade est le fondement des États.

Trop intérieures et retirées en soi, suivant Hegel, les monades sont trop coulantes, et faciles suivant d'autres. C'est un jeu de les faire évanouir, et Leibniz lui-même y a presque réussi par ses analyses. Ce sont les notes fugitives d'un concert, où tout vient se fondre dans un seul et même chœur. Nous ne saurions être dupes, nous dit-on, de ces invisibles musiciens qui font chacun leur partie sans se voir; et le chef d'orchestre, qui les met tous d'accord et dont on ne parle pas, a trop bien disposé les instruments, puisqu'ils jouent tout seuls. Sous une forme légère, l'objection est sérieuse. Elle tendrait à établir que la *réduction de tout aux harmonies* n'est qu'une forme de la doctrine mensongère et périlleuse du Dieu qui fait tout dans les âmes et dans les corps, du panthéisme enfin.

Mais ceux qui la font me paraissent bien près d'un malentendu, et oublient ce que nous disions tout à l'heure : c'est qu'à travers des analogies singulières, le Platonisme et le Leibnitianisme se distinguent par des nuances, délicates sans doute, mais réelles. Celle que je signalerai en terminant, et qui me dispensera d'insister davantage, est assurément bien remarquable.

On objecte à Leibniz comme à Platon qu'il réduit tout aux *harmonies, nombres* ou *idées* : c'est ainsi qu'il définit lui-même le Pythagorisme et le Platonisme, dans un passage déjà cité où, rendant à chacun ce qu'il lui doit, il fait la part du Platonisme assez belle. En effet, la réduction de tout aux harmonies devait plaire au génie de Leibniz ; mais deux voies pouvaient l'y conduire, et il n'est pas indifférent de savoir laquelle il a choisie. Cette réduction peut s'opérer en partant du général (τὸ καθ' ὅλου) ou en partant du particulier (τὸ καθ' ἕκαστον). Si l'on prend pour point de départ le général, les universaux (τὰ καθ' ὅλου) et qu'*à priori* on s'y fixe comme étant les seules substances véritables, on a bien l'unité, mais l'unité toute nue, sans prédicats (ὧν οὐδὲν κατηγορεῖται), sans différences sensibles (ὧν ἀδιαίρετον τὸ εἶδος κατὰ τὴν αἴσθησιν), l'ἀώριστόν τι de Platon, les ἀδιάφορα (1) d'Aristote. Or, je le demande, sans prédicats, sans limites, sans différences, que reste-t-il? L'un, le εν, dont rien n'est affirmé, dont rien ne diffère, par qui rien n'est limité et qui n'est limité par rien. Pour en faire sortir quelque chose, il faut recourir au moyen que voici : Il faut y introduire les contraires, faire valoir ainsi quelque apparence de variété, de contrariété même dans les formes de l'un, puis, en dernière analyse, il faut que tout y rentre. Si c'est ainsi que Leibniz entend tout réduire aux harmonies, il est facile de nous en convaincre, et les caractères du système nous sont donnés d'avance. En logique, suppression totale du principe de la diversité et de celui de la contradiction pour y substituer celui de l'identité absolue de toutes choses. En physique, point de départ et origine des choses placées dans une matière homogène, propre à tout, indifférente à tout, et qui ne forme de tout qu'une substance. Or, les analyses de Leibniz ont-elles ce caractère

---

(1) Aristote, *Categoriæ*, cap. v : *De substantia de qua nihil prædicatur*, etc., *Organon*, édit. Waltz. Lipsiæ, p. 386 et suiv.

fixe, permanent, de la synthèse panthéiste? Poussées à l'extrême, je dirai quel en est le caractère. Mais, d'abord, et avant de les rendre solidaires du mouvement dialectique *à priori*, qui emporte l'Allemagne, a-t-on vu quel en est le point de départ? C'est précisément le particulier (τὸ καθ' ἕκαστον) c'est-à-dire le divisible et le matériel, répandu, dispersé, même dans la nature. Qu'est-ce, en effet, que laperception, qui est la base de toute la théorie leibnitienne? Le voici, d'après Leibniz lui-même: *Multa in uno*, c'est-à-dire le point de vue opposé à l'universel, qui est *unum in multis*. Leibniz est tellement persuadé que son point de départ est tel que je viens de dire, qu'il en fait ressortir les beaux côtés dans une lettre à des Bosses en des termes assurément fort clairs. « La perception ne saurait avoir d'objet que celui où il y a une certaine variété, une multitude, et, comme vous devez fort bien le savoir, je m'étonne que vous y trouviez de la difficulté. Je m'étonne aussi que vous nous parliez à ce sujet d'universaux. L'universel est l'un dans le multiple, ou la similitude de plusieurs; lorsque nous percevons au contraire, il y a expression de la multiplicité dans l'unité, c'est-à-dire en celui-là même qui perçoit. Vous voyez que nous sommes à cent lieues de vos universaux (1). » Cette lettre est de 1706, c'est-à-dire de la période où les prin-

---

(1) *Opera omnia* Dutens, t. II.

cipes de Leibniz étaient définitivement arrêtés. Ce n'est pas le seul témoignage que nous ayons à citer de cette même période. Ces témoignages abondent. Lettre à Bourguet : « L'analyse des nécessaires, allant *à natura posterioribus ad natura priora*, se termine dans les notions primitives, et c'est ainsi que les nombres se résolvent en unités. Mais dans les contingents ou existences, cette analyse, *à natura posterioribus ad natura priora*, va à l'infini (1). » Qu'est-ce que cette analyse qui procède du dernier terme au premier, et remonte la chaîne des existences ou des notions pour chercher s'il y a un premier, sinon une sorte de méthode inductive, qui va du particulier au général ? « C'est une admirable économie de la nature, dit encore Leibniz, que nous ne saurions avoir des pensées abstraites qui n'aient point besoin de quelque chose de sensible (2).» Et plus loin, dans le même traité, il appelle les premières vérités *à posteriori*, ou de fait, que nous fournit la perception immédiate de notre existence, les *premières expériences*.

Que faut-il conclure de tous ces textes, que je pourrais multiplier ? C'est que Leibniz, à mesure qu'il approchait de la dernière période, reconnaissait de plus en plus, par l'universalité même qu'il avait toujours essayé d'embrasser, l'imperfection et le manque de la connaissance humaine, et

---

(1) *Opera omnia* Dutens, t. II.
(2) *Nouveaux essais*, t. I, p. 1, 5, 34.

s'éloignait peut-être aussi de plus en plus de ces tendances vagues où l'on aime à tout considérer *sub ratione generalitatis*. C'est ainsi que M. Bartholmess (1), poussant ses savantes investigations dans un autre domaine, trouve également sur les preuves de Dieu, le Leibniz des derniers temps, le Leibniz de l'harmonie préétablie, plus favorable que jamais à cette preuve qu'on appelle dans l'école *à contingentiâ mundi*, et dont le caractère est d'être *à posteriori*. C'est ainsi que M. Garnier (2) le loue d'avoir, dans les *Essais*, très nettement marqué la différence du général et du nécessaire, et maintenu aux vérités générales le caractère de *vérités de fait*, que n'ont pas les nécessaires.

Si jamais Leibniz eût été tenté de sacrifier le particulier au général, il semble que c'eût été dans sa polémique avec Locke, et à titre de justes représailles contre ce dernier, qui sacrifiait le général au particulier. Or, il s'en faut de beaucoup que Leibniz oppose un excès à un autre. Sans doute, il est contre Locke pour les méthodes générales et pour l'emploi des axiomes. Et si celui-ci prétend qu'il n'y a que les vérités particulières qui aient donné occasion de trouver les générales, Leibniz, à qui l'on ne peut refuser l'autorité que donnent les

---

(1) Bartholmess, *Comptes rendus de l'Académie*, p. 141 et 243.
(2) *Nouveaux essais*, t. III, p. 3, 11. « La généralité consiste dans la ressemblance des choses singulières entre elles, et cette ressemblance est une réalité. » (*Facultés de l'âme*, par Garnier.)

découvertes, lui demande la justification de cette procédure prétendue qui exclurait l'analyse parfaite et la science démonstrative. Mais s'il est partisan, comme Aristote, de la voie démonstrative, et de la forme de la dédution, pas plus qu'Aristote, il ne scinde la logique et lui fait perdre terre en l'isolant totalement des réalités. L'analyse a son point de départ dans le vivant et le réel, et c'est précisément le fond de sa polémique contre Locke d'avoir considéré *substantiam in concreto*, au lieu que son adversaire a toujours considéré *substantiam in abstracto*.

Comment a-t-on pu trouver dans ces analyses les caractères de la synthèse panthéiste et la logique du spinozisme? Une fois seulement Leibniz fut infidèle à l'analyse, et recourut à la méthode synthétique. Ce fut dans la dissertation de l'art combinatoire; il avait vingt ans. Spinoza ne fut pour rien dans cet essai. Leibniz ne connaissait alors ni son nom ni ses écrits. Ce fut l'exemple de Raymond Lulle et d'Athanase Kircher, qui le poussa dans cette voie embarrassée de complications, de complexions, de transpositions, de roues concentriques, de tableaux et de figures, de tout cet appareil, enfin, d'où il espérait faire sortir les plus belles découvertes (1).

(1) Leibniz reconnaît lui-même que cette voie compliquée c'est la *synthèse* : *De synthesi seu arte combinatoria*, écrit-il en tête d'un des chapitres de la *Science générale* qu'il méditait alors. Elle

Or, sait-on ce que Leibniz pensait plus tard de ces échantillons qu'il avait donnés d'abord? Il y revient dans ses *Nouveaux essais* pour désavouer la réimpression qu'on en avait faite à son insu, et il s'exprime en des termes qui ne laissent point de doute sur le fond de sa pensée. C'est un essai de jeune homme, un fruit de son adolescence qu'il répudie, et auquel il oppose les produits plus sûrs de l'analyse (1). Ce désaveu, dont on n'a pas tenu compte, prend une importance majeure, quand on sait que la méthode synthétique ou l'art combinatoire l'eût amené, et le conduisait déjà à ce qu'il appelle énergiquement, τὴν περιχόρησιν, *seu immeationem omnium in omnibus* (2). Est-ce l'exemple de Spinoza qui lui tint lieu d'expérience et le préserva des dangers de la περιχόρησις. Je ne le crois pas. Ce sont plutôt ses progrès dans les mathématiques, où il vit qu'on ne marchait sûrement que d'une manière naturelle et par analyse, c'est-à-dire, comme il l'insinue lui-même (3), par des voies déterminées et qui abrégent. Quoi qu'il en soit, depuis ces premiers et informes mais vigoureux

consiste à considérer tout en tout, à diviser le composé en des tous moindres, et à chercher l'union de ces tous moindres avec le tout général. Dans cette voie, Leibniz arrive à des conséquences qu'il suffit d'indiquer pour en reconnaître le danger et pour en apprécier le caractère panthéiste.

(1) *Nouveaux essais.*
(2) *Diss. de arte combin.*, Erdm., p. 26.
(3) *Lettres à Hugens*, Gerh., p. 21.

essais de méthode, où la composition arbitraire des éléments démonstratifs (synthèse) tient lieu de la décomposition méthodique (analyse), Leibniz, quand il parle de la logique ou de la méthode d'invention, ou encore de l'art d'inventer, entend toujours l'analyse.

Sans doute, il songe à en reculer les bornes : *De promovendis demonstrandi pomariis*, comme il le dit lui-même. La considération de l'infini lui avait trop bien servi en mathématique, pour qu'il ne pensât pas à l'étendre à la métaphysique (1). Mais dans son effort persistant pour atteindre les *éléments démonstratifs de toutes les connaissances humaines*, et *animer les hommes à ce grand ouvrage d'une sorte de mathématique universelle*, Leibniz, sachons-le bien, n'a jamais séparé *les observations de l'expérience des vues de l'esprit*. Et quand on veut avoir une juste idée de cet esprit tempérant et vigoureux, il faut toujours en revenir à la conclusion de ce petit traité où il nous donne les préceptes pour avancer les sciences, et où tour à tour, passant de la spéculation à l'applica-

---

(1) Voyez ci-après *Lettres et Opuscules*, p. 215. Le P. Gratry, de l'Oratoire, dans une œuvre récente, a montré ce qu'il fallait entendre par le recours à l'infini. Nous renvoyons à son chapitre sur le procédé infinitésimal de Leibniz ; il est impossible de mieux faire sentir que le procédé de Leibniz, partant de la donnée divine, est une sorte d'expérience sublime, et comme il le dit en un langage mystique, le sens du divin. (*Connaissance de Dieu*, t. II.)

tion, et de l'idée venant au fait, il conclut en ces termes : « Cependant je demeure d'accord qu'on ne saurait prendre assez de précautions dans les entreprises importantes de pratique, et *comme la méthode de raisonner n'a pas encore atteint toute la perfection dont elle serait capable,...... je tiens qu'il faut se défier de la raison toute seule* et qu'il est important d'avoir de l'expérience ou de consulter ceux qui en ont. » Puis avec une finesse trop peu remarquée et qui lui est habituelle, il ajoute : « Mais quand il ne s'agit que de la connaissance, on peut se contenter de peu de préceptes comme des principes d'invention de chaque science, pourvu qu'on possède la science générale ou l'art d'inventer. » Évidemment Leibniz parlait sérieusement, mais on avouera que les réserves qu'il a faites ne l'engagent que médiocrement à l'égard du grand nombre, et qu'à moins d'être un Leibniz ou même plus qu'un Leibniz (car il n'a jamais possédé qu'une partie de la science générale), la foi et l'expérience deviennent les aides nécessaires et secourables de la raison commune.

Dans ces termes, la théologie peut hardiment souscrire à la déclaration philosophique de Leibniz et l'opposer même à ces affirmations insensées du rationalisme contemporain ; partant de celui qui a tant inventé et qui a très certainement reculé les limites de l'art de démontrer et élargi le domaine de la pensée, elle étonne par la sagesse et par l'humilité. Qui donc, après tout, pouvait plus que Leibniz, et avec un plus légitime orgueil, croire à sa raison et se fier à ses forces? J'écarte ici ce pays mathématique dont il a étendu les frontières au delà du fini. Mais, à ne prendre que le monde des âmes qui fait l'objet propre de la philosophie, qui donc pourrait, sans admiration pour leur souverain auteur, songer à cette région sublime qui nous est dévoilée par Leibniz, quand il nous dit, qu'il suffirait de déplier une âme pour y voir toutes les beautés de l'univers voilé qu'elle contient et qui ne se développent sensiblement qu'avec le temps! Quelle philosophie! quelle vue de l'avenir! quelle beauté et quelle splendeur du vrai! L'Église a pour règle invariable de juger les systèmes de philosophie par le prix qu'ils attachent aux âmes. On sait de quel amour elle a toujours entouré la théorie platonicienne des idées, comme le berceau philosophique du spiritualisme. Mais il est moins explicable qu'elle n'ait pas rendu aussi entière justice à la théorie leibnitienne de la connaissance qui est certainement en progrès de raison et d'orthodoxie sur la première. Et l'on ne doit chercher la cause d'une indifférence qui cesse tous les jours, que dans l'abaissement graduel des études philosophiques au siècle dernier, qui ne permit pas d'apprécier comme elles le méritaient ces hautes conceptions de l'esprit moderne.

LETTRES ET OPUSCULES

INÉDITS

DE LEIBNIZ.

REMARQUES

SUR LE

SENTIMENT DE M. DE WORCESTER

ET DE M. LOCKE,

DES IDÉES, ET PRINCIPALEMENT DE L'IDÉE DE LA SUBSTANCE, ETC.

M. l'évêque de Worcester se propose, dans le dernier chapitre de son discours servant à la Vindication de la Trinité qu'il a publiée l'année passée, d'examiner les objections qui roulent sur le point de la raison, où il s'applique principalement à examiner en général, si on ne doit croire que ce qu'on comprend et dont on a des idées claires et distinctes, je ne trouve point, dit-il, p. 234, que nos *Unitaires* aient expliqué la nature et les limites de la raison, comme ils devoient pour en faire la règle de leur foy.

Il entend apparemment ceux qui ont écrit depuis peu en Angleterre, quoyque peut estre les autres n'y aient pas satisfait non plus. Il est vray qu'ils y ont travaillé, et André *Kessler* (1), théologien de la confession d'Augsbourg, a fait un livre exprès pour examiner la logique des Sociniens qu'il avoit ramassée de leurs passages. Je me souviens aussi d'avoir veu une autre fois une métaphysique manuscrite d'un de leurs auteurs nommé Stegmannus (2), qui pourtant ne me donnoit guère de satisfaction. M. l'évêque continue en disant qu'enfin l'auteur du livre anglois, dont le titre signifie *Christianisme non mystérieux*, a entrepris d'expliquer ce que c'est que la raison, disant que c'est la faculté de l'âme qui découvre la certitude de ce qui est douteux ou obscur, en le comparant avec ce qui est évidemment connu. Car on ne raisonne point quand on jouit d'une évidence entière, par une perception immédiate. Mais lorsque l'esprit découvre l'agrément ou le désagrément des idées (s'il m'est permis de parler ainsi pour mieux exprimer l'anglois) par l'intervention d'autres idées moyennes. On appelle cette connoissance raison ou

---

(1) André Kesler, de Cobourg, 1595-1643, *Examen physicæ, metaphysicæ et logicæ Photinianæ.*
(2) Joachim Stegmann, né dans la marche de Brandeburg, mort en 1632. Leibniz a écrit contre lui.

démonstration. Là dessus M. de Worcester désire qu'on considère que cette doctrine suppose qu'on doit avoir des *idées claires et distinctes* pour obtenir quelques certitudes en les comparant, et que par conséquent toute l'asseurance de la foy ou de la raison cesse lorsqu'on n'a point de telles idées. Or, les idées ne pouvant entrer dans l'esprit, selon l'auteur du *Christianisme non mystérieux*, que par les sens ou par la réflexion de l'âme sur ses propres operations, et l'idée de la substance (dont on a besoin sur tout en matière de Trinité, comme aussi de celle de la personne), n'entrant pas par les sens et ne dépendant point des opérations de l'esprit, il s'ensuit, au sentiment de M. de Worcester, que la substance, selon ses principes, ne peut point être l'objet de la raison, et qu'ainsi je ne m'étonne point, dit-il, p. 234 de la *Vindicat.*, que ces messieurs, qui suivent cette nouvelle manière de raisonner, ont banni la substance du monde raisonnable, citant là dessus quelques passages du livre que le célèbre M. Locke a publié en anglois sous le titre d'*Essay de l'Entendement de l'homme*, qui dit (liv. Ier, chap. IV, sect. 18) que nous ne scaurions avoir l'idée de la substance ny par les sens, ny par la réflexion, et que substance ne signifie qu'une supposition incertaine d'un je ne scay quoy, et que pour cela elle est comparée plus d'une fois (liv. II, ch. XIII, sect. 19, et ch. XXIII, sect. 2) avec la supposition d'un philosophe indien qui fut obligé enfin d'avoir recours à un je ne scay quoy qui porte la tortue qui porte l'éléfant qui porte la terre, puisque la substance a été controuvée seulement pour estre un support des accidents. Et qu'ainsi nous parlons de la substance comme des enfants, lesquels estant interrogés sur un sujet qu'ils ne connoissent point, donnent cette réponse fort satisfaisante, que c'est quelque chose. Il paroist que ces sortes de passages, et l'usage que l'auteur du *Christianisme non mystérieux* a fait des principes de M. Locke, ont porté M. de Worcester a examiner cette doctrine, quoyqu'il reconnoisse sincèrement (*Vindicat. de la Trin.*, p. 239) qu'il faut rendre cette justice à l'ingénieux auteur de l'*Essay de l'Entendement*, que les notions qu'on a empruntées de luy ont été appliquées à un autre usage que celuy qu'il s'estoit proposé.

M. de Worcester dit donc (*Vind.*, p. 235) qu'il ne soutient point que nous pouvons avoir une idée claire de la substance par la sensation ou par la réflexion, mais qu'il infère seulement, de ce que nous ne pouvons l'avoir ainsi, que cette énumération des idées dont la raison a besoin est imparfaite ; puisque outre cela il faut qu'il y ait des *idées générales* formées sur les particulières, et qui ne viennent point d'une simple comparaison de celles-cy, et que parmy ces idées générales celles de la substance est une des premières, d'autant que nous trouvons que nous ne scaurions avoir des véritables conceptions des modes ou accidents sans concevoir un *substratum* ou sujet qui les contienne, et puisqu'il répugne à nos premières conceptions, que les modes ou accidents subsistent par eux-mêmes. Au lieu que l'auteur de l'*Essay de l'Entendement* avoit dit (liv. II, ch. I, sect. 5) que nous n'avons des idées que par les sens ou par la réflexion, et qu'il ne forme point l'idée de la substance par l'*abstraction* ny par l'*extension* ou élargissement des idées simples, mais par leur composition, disant (liv. II, ch. XXIII, sect. 1) qu'en ne pouvant pas nous imaginer comment ces simples idées subsistent d'elles-mêmes, nous nous accoustumons à supposer un *substratum*. Ce qui n'est pas suffisant au sentiment de M. de Worcester (*Vind.*, p. 238), ces complications servant à distinguer les substances particulières, mais ne donnant pas une juste idée de la substance ou essence en général, et l'auteur de l'*Essay de l'Entendement* ayant reconnu (ch. XXIII, sect. 5) qu'il seroit aussi raisonnable de nier les corps parce que nous n'en connoissons pas l'essence, et n'avons aucune idée de la substance de la matière que de nier les esprits, parce que nous n'en connoissons point l'essence et n'avons nulle idée de la substance spirituelle, il en est inféré icy (*Vind.*, 239, 240) qu'il ne faut donc point dire que la raison dépend des idées claires et distinctes, et qu'il est faux que les simples idées venant des sens ou de la réflexion sont la seule matière et le fondement de nostre raisonnement.

On conclut donc de cela (*Vind.*, p. 241) que ces messieurs, qui font tant de fond sur les idées, ne scauroient estre asseurés qu'il y a des corps ny qu'il y a des esprits, et que M. Locke, qui a voulu prouver l'existence de la substance spirituelle de ce que nous avons en nous les idées des opérations de nostre esprit comme sont connoistre, vouloir, etc., lesquelles ne scauroient venir de la substance corporelle, a afoibli luy-même sa preuve en disant (*Essay de l'Ent.*, liv. III, ch. III, et particulièrement v, vi, 2ᵉ édit., p. 310) que nous avons les idées de la matière et de la pensée; mais qu'apparemment nous ne serons jamais capables de connoistre s'il n'y a pas quelque estre matériel qui pense estant impossible à nous à son avis de découvrir sur la contemplation de nos propres idées, et sans révélation, si le Tout-Puissant n'a pas donné à quelque système de la matière disposé comme il faut, la faculté d'avoir de la perception ou de penser. Mais si cela est, dit M. de Worcester, comment pourrons-nous estre asseuré qu'il y a une substance spirituelle en nous? car il se peut que seulement Dieu ait donné à nostre matière disposée comme il faut le pouvoir de penser et, il adjoute (*Vind.*, p. 242) qu'il est vray que M. Locke avoit dit (liv. IV, ch. x, sect. de son *Essay*) qu'il répugne à l'idée de la matière privée de sentiment, d'arriver par elle-même à en avoir, mais que c'est une autre question : que M. Locke dit aussi (liv. II, ch. xxiii, sect. 15 de son *Essay de l'Entendement*) que sur les opérations de nostre âme nous formons l'idée composée de l'esprit; mais ce n'est donc qu'une idée possible ; *item* qu'il avoue (sect. 27, 28) que le corps consistant dans la cohésion des parties solides et dans la puissance de communiquer le mouvement par l'impulsion, et que l'esprit consistant dans le pouvoir de penser, de vouloir et de mouvoir le corps; il est aussi difficile de concevoir la cohésion que d'entendre ce que c'est que la pensée : et que la puissance de communiquer le mouvement, est aussi obscure que celle de l'exciter par la pensée. Le fait estant asseuré, mais la manière n'entrant pas dans nostre compréhension. Et (sect. 31) que la divisibilité du corps nous mène à des difficultés qu'il est impossible de développer par quelque chose de consistant et (sect. 31) que n'ayant que des idées superficielles, et manquant de facultés propres à atteindre leur nature, nous ne scaurions rien découvrir au delà que nostre ignorance. Et (sect. 33, 34, 35, 36) que l'idée de Dieu n'estant formée que par des idées complexes ou composées des idées des perfections que nous trouvons en nous, mais étendues davantage et élargies pour estre rendues applicables à un estre infini nous nous représentons cet estre par ce moyen le mieux que nous pouvons. Ces aveux de l'imperfection de nos connoissances donnent sujet à M. l'évêque de Worcester de dire (*Vind.*, p. 246) qu'il ne scait donc point s'il y a plus de stupidité ou plus d'arrogance dans ceux qui osent rejetter une doctrine qui se rapporte à la divine essence en alléguant seulement qu'on ne scauroit comprendre comment la chose se fait.

M. l'évêque de Worcester remarque encor que M. Locke ayant dit (l. IV, ch. I, sect. 1) que l'évidence de l'existence de Dieu est égale à la certitude des mathématiques, et ayant apporté de fort bons arguments pour cette existence, il a cependant omis celuy qu'on tire de l'existence renfermée dans l'idée claire et distincte de Dieu, ce qui ne s'accorde point avec la prétention de déduire toute notre certitude de telles idées. Aussi l'accorde-t-on icy à M. Locke que cette preuve tirée d'idées n'est pas assez solide pour qu'on puisse bastir tout l'ouvrage là dessus et affaiblir les autres raisons. On adjoute (*Vind.*, p. 247) que tout ce bruit qu'on fait aujourd'huy des idées vient des méditations d'un homme ingénieux et pensif (*des Cartes*) qui a tâché de jetter les fondements de la certitude le mieux qu'il a pu : mais trouvant la certitude de son existence dans la perception interne, il n'en devoit point inférer que ce qui est clair et distinct, est vray, sinon dans un pareil degré d'évidence puisque ce n'est pas la clarté de la perception, mais la plénitude de l'évidence d'une perception immédiate qui en fait la seureté. Outre que cela ne va pas jusqu'aux choses hors de nous. Donc, la certitude n'est pas dans les idées, mais dans la raison qui prouve évidemment la justesse et la vérité de ces idées.

M. Locke avoit dit (*Essay d'Ent.*, l. II, ch. xxx, xxxi) que toutes les idées simples sont vrayes et adequates quoyqu'elles ne soient pas les représentations des objets, mais seulement les effets du pouvoir qu'ils ont sur nous. Que toutes les idées des substances sont imparfaites et inadequates puisqu'elles se rapportent aux essences réelles des choses, que nous ignorons, ne sachant point ce que la substance est en elle-même. Et qu'elles sont mêmes fausses quand on les considère comme les représentations de ces essences (ch. XXXII, § 18) item que les idées abstraites, ne sont que des noms généraux (l. III, ch. III, § 6) formés en retranchant les circonstances du lieu et du temps, etc., et qu'ainsi ce ne sont que des créatures de l'esprit, et qu'enfin (sect. 15, 19, 20) il y [a] deux sortes d'essences, l'une réelle qui est interne, inconnue, particulière, l'autre nominale qui est abstraite et seule immuable et aide les hommes à considérer les choses : que l'essence réelle est le fondement des propriétés mais que nous connoissons cependant les facultés ou propriétés sans connoistre cette essence dont nous ne sommes asseurés pourtant par ces propriétés et n'en connoissons qu'autant que ces propriétés nous en découvrent.

Cela estant nous n'avons aucune raison, selon M. de Worcester, de nous plaindre de l'incertitude à l'égard des essences réelles (*Vindicat.*, p. 256) nous pouvons même dire que ce qui nous est découvert sur les essences est réel et immuable, et passe ce qui n'est que nominal. Or, les propriétés des choses font leur nature, soit qu'on la considère comme estant en des individus différents, soit qu'on la prenne abstraitement en elle-même (*Vindicat.*, p. 253), mais la notion de la *personne* (p. 259) vient de la distinction des individus qui auroit lieu quand même il n'y auroit point de différences externes et c'est cette subsistence individuelle et incommunicable d'un estre intelligent qui constitue la personnalité. Ainsi, une personne est une substance intelligente complète avec une manière de substance qui luy est particulière. Cependant cette différence de la nature et de la personne, ne nous vient point de nos idées simples, mais de la raison, par laquelle nous jugeons aussi que supposé qu'il y ait une distinction de personne dans la nature divine, il faut nécessairement à cause de la perfection infinie de la divine nature que cette distinction ne soit point contraire à l'unité de l'essence divine.

Le reste de ce chapitre de Mons. l'évêque de Worcester est employé à répondre à l'auteur du christianisme non mystérieux et à quelques unitaires nouveaux. Cet adversaire des mystères dit qu'on ne doit point appeler mystère tout ce dont on n'a point d'idée adéquate ni vue distincte de toutes ses propriétés à la fois, autrement tout seroit mystère. Ainsi il semble reconnoistre que nous n'avons jamais des idées adéquates. Mais M. de Worcester en infère (*Vindicat.*, p. 267) que suivant ces principes nous ne pouvons rien connoistre, et ne devons rien affirmer, puisque l'auteur veut qu'on ne doit donner son approbation qu'à ce qu'on comprend. Cependant on ne sauroit rien comprendre sans idées adéquates. M. de Worcester ajoute qu'il n'y a point de gens plus hardis à attaquer les mystères que les prôneurs des idées et d'autres nouveaux termes de philosophie, qu'ils emploient sans les entendre; depuis qu'ils sont plus à la mode que genre, espèce, forme, qualités, comme si les nouveaux mots servoient aux progrès de notre entendement, ou comme si un mauvais joueur réussissoit mieux avec des cartes neuves (*Vindicat.*, p. 273). Le même adversaire prétend qu'on comprend fort bien les attributs de Dieu, et particulièrement l'éternité; mais depuis (*Vindicat.*, p. 275) il veut que cette compréhension se réduit à entendre que la chose est incompréhensible, et que cela suffit pour dire que la chose n'est pas au-dessus de la raison. Ce qui ne s'accorde point avec les sentiments du même auteur qui veut qu'on ne doit croire que ce dont on a une idée claire et distincte; *l'idée claire* luy estant celle dont l'esprit a une pleine et évidente perception et une *idée distincte*, lorsque par son moyen l'esprit comprend la différence qu'il y a entre cette chose et toutes les autres. Suivant ce qu'on rapporte de lui icy (*Vindicat.*,

p. 276) et M. de Worcester juge qu'il est visible par toutes ces choses que nous ne devons rien admettre, ou que nous devons admettre les mystères de la foy, aussi bien que ceux de la nature.

A moins que l'adversaire ne fasse voir comme il nous fait espérer que l'éternité et l'infini sont aussi peu mystérieux, que cinq égal à deux et trois. (V. *Vindicat.*, p. 376.) Enfin, Mons. l'évêque de Worcester accorde aux Unitaires (*Vindicat.* p. 289), que nous avons tousjours besoin de fondemens ou raisons de nostre foy, qu'il faut qu'on entende le sens des révélations, qu'il faut rejetter les contradictions, et ce qui est contraire aux principes des sens et de la raison, mais il les défie de monstrer ces contradictions et contrariétés dans nos mystères.

M. Locke a trouvé à propos de répondre à M. l'évêque de Worcester, par un livre en forme de lettre. Il témoigne beaucoup de considération et d'estime pour ce scavant prélat, mais il semble se plaindre de ce qu'on l'a mêlé dans cette dispute avec les Unitaires et l'auteur du *Christianisme non mystérieux*, quoyque tout son ouvrage de l'*Essay de l'Entendement* ne contienne rien qui puisse avoir le moindre air d'une objection contre la Trinité. Je n'entre point dans cette discussion et je ne doute point que le monde ne rende à cet auteur solide et judicieux connu autres fois la nécessité par la même raison qu'il faut un *substratum ;* et qu'ainsi ses sentimens ont esté plus tost confirmés que réfutés par ce célèbre prélat. Il avoit même remarqué que la faculté de faire des abstractions et des idées générales, est une excellence de l'homme qui le distingue parfaitement des bestes dont les facultés n'y sçauroient atteindre (p. 26). M. de Worcester paroissant luy objecter (*Vindicat.*, p. 236) qu'il a voulu former l'idée générale de la substance, non pas par l'abstraction et par l'élargissement des idées simples, mais par leur composition, M. Locke répond (p. 29), qu'il s'est assez expliqué surtout dans les endroits où il traite la matière à fonds, faisant voir que toutes les idées générales sont formées par abstraction. Et quoy qu'il ait dit (*Essay de l'Entend.*, l. II, ch. XXIII, sect. 2), que l'esprit remarquant certaines idées simples se trouver constamment ensemble et *présumant* qu'elles appartiennent à une même chose, leur donne un nom pour abréger et pour accommoder les mots aux conceptions ; ce qui fait qu'on parle par après par *inadvertance,* comme si ce n'estoit qu'une idée, quoyque ce soit une complication de plusieurs mais dont on s'*accoustume de supposer* un *substratum* dans lequel elles subsistent et dont elles résultent, ce qu'on appelle *substance ;* quoyqu'il ait (dis-je) dit tout cela, ce n'a esté qu'en parlant de la formation des idées des substances particulières, mais quant à la notion de la substance en général, il avoit dit immédiatement après (p. 2), que l'idée de la pure substance en général est seulement la *supposition* de je ne scay quel support de qualités capables de produire en nous des idées simples. Il adjoute aussi que ce n'est pas l'existence de la substance, comme il semble qu'on luy impute, mais l'idée que nous en avons, qu'il a voulu faire passer pour obscure ou rapporter à nostre coustume de supposer un *substratum;* ayant dit positivement que nous sommes des substances et que les sens nous rendent seurs de l'existence des substances solides et étendues comme la réflexion nous asseurent qu'il y a des substances qui pensent, ayant dit aussi autres fois que les idées simples et originales ne viennent que des sens ou bien de la réflexion que nous faisons sur nos opérations, et que les idées générales ne sont que les créatures de nostre esprit. Il adjoute maintenant (lettre, p. 35), que M. de Worcester paroist avoir pris son sentiment tout d'une manière, comme s'il avoit rejetté tout à fait les idées que les sens et la réflexion ne fournissent point, et comme s'il y avoit une opposition (p. 38) entre les idées qui sont fondées sur ces espèces de notions originales et entre celles que la raison forme. Au lieu que M. Locke juge qu'on peut accorder ces deux choses, puisque la raison ne forme ces idées que sur ces fondemens des sens et de la réflexion et acorde ainsi à M. l'évêque de Worcester que l'idée de la substance *est une idée de la raison*, mais le mesme disant (*Vindic.*, p. 238), que l'idée de la substance générale ou nature de l'homme est une conception aussi claire que les idées simples fournies par les sens, M. Locke luy demande la permission (lettre, p. 48, p. 53) d'estre d'un autre sentiment, croyant que l'idée de la substance qui soutient les propriétés de l'homme est fort obscure au lieu qu'à son avis celle de la couleur ou de la figure de l'homme n'a point d'obscurité ny de confusion (lettre, p. 48, 49). Et M. l'évêque de Worcester avoit reconnu luy-même (*Vindic.*, p. 256), qu'il suffit qu'on scache qu'il y a une substance ou essence quoy qu'on n'en connoisse que les propriétés et qu'on n'en comprenne point la structure interne, sur quoy M. Locke demande, dit la lettre (lettre, p. 81), comment on peut donc avancer dans la Vindication (*Vind.*, p. 238), qu'on a une idée juste et véritable de la substance ou essence, sans laquelle les complications des idées simples n'en scauroient donner une bonne notion, puisque cette idée de la substance dépouillée des propriétés et de la complication des idées simples, nous apprend seulement quelque chose de vague et d'inconnu (lettre, p. 54).

La Vindication continue de dire (*Vindic.*, p. 239) qu'il faut rendre cette justice à l'ingénieux auteur de l'*Essay de l'Entend.*, qu'il donne aux esprits une notion aussi claire que celle qu'il donne aux corps et qu'il veut que nous sommes aussi asseurés des uns que des autres, quoyque nous n'ayons point d'idées claires et distinctes de ces substances, d'où l'auteur de la Vindication infère que la raison ne dépend point des idées claires et distinctes.

L'auteur de la lettre répond (lett., p. 56) qu'il ne place point la certitude seulement dans les idées claires et distinctes, mais dans la connexion claire et visible de ces idées, ou dans leur agrément et désagrément, et que les sens luy apprennent avec la dernière évidence et certitude qu'il y a de la solidité et de l'étendue hors de nous, mais que ce n'est que par la liaison de ces idées avec un support, qu'il juge qu'il y a une substance étendue (p. 57, 58).

Nous avons dit cy dessus que M. l'évêque de Worcester avoit trouvé de la difficulté dans la preuve de la substance spirituelle que l'auteur de l'*Essay de l'Entendement* avoit prise de ce que nous expérimentons en nous une substance qui pense parce que le même auteur avoit dit ailleurs que Dieu peut donner à la matière duement préparée la faculté de penser. M. Locke y répond (p. 66) qu'une telle substance matérielle ne laisseroit pas d'estre spirituelle en même temps, et il reconnoist qu'en cas qu'on entend par un esprit non pas précisément ce qui pense, mais quelque chose d'immatériel, la preuve qu'il a donnée autres fois de l'existence d'un estre spirituel ou immatériel en nous n'est pas démonstrative, mais seulement très probable. Il adjoute (lett., p. 67) qu'il seroit ravi de pouvoir obtenir une démonstration pleine et entière de cette immatérialité de nostre âme, que les idées à son avis (lett., p. 82) ne scauroient donner, mais qu'en tous cas il suffit pour le grand but de la morale et de la religion qu'on soit asseuré que l'âme est immortelle ce qui ne dépend pas de l'immatérialité comme saint Paul le déclare (I *Cor.*, XV, 53) disant que ce qui est corruptible doit estre exempté de la corruption et que le mortel doit parvenir à l'immortalité qu'au reste on ne doit point trouver estrange qu'une chose matérielle soit appelée esprit, puisque Cicéron Virgile et autres anciens se sont servis de même de ce mot, que Salomon ou ses traducteurs (*Ecclesia.*, III, 2) donnent un esprit aux bestes, et que même Nostre Seigneur (*Luc.*, XXIV, 37) se contente de faire voir qu'il a de la chair et des os pour marque qu'il n'est pas un esprit ou ce que les anciens appeloient une ombre :

> ..... imago
> Par levibus ventis volucrique simillima somno.

Mais lorsque la sainte Écriture dit que Dieu est un esprit, c'est alors qu'on peut estre asseuré qu'elle entend un estre immatériel.

M. l'évêque de Worcester ayant dit (*Vind.*, p. 252) que ce qu'il s'est proposé de prouver est que la certitude ne consiste pas dans les idées claires et distinctes, mais dans la force de la raison qui en est différente, M. Locke répond (lettre, p. 87) qu'il n'y a rien en cela dont il ne convienne, la certitude à son avis (lettre, p. 107, p. 117, p. 122) se trouvant dans la perception de l'agrément ou désagrément des idées par ex. : (lett., p. 88), l'idée de la pensée qui est claire, est jointe en même temps à l'idée claire de l'existence et à l'idée obscure de la substance, et on ne laisse pas d'estre asseuré de l'existence de cette substance, mais il souhaiteroit (lett., p. 85) que M. l'évêque de Worcester ayant dit (*Vind.*, p. 230) qu'il falloit considérer ce que c'est que la raison, en ait voulu donner l'explication. M. Locke proteste (lett., p. 90, p. 116) qu'il n'a jamais dit que les idées claires et distinctes sont la matière et le fondement de nos raisonnemens ny même qu'ils sont fondés sur les seules idées claires, mais qu'il a dit seulement que les idées simples sont le fondement de toutes nos connoissances quoyqu'on ne puisse pas toujours déduire ces connoissances (lett., p. 100) de ces idées sans y joindre les idées complexes qui ne sont pas toujours claires.

Sur ce que M. l'évêque avoit avancé que tout ce bruit des idées vient des méditations de Des Cartes, M. Locke répond (lett., p. 102) qu'à la vérité il doit à cet excellent homme sa première délivrance du jargon non intelligible de l'école, mais qu'il ne voudroit pas que ses erreurs ou imperfections fussent imputées à cet auteur, puisque ce n'est pas de luy, mais seulement de ses propres pensées qu'il a tiré ses Essais de l'Entendement. Il avoue aussi (lett., p. 108) de ne connoistre personne qui ait cru que par l'idée d'une chose on peut prouver son existence, excepté Des Cartes et ceux qui l'ont suivi dans sa preuve de l'existence de Dieu qu'il a voulu tirer de l'idée de Dieu. Cependant M. Locke avoit déclaré dans son Essay de l'entendement (l. IV, ch. x, § 7), et il le répète icy (lett., p. 112) que des preuves différentes peuvent servir à l'égard des personnes différentes selon leur goût et leur tempérament, ainsi il désapprouve que pour faire valoir une preuve on prétende affoiblir d'autres : mais il déclare en même temps icy (p. 115) que cet argument tiré de l'idée ne lui paroist point démonstratif, quoyque il puisse avoir la force de persuader quelques uns, et se trouver ainsi utile à leur égard.

Il n'accorde pas aussi (lett., p. 110, 117) ce que M. l'évêque de Worcester paroissoit dire que, supposé que la raison soit fondée sur les idées claires, elles nous satisferoient aussitost que nous y voudrions donner nostre attention, puisque l'agrément des idées ne paroist pas tousjours d'abord et qu'il faut souvent des idées moyennes pour le connoistre et qu'aussi les admirables démonstrations de l'incomparable M. Newton, bien que fondées sur les idées de la quantité n'auront point apparemment luy pu venir du premier coup dans l'esprit d'une manière démonstrative et propre à le satisfaire avec certitude.

Ainsi M. l'évêque de Worcester ayant dit que la certitude consiste, non pas dans les idées mais dans l'usage de la bonne et saine raison, M. Locke répond (lett., p. 128) qu'il faut tousjours l'un et (à) l'autre, l'argumentation n'estant autre chose que l'agrément ou désagrément des idées externes découvertes par les moyennes. Et il soutient ainsi (lett., p. 132) que la preuve qu'il avoit donnée autres fois de l'existence de Dieu que M. l'évêque dit n'estre prise que de la raison, est prise en même temps des idées. Cette preuve est (lett., p. 133) qu'il faut qu'il y ait un estre intelligent de toute éternité, parce qu'il est impossible que la connoissance soit produite par des estres qui n'en ont point. Et (lett., p. 140) que la matière puisse produire la faculté de penser, parce qu'en ce cas ce seroit une propriété inséparable de la matière ce qui est contre l'expérience. Et si on vouloit accorder le privilége de la pensée à certaines portions de la matière, il faudroit pouvoir expliquer comment la pensée y peut estre produite, ce qu'on ne scauroit. M. Locke avoue (lett., p. 146) qu'il croist que cet argument est d'une force égale à celle des démonstrations mathématiques. Cependant en soutenant qu'il est fondé sur les idées, il s'étonne que M. l'évêque de Worcester n'en veut pas convenir et qu'il paroist avoir une certaine aversion pour ce mot de l'idée, qui cependant ne veut dire autre chose que l'objet immédiat de la pensée. Ainsi, rejeter la voye des idées, c'est rejetter l'usage de la raison.

Pour ce qui est de la vérité et de l'étendue des idées qui les fait adéquates, l'auteur de l'*Essay de l'Entendement* avoit dit (l. II, ch. XXX, XXXI) que toutes les idées simples sont réelles et adéquates aux pouvoirs des choses dont elles sont les effets quoyqu'elles ne soyent pas tousjours des représentations des choses. Et il avoit fait une distinction à cet égard sur ce fondement que les idées simples des qualités primitives comme étendue figure etc., sont des représentations ou images mais que les idées simples des qualités secondaires ne sont que des effects et des impressions sur nous causées par l'action que des puissances des objets font sur nos sens. Ainsi on ne doit point dire généralement que nous n'entendions rien par le moyen des idées simples sinon l'effect que les objets font sur nous (lettre, p. 168, 169). On adjoute (lett., p. 170) que lorsque nous ne connoissons que ces puissances et effets des objets, nous ne laissons pas de distinguer les objets par ce moyen avec certitude, par exemple : l'or et l'argent par la couleur, l'eau et le vin par le goust et que nous ne laissons pas aussi d'en recevoir du plaisir; ainsi nous n'avons aucun sujet de nous plaindre. Cependant il est vray (lett., p. 176) que lorsqu'on rapporte nos idées des substances à leurs essences réelles et non pas seulement à leurs pouvoirs sur nous, elles sont inadéquates à cet égard. Par exemple l'idée de l'essence réelle du soleil si elle estoit claire nous deuvroit apprendre que le soleil est une étoile fixe supposé que cela soit véritable (lett., p. 193), mais l'idée de son essence nominale nous apprend tout autre chose, et fait que nous opposons le soleil aux fixes. Ce qui fait connoistre (lett., p. 191) que nostre manière de distribuer les substances en espèces par les noms que nous leur donnons, n'est point fondée dans les essences réelles. On appelle essence réelle (lett., p. 201), cette constitution interne de laquelle naissent les propriétés, et nominale, celle qui est composée des propriétés que nous remarquons et auxquelles nous attachons des noms spécifiques.

Enfin M. Locke proteste dans son post scriptum, que la parole de Dieu sera tousjours le guide infaillible de ses sentimens qu'il souhaiteroit qu'il n'y eut point de mystères mais qu'il avoue cependant qu'il y en a et qu'il craint qu'il y en aura tousjours, quelque explication qu'on donne, qu'ainsi le défaut de l'évidence ne l'empêchera jamais d'avoir la foy qu'on doit aux révélations divines et qu'il sera tousjours prest de révoquer ses opinions aussi tost qu'on lui monstrera qu'elles répugnent à la sainte Écriture, 7.

CORRESPONDANCE

DE LEIBNIZ AVEC L'ABBÉ FOUCHER.

A MONSIEUR LEIBNITZ,

A HANNOVER (1).

1679, 26 avril, à Paris.

Monsieur nous attendons M. Lantin (2) et moy la lettre que vous avez écrite à la princesse Élisabet. Vous m'en avez promis une copie et j'en ay écrit à M. Lantin qui s'en félicite desjà. Il attend cette lettre avec impatience et vous prie cependant Monsieur, de luy conserver vostre amitié et vostre estime. Je vous assure, Monsieur, que luy et moy nous sommes tellement remplis de l'idée de vostre mérite, que nous en sommes presque enchantez. Puisque nous sommes assez malheureux que de vous avoir perdu, faites jouir du moins de quelques unes de vos productions. Pour moy j'attends sur vostre parolle la

---

(1) Inédit, l'original autographe est conservé dans la bibliothèque de Hannover, à la lettre F.

(2) J.-B. Lantin, de Dijon (1620-1695), ami de l'abbé Foucher. V. Papillon, *Bibl. et Journ. des sav.*, 1695.

lettre que vous m'avez promise ; j'auois prié M. Gente de vous le témoigner par ses lettres, je panse qu'il m'aura fait la faveur de le faire. Je vous remercie, monsieur, de ce que vous m'avez donné sa connoissance, il est tres honeste et tres obligeant et cela me persuade d'auantage que ce que vous estimez mérite d'estre estimé. Je panse que si vous auez vu le troisième volume de la *Recherche*, vous aurez reconnu que le R. P. Malbranche y parle d'une manière un peu différente des autres volumes, il y paroit estre un peu académicien, surtout lorsqu'il dit que nous n'auons point d'idée de la nature de nostre ame. On va imprimer ma réponse à Don Robert (1). Pour ce qui est de ce que vous me conseillez de traduire Platon, cela se pourra faire auec du temps, mais pour mettre mes propositions en forme de theoremes de géométrie, je ne le scaurois encore et j'ay la mesme raison pour ne le pas faire que M. Descartes auoit et qu'il donne au P. Mercenne (2) qui luy demanda la meme chose. Vous la deuinerez assez, Monsieur, et je panse vous en auoir dit quelque chose, lorsque vous m'auez fait l'honneur de me faire cette proposition. On m'a donné un livret d'un

(1) Don Robert des Gabets (✝1678), auteur de la réponse à la critique de l'abbé Foucher.

(2) Marin Mersenne (1588—1648), *Questions théolog., phys., mathém.* Paris, 1634, II, 8.

nommé Leroger d'Auranche, qui croit proposer le mouvement perpetuel, il dédie cette pièce au Roy, mais il n'y a rien de si faux que ce qu'il dit lorsqu'il assure qu'il a experimanté ce mouvement par les machines dont il donne la figure. Cet homme n'entend pas seulement le moindre principe de l'équilibre des liqueurs. On dispute icy la chere de Ramus dans le Colege royal, mais ceux qui la demendent sont bien esloignez de la science qu'auoit feu M. de Roberual (1). Madame de Longueville patrone de Port-Royal vient d'expirer.

Je suis, etc.

FOUCHER.

A MONSIEUR L'ABBÉ FOUCHER,

Auteur de la *Critique de la Recherche de la vérité* (2).

MONSIEUR,

Je demeure d'accord avec vous qu'il est de conséquence que nous examinions une bonne fois pour toutes nos suppositions, afin d'établir quelque chose de solide. Car je tiens que c'est alors qu'on entend

(1) Gilles de Roberval (1602—1675), *Mathém.* Paris, 1693.
(2) Inédit, sauf un extrait donné par M. Grotefend (Leibniz, Album zur zweiten Säcular-Feier des Leibnizischen Geburtstages, 1 Juli 1846). L'original autographe est conservé dans la bibliothèque de Hannover, à la lettre F.

parfaitement la chose dont il s'agit, quand on peut prouver tout ce qu'on avance. Je scay que le vulgaire ne plaist guères à ces recherches, mais je scai aussi que le vulgaire ne se met gueres en peine d'entendre les choses à fond. Vostre dessein est à ce que je vois d'examiner les verités qui asseurent qu'il y a quelque chose hors de nous. En quoy vous paroissez très equitable, car ainsi vous nous accorderez toutes les vérités hypothetiques et qui asseurent non pas qu'il y a quelque chose hors de nous, mais seulement ce qui arriveroit s'il y en avoit. Ainsi nous sauvons déjà l'arithmétique, la géométrie et un grand nombre de propositions de metaphysique, de physique et de morale dont l'expression commode depend de definitions arbitrairement choisies, et dont la vérité depend des axiomes que j'ay coustume d'appeler identiques, comme par exemple que deux contradictoires ne peuvent pas estre, qu'une chose dans un meme temps est telle qu'elle est, par exemple, qu'elle est aussi grande qu'elle est ou égale à elle-même, qu'elle est semblable à elle-même, etc.

Or quoique vous n'entriez pas *ex professo* dans l'examen des propositions hypothetiques, je serois pourtant d'avis qu'on le fist et qu'on n'en admit point, qu'on n'eut demonstré entierement et ce plus jusqu'aux identiques.

Pour ce qui est des veritez qui partent de ce qui est effectivement hors de nous, c'est là principalement le sujet de vos recherches. Or premièrement on ne scauroit nier que la vérité meme des propositions hypothetiques ne soit quelque chose qui est hors de nous et qui ne depend pas de nous. Car toutes les propositions hypothetiques apprennent ce qui seroit ou ne seroit pas quelque chose ou son contraire estant posé et par conséquent que la supposition en meme temps de deux choses qui s'accordent ou qu'une chose est possible ou impossible, nécessaire ou indifférente et cette possibilité, impossibilité ou nécessité (car nécessité est une impossibilité des contraires), n'est pas une supposition que nous fassions puisque nous ne faisons que la reconnoistre et malgrez nous et d'une manière constante. Ainsi de toutes les choses qui sont actuellement la possibilité même ou impossibilité d'estre est la première. Or cette possibilité et cette nécessité forme ou compose ce qu'on appelle les essences ou natures et les veritez qu'on a constamment nommées éternelles : et on a raison de les nommer ainsi, car il n'y a rien de si éternel que ce qui est nécessaire. Ainsi la nature du cercle avec ses proprietez est quelque chose d'existant et d'éternel : c'est-à-dire il y a quelque cause constante hors de nous qui fait que tous ceux qui y penseront avec soin trouveront la même chose et que non seulement leurs pensées s'accorderont entre elles ; ce qu'on pourroit attribuer à la nature seule de l'esprit humain, mais qu'encor les phénomènes ou expériences les confirmeront lorsque quelque apparence d'un cercle frappera nos sens. Et ces phénomènes ont nécessairement quelque cause hors de nous.

Plus quoique l'existence des necessitez soit la première de toutes en elle-même et dans l'ordre de la nature, je demeure pourtant d'accord qu'elle n'est pas la première dans l'ordre de nostre connoissance. Car vous voyez que pour me prouver l'existence j'ay pris pour accordé que nous pensons et que nous avons des sentimens. Ainsi il y a deux veritez generales absolues c'est-à-dire qui partent de l'existence actuelle des choses ; l'une que nous pensons, l'autre qu'il y a une grande variété dans nos pensées. De la première il s'ensuit que nous sommes, de l'autre il s'ensuit qu'il y a quelque autre chose que nous c'est-à-dire autre chose que ce qui pense qui est la cause de la variété de nos apparences. Or l'une de ces deux veritez est aussi incontestable, est aussi independante que l'autre et M. Des Cartes ne s'estant attaché qu'à la première dans l'ordre de ses méditations a manqué de venir à la perfection qu'il s'estoit proposée. S'il avoit suivi exactement ce que j'appelle *filum meditandi*, je croy qu'il auroit achevé la première philosophie. Mais le plus grand génie du monde ne scauroit forcer les choses, et il faut entrer de nécessité dans les ouvertures que la nature a faites pour ne se pas égarer. De plus un homme seul n'est pas capable de tout, et pour moy quand je pense à tout ce que M. Des Cartes a dit de beau et de luy-même, je m'étonne plus tot de ce qu'il a fait que de ce qu'il a manqué de faire quelque chose. J'avoue que je n'ay pas pu lire encore ses écrits avec tout le soin que je me suis proposé d'y apporter ; et mes amis sçavent qu'il s'est rencontré que j'ay leu presque tous les nouveaux philosophes plus tot que luy. Bacon et Gassendi me sont tombés les premiers entre les mains, leur style familier et aisé estoit plus conforme à un homme qui veut tout lire ; il est vray que j'ai jetté souvent les yeux sur Galilée et Des Cartes; mais comme je ne suis géomètre que depuis peu, j'estois bientôt rebuté de leur manière d'écrire qui avoit besoin d'une forte méditation. Et moy quoique j'aye tousjours aimé de méditer moy-même, j'ay toujours eu de la peine à lire des livres, qu'on ne scauroit entendre sans méditer beaucoup ; parce qu'en suivant ses propres méditations on suit un certain penchant naturel, et on profite avec plaisir, au lieu qu'on est gesné furieusement, quand il faut suivre les méditations d'autruy. J'aimois tousjours des livres qui contenoient quelques belles pensées, mais qu'on pouvoit parcourir sans s'arrester, car ils excitoient en moy des idées, que je suivois à ma fantaisie et que je poussois où bon me sembloit. Cela m'a encor empêché de lire avec soin les livres de géométrie ; et j'ose bien avouer que je n'ay pas encor pu gagner sur moy de lire Euclide autrement qu'on a coutume de lire les histoires. J'ay reconnu par l'expérience que cette méthode en général est bonne ; mais j'ay bien reconnu neantmoins qu'il y a des auteurs qu'il en faut excepter ; et comme sont parmy les anciens philosophes Platon et Aristote, et des nostres Galilée et M. Des Cartes. Cependant ce que je scay des méditations métaphysiques et physiques de M. Des Cartes, n'est presque venu que de la lecture de quantité de livres écrits un peu plus familièrement, qui rapportent ses opinions. Et il peut arriver que je ne l'aye pas encor bien compris. Neantmoins autant que je l'ay feuilleté moy même, j'entrevoy au moins, ce me semble, ce qu'il n'a pas fait, ny entrepris de faire ; et c'est entre autres la résolution de toutes nos suppositions, c'est pourquoy j'ay coustume d'applaudir à tous ceux qui examinent la moindre vérité jusqu'au bout ; car je scay que c'est beaucoup d'entendre une chose parfaitement, quelque petite et quelque facile qu'elle paroisse. C'est le moyen d'aller bien loin, et d'establir enfin l'art d'inventer qui dépend d'une connoissance, mais distincte et parfaite des choses les plus aisées. Et pour cette raison je n'ai pas blâmé le dessein de M. de Roberval, qui vouloit tout démonstrer en géométrie, jusqu'à quelques axiomes. J'avoue qu'il ne faut pas vouloir contraindre les autres à cette exactitude, mais je croy qu'il est bon de nous contraindre nous-mêmes.

Je reviens aux veritez premières à nostre égard, entre celles qui asseurent qu'il y a quelque chose hors de nous : scavoir que nous pensons, et qu'il y a une grande variété dans nos pensées. Or, cette variété des pensées ne scauroit venir de ce qui pense, puis qu'une même chose seule ne scauroit estre cause des changemens qui sont en elle. Car toute chose demeure dans l'estat où elle est, s'il n'y a rien qui la change : et ayant esté d'elle-même indéterminé à avoir eu tels changements plus tost que d'autres, on ne scauroit commencer de luy attribuer aucune variété sans dire quelque chose dont on avoue qu'il n'y a point de raison, ce qui est absurde. Et si on vouloit dire même qu'il n'y a point de commencement dans nos pensées, outre qu'on seroit obligé d'asseurer que chacun entre nous ait esté de toute éternité, on n'échapperoit point encor ; car on seroit toujours obligé d'avouer qu'il n'y a point de raison de cette variété qui ait esté de toute éternité en nos pensées, puisqu'il n'y a rien en nous qui nous détermine à celle-cy plus tost qu'à une autre : donc qu'il y a quelque cause hors de nous de la variété de nos pensées. Et comme nous convenons qu'il y a quelques causes sous ordonnées de cette variété qui, neantmoins, ont encor besoin de cause elles mêmes, nous avons établi des espèces ou substances particulières dont nous reconnoissons quelque action, c'est-à-dire dont nous concevons que de leur changement s'ensuit quelque changement en nous. Et nous allons à grands pas à forger ce que nous appellons matière et corps. Mais c'est icy que vous avez raison de nous arrester un peu et de renouveller les plaintes de l'ancienne Académie. Car dans le fond, toutes nos expériences ne nous asseurent que de deux, scavoir qu'il y a une liaison dans nos apparences qui nous donne le moyen de prédire avec succès des apparences futures, l'autre que cette liaison doit avoir une cause constante; mais de tout cela il ne s'ensuit pas à la rigueur qu'il y a de la matière ou des corps, mais seulement qu'il y a quelque chose qui nous présente des apparences bien suivies. Car si une puissance invisible prenoit plaisir de nous faire paroistre des songes bien liés avec la vie précédente et conformes entre eux, les pourrions-nous distinguer des réalitez qu'après avoir esté éveillés. Or, qui est ce qui empêche que le cours de nostre vie ne soit un vain songe bien ordonné dont nous pourrions estre détrompés en un moment. Et je ne voy pas que cette puissance seroit pour cela imparfaite comme a pensé M. Des Cartes, outre que son imperfection n'entre pas en question. Car ce pourroit estre une certaine puissance sous-ordonnée ou quelque génie qui se pourroit mêler, je ne sçay pourquoy de nos affaires, et qui auroit au moins autant de pouvoir sur quelques uns que ce calife qui fit transporter un homme yvre dans son palais, et le fit gouster du paradis de Mahomet lorsqu'il fut éveillé, jusqu'à ce qu'il fut enyvré de rechef et en estat d'estre rapporté au lieu ou on l'avoit prit. Et cet homme estant revenu à luy-même ne manqua pas de prendre pour une vision ce qui luy paroissoit inconciliable avec le cours de sa vie, et de débiter au peuple des maximes et des révélations qu'il croyoit avoir apprises dans ce paradis prétendu, et c'étoit ce que le calife souhaitoit. Or, puisqu'une réalité a passé pour une vision, qu'est ce qui empêche qu'une vision passe pour une réalité : il est vray que d'autant plus que nous voyons de la liaison dans ce qui nous arrive, d'autant plus sommes nous confirmés dans l'opinion que nous avons de la réalité de nos apparences; et il est vray aussi que d'autant que nous examinons nos apparences de plus près, d'autant les trouvons-nous mieux suivies comme les mycroscopes et autres moyens de faire des expériences font voir. Cet accord perpétuel donne une grande asseurance, mais après tout elle ne sera que morale jusqu'à ce que l'homme découvre, *à priori*, l'origine du monde que nous voyons, et qu'il puise dans le fonds de l'essence pourquoy les choses sont de la manière qu'elles paroissent. Car cela estant, il aura démonstré que ce qui nous paroist est une réalité et qu'il est impossible que nous en soyons désabusés jamais. Mais je croy que cela approcheroit fort de la vision béatifique, et qu'il est difficile d'y prétendre dans l'état où nous sommes. Cependant nous apprenons par là combien la connoissance que nous avons communément des corps et de la matière doit estre confuse, puisque nous croyons d'estre asseurés qu'il y en a, et que nous trouvons, au bout du conte, que nous pourrions nous tromper. Et cela confirme la belle pensée de M. Des Cartes, de la première distinction du corps et de l'âme, puisqu'on peut révoquer en doute l'un sans pouvoir mettre l'autre en question. Car s'il n'y avoit que des apparences ou songes on ne seroit pas moins asseuré de l'existence de ce qui pense, comme dit fort bien M. Des Cartes; et moy j'adjoute qu'on n'en pourroit pas moins démonstrer l'existence de Dieu par des voyes différentes de celles de M. Des Cartes, et qui, à ce que je croy, mènent plus loing. Car on n'a nullement besoin de supposer un estre qui nous garantisse d'estre trompés, puisqu'il est en nostre pouvoir de nous détromper dans beaucoup de choses, et au moins sur les plus importantes. Je souhaite, monsieur, que vos méditations là-dessus ayent tout le succès que vous désirez; mais pour cet effet, il est bon d'aller par ordre et d'establir des propositions, c'est le moyen de gagner terrein et d'avancer seurement. Je croy que vous obligeriez encor le public en luy communiquant de temps en temps des pièces choisies de l'Académie et surtout de Platon, car je reconnois qu'il y a des choses plus belles et plus solides qu'on ne pense.

Je suis, monsieur, etc.

LEIBNIZ.

FOUCHER A LEIBNIZ.

8 décembre 1684 (1).

MONSIEUR,

Si nous perdons tous les jours nos amis parce que la mort nous les enlève, du moins nous ne devons pas prévenir cette perte par nostre négligence, c'est pour cela que je vous prie, monsieur, de renouveller nostre amitié. Je crois que vous avez du déplaisir de la mort de M. l'abbé Mariotte, et si vous me jugez propre à vous rendre quelques services en sa place, faites moy la grâce de m'employer et de m'honorer de vos lettres. M. Lantin, nostre amy, m'a promis par sa dernière, qu'il viendroit à Paris bientôt ; je le souhaite, afin que nous parlions de vous ensemble. Il vous estime extrêmement, et c'est avec raison. J'ay vu des vers que vous avez fait en françois chez M. Gult. Vous pouvez croire qu'il y a longtemps, car nous ne voyons plus icy ce monsieur, qui est présentement en Angleterre. Dites moy des nouvelles de M. Thirnaus (2), de M. Hanse, et quelques autres habiles messieurs, que vous connoissez. Vous scavez que le père Malbranche est aux prises avec

---

(1) Inédit, l'original autographe est conservé dans la bibliothèque de Hannover, à la lettre F.

(2) Le comte Walter de Tschirnhausen, de Kieslingswalde (1631—1708).

M. Arnaud, qui a fait une critique de son *Sentiment des Idées*. Je crois, monsieur, que vous avez vu ce livre. Le père Malbranche y a répondu tout de mesme qu'à la critique de son premier volume de la *Recherche de la Vérité*. M. Arnaud a dû, depuis, faire un deuxième volume contre luy pour défendre le premier sur les idées. On dit qu'on imprime encore la critique de M. Arnaud du *Traité de la Nature et de la Grâce* du père Malbranche. J'aurois bien des choses à dire et à écrire sur cette dispute pour ce qui concerne seulement la philosophie. Car je laisse la théologie à M. Arnaud, mais nous n'avons pas icy toute la facilité d'imprimer que l'on pourroit souhaiter. Je devrois répondre à Don Robert des Gabets sur le sujet des Académiciens, enfin il y auroit bien des choses à faire que l'on ne fera peut estre jamais. *Ars longa, vita brevis*. Cependant, monsieur, je souhaitterois de tout mon cœur que nous eussions de vous sur toutes ces choses tout ce qui nous manque. Vos parolles nous sont chères. Vous me permettrez de joindre à cette lettre deux petites pièces de ma façon : scavoir de la morale ou *Sagesse des Anciens*, c'est une oraison funèbre en vers de nostre raine. Ces vers de la *Sagesse des Anciens* ont esté traduits en latin par un habile homme de Copenague en Danemarc, nommé M. Vinding, il est professeur royal. J'ai commencé une espèce de commentaire de ces vers à l'instard du commentaire des vers des Pythagoriciens : *Carmina aurea Pitagoreorum* fait par Hierocles. Les deux premières parties sont déjà imprimées. Le reste n'est point encor achevé. Je voudrois pouvoir vous envoyer ce livre. Il est de la grosseur de ma *Critique de la Recherche*, je ne scais si vous avez entendu parler de la *Logique des Académiciens*. C'est un livre que j'avais fait imprimer plus d'un an avant que le premier volume de la *Recherche* du P. Malbranche ait paru. Cette logique est grosse comme le premier volume dont je parle à peu près. C'est ce qui m'a porté à faire la *Critique*. Il est parlé de cette logique dans la première page de la *Critique* sous le titre de *dissertations*. Je n'en ay plus et je n'en fis imprimer qu'un très petit nombre, seulement pour la communiquer aux scavants. M. l'abbé Mariotte a légué son livre du mouvement des Eaux à M. de la Hir de l'Académie royale. Ce livre n'est pas encor imprimé. Ce seroit un posthume, s'il avoit esté achevé entièrement par son auteur avant sa mort ; ce seroit un très excellent ouvrage. Vous scavez, monsieur, que M. Mariotte estoit fort habile en ce genre, et depuis vostre éloignement il avoit fait un très grand nombre d'expériences fort curieuses sur ce sujet. Je donneray la présente à monsieur vostre président, pour vous la faire tenir. Je vous prie, monsieur, de me faire l'honneur de m'écrire emplement. Vous pouvez addresser chez ce monsieur, rue Geofroy, j'enseigneray là mon addresse, ou bien directement dans la rue de la Truanderie, auprès du Puis d'Amour, chez un espicier.

Je suis, monsieur, vostre très humble serviteur,

FOUCHER,
Chanoine de Dijon.

FOUCHER A LEIBNIZ.
Sans date (1).

Monsieur,

Je n'ay encor pu voir les journaux de Lypsic du mois de novembre dernier. On a de la peine de les voir à Paris à cause de nos journaux de France dont le privilége ne souffre pas que l'on jouisse des autres. Vous trouverez dans ce paquet ce qui a esté imprimé de ma façon depuis que je n'ay eu l'honneur de vous voir. Scavoir la réponse à Dom Robert; 2° le commentaire de la moitié de mes vers de la *Sagesse des Anciens*, c'est-à-dire des cinquante-deux premiers. Quelque difficulté des libraires m'a

(1) Inédit, l'original autographe est conservé dans la bibliothèque de Hannover.

fait différer d'achever le reste de ce livre. Il n'est point encor exposé en vente; je vous envairrois ma *Logique des Académiciens* volontiers si je pouvois, mais je n'en ay plus qu'un exemplaire, j'espère qu'elle sera bientôt réimprimée. Je dois ajouter à la réponse à Dom Robert l'*Apologie des Académiciens*. J'ay réservé à luy répondre sur ce sujet, afin de faire pour cela un livre à part, la matière le mérite bien, ce me semble.

M. Huet (1), que vous connoissez, m'a prié de vous faire ses baise mains. M. Lantin, nostre amy, a mis en musique une ode faite par M. Huet; si j'avois pu l'avoir, je vous l'aurois envoyée. Les disputes de M. Arnaud et du P. Malbranche continuent tousjours. Je voudrois que vous eussiez esté présent à quelques conférences que nous avons eues ensemble le P. Malbranche et moy sur la philosophie, il me semble tousjours que son opinion des idées qui ne sont point façons d'estres de l'âme, est insoutenable. Pour ce qui est de ses sentiments sur la grâce, je n'en dis pas la mesme chose, et je ne prononce point sur ces matières qui sont au-dessus de mon esprit. On voit icy, depuis peu, un livre nouveau de l'*Élévation des Eaux*, par un Anglois. Je ne l'ay point

---

(1) Daniel Huet, de Caen (1630—1721), *Huetiana*, Paris, 1722, in-12.

encor assez examiné pour vous en parler. On fait une place Royale nouvelle à Paris, où l'on placera la statue du roy faite par l'ordre de M. le maréchal de la Feuillade. M. Osannam (1) a donné depuis peu un livre nouveau de l'arithmétique et progression des nombres. Pour la philosophie morale, je n'en trouve point de plus incontestable, ni de plus utile que celle d'*Epictète*. Pour ce qui est des commentaires de l'empereur Marc-Aurelle Antonin, je les trouve remplis d'un si grand sens, et de tant de suc, que je ne scaurois laisser de les lire. Je scais que la morale de Platon est la source de celle des Stoïciens et surtout des plus modernes; mais il me semble que ces modernes ont enchéri sur les anciennes idées. Auec tout cela, monsieur, nous aurions bien besoin d'une philosophie toute particulière, car nous n'en auons point encor qui ne soit défectueuse; je voudrois bien en avoir une de vostre main, aussi bien que de celle de M. Lantin, nostre amy. Il m'avoit fait espérer une histoire du plaisir et de la douleur, je n'en vois encor rien; j'ai peur que tous ses ouvrages ne se perdent quand il viendra à mourir. Je vous souhaite à tous deux une vie éternelle, et suis, monsieur, vostre serviteur,

FOUCHER.

(1) Jacques Ozanam, de Bouligneux (1640—1717).

LEIBNIZ A FOUCHER.

Extrait de ma lettre à M. Foucher, 1686 (1).

Monsieur,

Enfin vostre paquet m'a esté rendu, je vous en remercie fort, et je n'ay pas cessé de lire, jusqu'à ce que je l'ay achevé. J'ai lu avec un très grand plaisir vos pensées sur la *Sagesse des Anciens*. Il y a long temps que je scay qu'ils sont plus habiles que nos modernes ne pensent, et il seroit à souhaiter qu'on les connust d'avantage.

Lipse et Scioppius ont tâché de resusciter la philosophie des Stoïciens : Gassendi a travaillé sur

---

(1) Donné par M. Grotefend à la suite des *Lettres à Arnauld*, in-8, Hann'sche Buchhandlung, Hannover, 1846. M. Grotefend s'excuse d'avoir publié cette lettre à la suite d'une correspondance dont elle ne fait pas partie, en citant une note de la main de Leibniz où, à propos de la réponse de Foucher, il fait remarquer l'affinité du sujet. Nous avons cru devoir la reproduire ici à sa véritable place. C'est sans doute de cette lettre qu'il est question dans le billet suivant signé Brosseau. M. de Brosseau était à Paris l'intermédiaire officieux de Leibniz auprès des savants ou des philosophes.

BROSSEAU A LEIBNIZ.

Paris, ce 2 de septembre 1686.

Je n'ay pas seulement reçeu, monsieur, la lettre que vous m'avez adressée pour M. Foucher, mais je la luy ay aussy rendue en main propre dans son logis, et il a pris la peine, quelques jours après de venir au mien où mon malheur voulut que je n'estois pas. C'estoit peut-estre pour me parler touchant ces papiers de feu M. de Faurray dont vous l'avez prié de s'informer. Le R. P. Ma-

Épicure ; Schaefferus a ramassé ce qu'il a pu de la philosophie de Pythagore ; Ficinus et Patricius ont ensuivi Platon, mais mal à mon avis, parce qu'ils se sont jettés sur les pensées hyperboliques, et ont abandonné ce qui estoit plus simple et en même temps plus solide. Ficinus ne parle partout que d'idées, d'âmes du monde, de nombres mystiques et choses semblables, au lieu de poursuivre les exactes définitions, que Platon tâche de donner des notions. Je souhaitterois que quelqu'un tirât des anciens le plus propre à l'usage et le plus conforme au goust de nostre siècle, sans distinction de secte, et que vous en eussïes le loisir, comme vous en avés la faculté,

billon est revenu de son voyage d'Italie, et j'ay eu l'honneur de le voir. Il m'a dit que ma lettre luy ayant esté rendu à Rome dans le temps qu'il se disposoit à en partir, il n'avoit pu faire luy même la recherche des pièces qui pourroient servir à l'éclaircissement que vous demandez ; mais qu'il avoit chargé de ce soin un habile religieux de son ordre qui s'en acquitteroit bien, luy ayant laissé pour cela vostre mémoire. Je ne doute pas, aussy tost après qu'il en aura eu des nouvelles, qu'il ne me le fasse sçavoir. En attendant, monsieur, je vous diray que l'*Histoire de MM. Racine et des Préaux* n'est pas prest de voir le jour, non plus que nostre *Code ecclésiastique* dont la pensée n'est venue que depuis peu. Les noms des personnes qui y travaillent me sont inconnus, mais il me sera aisé de le sçavoir. Et tout ce qui pourra d'ailleurs pour le service ou la satisfaction de S. A. S., je le feray avec tout le zèle et toute la diligence imaginable, comme j'y suis obligé. Je vous supplie, monsieur, de vouloir bien faire connoistre cette vérité à monseigneur dans l'occasion, et d'estre absolument persuadé de celle avec laquelle je suis vostre très humble et très obéissant serviteur,

BROSSEAU.

d'autant que vous les pouviés concilier et même corriger quelque fois, en joignant quantité de belles pensées de vostre fonds.

J'ai lû le livre de M. Morland, de l'*Élévation des Eaux*. Son mouvement cyclo-elliptique, à mon avis, n'est pas grande chose; il va plus uniformément, mais en échange aussi plus difficilement que les manivelles qu'il désapprouve tant, ce que nous trouvons fort bonnes dans nos mines, où par leur moyen on fait travailler des pompes éloignées de la roue à une distance de 500 toises et au delà. Depuis que j'ay quitté Paris, je n'ay vû de M. Osannam que son livre de la Géométrie pratique, sa Trigonométrie et sa nouvelle Gnomonique. J'attends ce qu'il nous donnera sur Diophante. C'est là où il pourrait donner quelque chose de bon. J'ay trouvé qu'il n'a pas trop bien usé à mon égard; car il a inséré dans la Géométrie ma quadrature du cercle (scavoir que diamètre estant 1, le cercle est $1 - \frac{1}{3} + \frac{1}{5} - \frac{1}{7} + \frac{1}{9}$ etc.) avec ma démonstration sans me nommer et parlant d'un air comme si cette démonstration estoit de luy.

Je vous supplie fort, monsieur, de faire mes baise mains à M. Huet et à M. Lantin, que j'honnore infiniment tous deux. Il y a long temps qu'on m'a parlé de l'histoire du plaisir et de la douleur que M. Lantin avoit projettée. C'est un dessein d'importance. M. Justel (1) avoit aussi travaillé à un ouvrage d'importance des commodités de la vie, mais j'ay peur qu'il ne demeure en arrière, comme je juge par la lettre que j'ay reçue de luy depuis peu.

La philosophie des académiciens, qui est la connoissance des foiblesses de nostre raison, est bonne pour les commencements, et comme nous sommes tousjours dans les commencements en matière de religion, elle y est sans doute propre pour mieux sousmettre la raison à l'autorité, ce que vous avés monstré fort bien dans un de vos discours. Mais en matière de connoissances humaines il faut tâcher d'avancer, et quand même ce ne seroit qu'en établissant beaucoup de choses sur quelque peu de suppositions, cela ne laisseroit pas d'estre utile, car au moins nous scaurons qu'il ne nous reste qu'à prouver ce peu de suppositions pour parvenir à une pleine démonstration, et, en attendant, nous aurons au moins des vérités hypothétiques, et nous sortirions de la confusion des disputes. C'est la méthode des géomètres. Par exemple, Archimède ne suppose ce peu de choses : que la droite est la plus courte des lignes ; que de deux lignes, dont chacune est partout concave d'un même costé, l'incluse est moindre

---

(1) Henri Justel (†1692), fils de Christophe Justel, canoniste distingué. (V. Lett. à l'abb. Nic., 1698.)

que l'includente, et là dessus il achève vigoureusement ses démonstrations. C'est ce que j'ay à remarquer à l'occasion de la page 7 de vostre réponse à Dom Robert de Gabez (1).

Si donc nous supposions par exemple le principe de contradiction, *item* que dans toute proposition véritable la notion du prédicat est enfermée dans celle du sujet, et quelques autres axiomes de cette nature, et si nous en pouvions prouver bien des choses aussi démonstrativement que le font les géomètres, ne trouveriés vous pas que cela seroit de conséquence? Mais il faudroit commencer un jour cette méthode, pour commencer à finir les disputes. Ce seroit tousjours gagner terrain.

Il est même constant qu'on doit supposer certaines vérités, ou renoncer à toute espérance de faire des démonstrations, car les preuves ne scauroient aller à l'infini. Il ne faut rien demander qui soit impossible, autrement ce seroit témoigner qu'on ne recherche pas sérieusement la vérité. Je supposeray donc tousjours hardiment, que deux contradictoires ne scauroient estre vrayes, et que ce qui implique contra-

(1) Cette réponse à Dom Robert Desgabets est imprimée à la suite de la critique de la *Recherche de la vérité*, par un académicien, qui parut en 1675. Robert Desgabets avait répondu pour Malebranche ; Regis le regardait comme un des plus habiles métaphysiciens de son siècle.

diction, ne scauroît estre, et par conséquent que les propositions nécessaires (c'est-à-dire celles dont le contraire implique contradiction) n'ont pas esté establies par un décret libre de Dieu, ou bien c'est abuser des mots. On ne scauroit rien apporter de plus clair pour prouver ces choses. Vous-même les supposés en écrivant et en raisonnant, autrement vous pourriés défendre à tout moment tout le contraire de ce que vous dites. Et cela soit dit sur la deuxième supposition.

Je trouve que vous avés raison, monsieur, de soutenir dans la troisième supposition, en répondant à Dom Robert, qu'il y doit avoir quelque rapport naturel entre quelques traces du cerveau, et ce qu'on appelle les intellections pures. Autrement on ne scauroit enseigner ses opinions aux autres. Et quoyque les mots soyent arbitraires, il a fallu quelques marques non-arbitraires pour enseigner la signification de ces mots.

Il me semble aussi que vous avés raison (dans cette troisième supposition, p. 24) de douter que les corps puissent agir sur les esprits et *vice versa*. J'ay là dessus une plaisante opinion qui me paroist nécessaire et qui est bien différente de celle de l'auteur de la *Recherche*. Je croy que toute substance individuelle exprime l'univers tout entier à sa manière, et que son estat suivant est une suite (quoyque souvent libre) de son estat précédent, comme s'il n'y avoit que Dieu et elle au monde ; mais comme toutes les substances sont une production continuelle du souverain Estre, et expriment le même univers ou les mêmes phénomènes, elles s'entraccordent exactement, et cela nous fait dire que l'une agit sur l'autre, parce que l'une exprime plus distinctement que l'autre la cause ou raison des changements, à peu près comme nous attribuons le mouvement plus tost au vaisseau qu'à toute la mer, et cela avec raison. J'en tire aussi cette conséquence, que si les corps sont des substances, ils ne scauroient consister dans l'étendue toute seule. Mais cela ne change rien dans les explications des phénomènes particuliers de la nature qu'il faut tousjours expliquer mathématiquement et méchaniquement pourveu qu'on scache que les principes de la méchanique ne dépendent point de la seule étendue. Je ne suis donc pas ny pour l'hypothèse commune de l'influence réelle d'une substance créée sur l'autre, ny pour l'hypothèse des causes occasionnelles, comme si Dieu produisoit dans l'âme des pensées à l'occasion des mouvements du corps, et changeoit ainsi le cours que l'âme auroit pris sans cela par une manière de miracle perpétuel fort inutile ; mais je soutiens une concomitance ou accord de ce qui arrive dans les substances différentes, Dieu ayant créé l'âme d'abord, en sorte que tout cela luy arrive ou naisse de son fonds, sans qu'elle ait besoin de s'accomoder dans la suite au corps, non plus que le corps à l'âme. Chacun suivant ses loix, et l'un agissant librement, l'autre sans choix, se rencontre l'un avec l'autre dans les mêmes phénomènes. Tout cela ne s'accorde pas mal avec ce que vous dites dans vostre réponse à Dom Robert, p. 26. Que l'homme est l'objet propre de son sentiment. On peut pourtant adjouter que Dieu l'est aussi, luy seul agissant sur nous immédiatement en vertu de nostre dépendance continuelle. Ainsi on peut dire que Dieu seul, ou ce qui est en luy, est nostre objet immédiat, qui soit hors de nous, si ce terme d'objet luy convient.

Quant à la sixième supposition, il n'est pas nécessaire que ce que nous conterons des choses hors de nous, leur soit parfaitement semblable, mais qu'il les exprime, comme une ellipse exprime un cercle vu de travers, en sorte qu'à chaque point du cercle il en réponde un de l'ellipse et *vice versa*, suivant une certaine loy de rapport. Car comme j'ay déjà dit, chaque substance individuelle exprime l'univers à sa manière, à peu près comme une même ville est exprimée diversement selon les différents points de veue.

Tout effect exprime sa cause et la cause de chaque substance, c'est la résolution que Dieu a prise de la créer ; mais cette résolution enveloppe des rapports à tout l'univers, Dieu ayant le tout en veue en prenant résolution sur chaque partie, car plus on est sage et plus on a des desseins liés.

Quant à la question, s'il y a de l'étendue hors de nous, ou si elle n'est qu'un phénomène, comme la couleur, vous avés raison de juger qu'elle n'est pas fort aisée. La notion de l'étendue n'est pas si claire qu'on se l'imagine. Il faudroit déterminer, si l'espace est quelque chose de réel, si la matière contient quelque chose de plus que de l'étendue, si la matière même est une substance et comment, et il se roit un peu long de m'exprimer là dessus, je tiens néantmoins qu'on peut décider les choses.

Quant à la première assertion, et ce que vous en dites à Dom Robert, je tiens que juger n'est pas proprement un acte de volonté, mais que la volonté peut contribuer beaucoup au jugement, car quand on veut penser à autre chose on peut suspendre le jugement; et quand on veut se donner de l'attention à certaines raisons, on peut se procurer la persuasion.

La règle générale que plusieurs posent comme un principe des sciences, *quicquid clare distincteque percipio est verum*, est sans doute fort défectueuse,

comme vous l'avés bien reconnu ; car il faut avoir
des marques de ce qui est clair et distinct. Autrement c'est autoriser les visions des gens qui se flattent et qui nous citent à tout moment leurs idées.

Quand on dispute, si quelque chose est une substance ou une façon d'estre, il faut définir ce que c'est que la substance. Je trouve cette définition nulle part, et j'ay esté obligé d'y travailler moy-même.

Je viens à vostre examen du grand principe des Cartésiens et de Dom Robert, ce que j'ay déjà touché : scavoir que nos idées ou conceptions sont toujours vraies. Et comme j'ay déjà dit, je suis bien éloigné de l'admettre, parce que nous joignons souvent des notions incompatibles, en sorte que le composé enferme contradiction. J'ai examiné plus distinctement ce principe dans une remarque sur les idées vrayes ou fausses que j'ay mise dans le journal de Leipzig (1). Et je tiens que pour estre asseuré, que ce que je conclus de quelque définition est véritable, il faut scavoir que cette notion est possible. Car si elle implique contradiction, on en peut conclure en même temps des choses opposées. C'est

---

(1) *Acta eruditorum Lipsiensum*, 1684, nov., p. 537. — Leibniz, *Opp. ed. Dutens*, XI, p. 14. — Leibniz, *Opp. philos. ed. Erdmann*, I, p. 79.

pourquoy j'appelle définition réelle celle qui fait connoistre que le défini est possible, et celle qui ne le fait point, n'est que nominale chez moy. Par exemple, si on définissoit le cercle, que c'est une figure dont chaque segment reçoit partout le même angle (c'est-à-dire que les angles dans un même segment contenus des droites tirées des deux extrémités à quelque point que ce soit, soyent les mêmes), c'est une de ces propriétés que j'appelle paradoxes et dont on peut douter d'abord, si elles sont possibles, car on peut douter si une telle figure se trouve dans la nature des choses. Mais quand on dit que le cercle est une figure décrite par une droite qui se meut dans un plan, en sorte qu'une extrémité demeure en repos, on connoist la cause ou réalité du cercle. C'est pourquoy nos idées enferment un jugement. Ce n'est qu'en cela que la démonstration de l'existence de Dieu, inventée par Anselme et renouvellée par Descartes, est défectueuse. *Quicquid ex definitione entis perfectissimi sequitur, id ei attribui potest. Atqui ex definitione entis perfectissimi seu maximi sequitur existentia, nam existentia est ex numero perfectionum seu, ut loquitur Anselmus, majus est existere quam non existere. Ergo ens perfectissimum existit. Respondeo : Ita sane sequitur, modo ponatur id esse possibile.* Et c'est le privilége de l'Estre souverain de n'avoir besoin que de son essence ou de sa possibilité pour exister. Mais pour achever la démonstration à la rigueur, il faut prouver cette possibilité, car il n'est pas tousjours permis d'aller au superlatif, par exemple la notion de la dernière vélocité implique.

Ainsi, monsieur, je me suis laissé emporter par le plaisir que j'ay trouvé à vous suivre par toute vostre réponse que vous avés faite à Dom Robert de Gabez, et de vous dire sans façon ce qui me venoit dans l'esprit en rappellant un peu mes vieilles méditations dont je vous fais le juge.

FOUCHER A LEIBNIZ (1).

De Paris, le 28 décembre 1686.

Monsieur,

Je vous rends grâces de vostre grande lettre. Vous m'avez traitté en ami. Je regarde vos scavantes réflections comme des trésorts que je conserveray chèrement. Je ne scaurois pourtant m'empescher d'en faire part à plusieurs de vos amis et des miens. J'ay fait voir vostre lettre à plusieurs d'honestes gens,

(1) Inédit, sauf un extrait donné par M. Grotefend (Briefwechsel zwischen Leibniz, Arnauld, ꝛc.).

et je me persuade que vous ne m'en devez point scavoir mauvois gré. M. Lantin en aura une copie et quelques autres de nos amis qui m'en ont demendé une avec instance; mais dans ces copies je ne metteray que ce qui regarde les sciences, avertissant que l'on ne juge point en dernier ressort du système que vous proposez et que l'on donne du loisir et de l'espace pour vous expliquer d'avantage, si vous le trouvez bon sur une si grande matière. M. Huet a esté nommé par le Roy à l'évesché de Soissons ; je luy ay lu la copie de vostre lettre, il vous baise les mains. M. l'abbé Galois vous fait aussi ses civilitez. M. Mathieu fait la mesme chose à vostre égard. J'ai parlé de vous, monsieur, à M. Tevenot, qui vous estime fort ; il est à cette heure dans la place de Mons. Carcavi (1) à la bibliothèque du Roy. Les manuscrits de Mons. Mariotte qui ont resté après sa mort, ont esté mis par son ordre porté dans son testament entre les mains de Mons. de la Hire (2) de l'Académie royale des sciences, lequel nous a donné un posthume de Mons. Mariotte de l'*Élévation des Eaux*. Je pense que vous aurez leu ce livre, il est beau et curieux. M. de Brosseau m'a rendu luy mesme vos-

---

(1) Pierre Carcavy (1684), numismate distingué, commis à la garde de la bibliothèque du roi en 1663.

(2) Philippe de la Hire (1640+1719), professeur de mathématiques au collége de France.

tre lettre, je ne vous réponds pas qu'elle ne soit quelque jour imprimée. J'y répondray emplement d'une manière qui ne vous sera pas désagréable, il faut auparavant que nous sachions ce qu'en dira M. Lantin, je souhaiterois fort que Mons. Delarue (1) fut rétabli. On a fait une nouvelle édition de mon petit traité des hygromètres, j'y ay ajouté plusieurs choses, je vous l'enverray par la première commodité, je metteray seulement une figure dans cette lettre en attendant le livre; j'aurois bien souhaité de voir ce que vous avés donné au journal de Lipsick touchant les idées. Nous ne voyons point en France, ou fort difficilement du moins, les journaux étrangers. On ne scait pas encor ce que vous me demendez touchant M. l'abbé du Boy de la Rhoc. M. de Brosseau consultera le P. Mabillon touchant l'histoire dont vous m'avez demandé de l'éclaircissement; je n'en ay pu rien apprendre, vous en pourrez trouver quelques mots dans l'histoire de Meseré (2). Le P. Mallebranche vous salue; j'ai vu dans le journal de Holende vostre problème avec une réponse qu'on y a faite touchant le principe de la méchanique; je ne scais qui a fait cette réponse, je vous feray quelque jour la mienne, Dieu

---

(1) Charles Delarue, de Paris (1643—1725), *Panégyriques et oraisons funèbres*, 4 vol. in-8.

(2) Mezeray.

aidant. Je n'entre point icy en matière. J'espère que vous aurez bientôt ma réponse à Dom Robert sur le sentiment de saint Augustin touchant les académiciens. Après avoir répondu sur cette matière pour ce qui regarde la religion, je satisferay pour ce qui concerne les sciences humaines; ce qui retarde davantage ce sont les libraires. Ces matières sont importantes, mais elles ne sont estimées que des scavants. Cependant cela ne règle point le jugement que les libraires en font, surtout en France où l'on édite mieux les livres de plaisanteries et [d'histoires] que les bons livres qui concernent les commencemens des sciences. On a même du degout pour les reflexions qui regardent les principes parce qu'on se flatte de scavoir beaucoup et l'on aprehende que les systhemes que l'on a fait ne soient ruinez, c'est pour cela qu'on ne veut pas ouvrir les yeux, mais il n'y a rien de plus glorieux à tout esprit bien fait que de se rendre à la vérité. C'est une marque que l'on ne se connoit pas encor lorsque l'on pense estre infaillible; d'ailleurs il y a des gens qui profitent aux disputes et s'intéressent à les continuer de sorte que ce n'est pas les attirer que de leur dire que l'on travaille pour la paix et la réunion des esprits, mais, monsieur, cela ne doit pas nous empescher de chercher la vérité et de la préférer à tous les intérêts humains. *Impossibile est mala pœnitus extirpare*, dit fort bien Platon. Neanmoins on ne doit pas laisser de les diminuer autant que l'on peut. Je suis, monsieur, vostre humilissime serviteur. FOUCHER.

Quand vous me ferez la faveur de m'écrire, distinguez, s'il vous plait, les matières des sciences des choses personnelles par différens papiers afin que les unes soient vues et les autres non. Car les personnes de vostre mérite et de vostre habileté n'écrivent rien que l'on ne soit curieux de voir. Il y a des matières sur lesquelles on n'est pas faché de parler en public et d'autres qui ne sont bonnes que pour quelques personnes *ad hominem*.

Ma sagesse des anciens n'est point achevée, il y manque encor deux parties et ce que vous en avez vu n'est presque que le préambule, le fort de la matière est réservé pour les deux autres parties. Si vous ecrivez à Mons. Thirnaus je vous prie, Monsieur, de luy faire mes civilitez. M. Arnaut ne paroit plus et on ne scait ou il est. Le P. Mallebranche a esté malade, il l'est encor quoi qu'il commence à se mieux porter. M. Hos... est à Rome. M. Ferrand (1) vous baise les mains.

[Suit le détail d'une figure sur les hygromètres.]

(1) Louis Ferrand (1645+1699), avocat, *Réflexions sur la religion chrétienne*.

Il y a longtemps que j'ay receu vostre lettre et j'attends à vous faire reponse sur le tout, mais parce que je n'ay pu encor avoir la reponse de M. Lantin j'ay différé.

LEIBNIZ A FOUCHER.
Sans date (1).

Monsieur,

Je suis en voyage quasi toute cette année pour mes recherches d'histoire que je fais par ordre de S. A. S. d'Hanover. J'ay esté longtemps en Hesse, en Franconie, en Suabe et en Bavière et enfin je suis descendu à Vienne pour profiter de la bibliothèque Impériale où il y a bien des manuscrits considérables touchant l'histoire de l'Allemagne, comme il est aisé de juger. J'aurois souhaité de pouvoir aller premièrement par la Hollande et France et puis retourner par Strasbourg et par la Suabe, Bavière, Autriche, Bohême et Saxe, mais mon instruction ne me l'a pas permis.

Cependant je souhaite de tout mon cœur ce voyage

(1) Cette lettre inédite, dont l'original autographe ou projet est conservé dans la bibliothèque de Hannover, est évidemment de 1688, car nous avons une lettre de Leibniz datée de Vienne le 20 mai 1688, au landgrave de Hessen ; et dans celle à l'abbé Foucher, Leibniz fait allusion à ce voyage entrepris par ordre de S. A. S. l'électeur Ernest-Auguste, et cite Vienne comme la dernière station qu'il ait faite, celle-là même d'où il écrit à Foucher.

de France pour vous revoir, monsieur et plusieurs autres illustres amis qui auront bien profité en découvertes depuis le temps de nostre séparation comme j'ay fait aussi. Surtout je souhaitte de revoir nostre incomparable Mons. Thevenot à qui je suis si obligé. De sorte que si Dieu le permet, je feray asseurement ce voyage pour ma satisfaction et pour apprendre bien des belles choses dans les sciences. Je pourray aussi leur communiquer des choses que je ne scavois pas quand j'etois autres fois en France. Entre autres j'ay quelques considérations de conséquence touchant le système de l'Univers; et j'ay trouvé qu'en supposant que tous les cercles concentriques que l'éther décrit à l'entour du soleil font leur cours avec des forces égales entre elles, et qu'entre elles il y a aussi une égalité dans les forces de leur circulation, nous aurons justement le système des planetes, tel qu'il est, scavoir des ellipses dont le soleil est le foyer et d'autres particularités : j'en ai déjà communiqué quelleque chose à des amis qui se pourront publier à Leipsig.

Autant que j'ay jugé par les nouvelles de la Republique des lettres qui sont venues dans mes mains Mons. l'abbé Catelan (1) n'a pas osé mordre au

---

(1) L'abbé de Catelan, *Methode pour les tangentes et logistique universelle.* Paris, 1692, in-8.

problème que j'avois proposé pour égayer un peu la dispute qui estoit entre nous et qui estoit inutile, parce qu'il n'avoit pas seulement compris mes sentiments, comme il avoit découvert luy-même sans y penser en m'imputant des opinions estranges et provenant des proportions que je n'avois garde de soutenir.

Cependant M. Hugens a pris luy même la peine de donner la solution de mon problème qui s'accorde avec la mienne. Le problème est (1) : trouver une ligne dans laquelle le corps pesant descend uniformement et approche également de l'horizon en temps égaux.

Le R. P. Malbranche avoit répondu dans les nouvelles de la Republique des lettres à une difficulté que je lui avois faite en passant dans cette contestation qui estoit entre M. Catelan et moy ; et il avoit reconnu en quelque façon le defaut des loix du mouvement qu'il avoit données dans son ouvrage, mais comme il faisoit des distinctions qui ne s'accordent pas avec les principes que je croy d'avoir establis j'ay fait voir dans ma replique d'une manière très claire en quoy luy aussi bien que M. Des Cartes se

---

(1) Il faut que cette ligne soit courbe, car dans la ligne droite les descentes sont comme les carrés des temps ; au lieu qu'on demande une ligne où elles soyent proportionnelles au temps. On demande donc quelle courbe c'est.

sont trompés; et j'ay expliqué un très beau principe général qui sert à examiner des propositions tant en physique qu'en mathématique, lequel s'il avoit esté connu à M. Des Cartes, il n'auroit eu garde de nous donner ses lois du mouvement qui sont tout à fait contraires à l'harmonie des choses. Je ne scay si le R. P. Malbranche en aura profité dans la nouvelle édition de sa Recherche. On fait souvent profession de n'aimer que la vérité et de ne demander que d'estre éclairci, mais souvent un peu de fausse gloire s'oppose à beaucoup de bonne intention sans qu'on y prenne garde.

Si Mons. Findkeller qui vous envoyera cette lettre vous marque son adresse, je vous supplie, monsieur, de luy faire envoyer la reponse que vous me ferez si je puis espérer ce bonheur là : mais en cas qu'il ne vous la marque point, je vous supplie de la faire envoyer à Mons. Heiss le jeune qui l'envoyera à S. A. S. monseigneur le prince Erneste de Hesse Reinfels avec cette inscription :

A Monsieur,
Monsieur Leibniz,
Rheinfels, chez S. A. S. monseigneur le prince
Erneste de Hesse.

parce que ce prince scait mon adresse et me fait la grace de me faire tenir mes lettres.

LEIBNIZ A FOUCHER (1).

May 1687.

Monsieur,

J'ai receu vostre lettre avec le discours que vous aves fait sur le sentiment de saint Augustin à l'égard des académiciens dont je vous remercie fort. Je l'ay lû avec beaucoup de plaisir et je vous diray sans vous flatter que je le trouve entièrement à mon gré. Les loix des académiciens que vous exprimés par les paroles de saint Augustin sont celles de la véritable logique.

Tout ce que je trouve à adjouter c'est qu'il faut commencer à les pratiquer non seulement en regrettant ce qui est mal establi, mais en taschant d'establir peu à peu des vérités solides. Je fis autre fois un

---

(1) Inédite. La copie, faite d'après l'original autographe conservé dans la bibliothèque de Hannover, nous a été communiquée par M. Grotefend. Nous y joignons un billet à M. de Brosseau, qui est la réponse à celui de ce dernier du 2 septembre 1686, et qui aurait dû, ainsi que la lettre ci-dessus et la réponse de Foucher, précéder la lettre sans date, p. 62. On y voit la trace d'une négociation diplomatique engagée très probablement pour fixer Leibniz en France, et où l'abbé Foucher paraît jouer le principal rôle. Ce n'est pas la seule démarche de ce genre dont Leibniz ait été l'objet. Voyez, à ce sujet, un passage d'une lettre à l'abbé Thorel, cité par nous dans un article du *Correspondant*, t. XXX, dixième année, p. 742.

LEIBNIZ A BROSSEAU.

Il y a déjà bien du temps, monsieur, que je suis convaincu des bontés que vous avés pour moy, mais vostre dernière surtout en

essai de demonstration *de continente* et *contento* ou je demonttray par caractères (à peu près de la façon de l'algebre et des nombres) des propositions dont les regles des syllogismes et quelques propositions de mathematique ne sont que des corollaires. J'en pourrois donner non seulement sur la grandeur, mais encor sur la qualité, forme et relation bien d'autres, qui se démonstrent toutes hypothétiquement sur quelque peu de suppositions, par la simple substitution des charactères équivalentes. Les plus importantes seroient sur la cause, l'effet et le changement, l'action, le tems, où je trouve que la vérité est bien différente de ce qu'on s'imagine; car quoyqu'une substance se puisse appeler avec raison

est une preuve bien sensible. Or puisque vous avés la bonté de vous intéresser dans l'affaire dont M. l'abbé Foucher me l'a écrit, je vous dirai que je crains pour bien de raison que les choses avantageuses dont on a parlé à M. l'abbé ne soyent que des complimens. C'est de quoy il faudroit estre éclairci. Car il semble qu'on ne veut guères plus d'estrangers. Néantmoins je lui ay fait une proposition dont vous pourrés juger avec luy, si elle a quelque apparence de succès, et c'est par là qu'on pourra éprouver si ceux à qui M. l'abbé a parlé, veuillent y contribuer sérieusement ou croyent de pouvoir réussir. Je suis maintenant sur le point de faire un voyage dans l'Allemagne supérieure qui m'occupera tout cet esté pour chercher des monumens servant à l'histoire de la sérénissime maison, c'est pourquoy je vous donneray avis où vous me pourrez envoyer les lettres, etc., par la droiture, vers les environs de Francfort, et quelqu'un vous envoyera bientôt une lettre de ma part et laquelle vous me pourrez faire tenir peut estre. Ce que vous jugerés.   LEIBNIZ.

cause physique et souvent morale de ce qui se passe dans une autre substance, néantmoins, parlant dans la rigueur métaphysique, chaque substance (conjointement avec le concours de Dieu) est la cause réelle immédiate de ce qui se passe dans elle, de sorte qu'absolument parlant, il n'y a rien de violent. Et même on peut dire qu'un corps n'est poussé que par la force qui est en luy-même.

Ce qui est encor confirmé par les expériences (car c'est par la force de son ressort qu'il s'éloigne d'un autre corps en se restituant après la compression). Et quoyque la force du ressort vienne du mouvement d'un fluide, néantmoins ce fluide, quand il agit, est dans le corps pendant qu'il exerce son ressort. Mais il s'ensuit encor que dans chaque substance, qui l'est véritablement et qui n'est pas simplement une machine ou un aggrégé de plusieurs substances, il y a quelque *moy* qui répond à ce que nous appelons l'âme en nous, et qui est ingénérable et incorruptible, et ne peut commencer que par la création. Et si les animaux ne sont pas de simples machines, il y a lieu de croire que leur génération, aussi bien que leur corruption apparente, ne sont que des simples transformations d'un même animal, qui est tantost plus tantost moins visible. Ce qui estoit déjà le sentiment de l'auteur du livre *De diœta*, qu'on attribue à Hippocrate. Cependant je tiens que les esprits, tels que les nostres, sont créés dans le temps et exemtés de ces révolutions après la mort, car ils ont un rapport tout particulier au Souverain Estre, un rapport, dis-je, qu'ils doivent conserver, et ce Dieu à leur égard n'est pas seulement cause, mais encor seigneur ; c'est ce que la religion et mesme la raison nous enseigne.

Si les corps n'estoient que de simples machines, et s'il n'y avoit que de l'étendue ou de la matière dans les corps, il est démonstrable que tous les corps ne seroient que des phénomènes : c'est ce que Platon a bien reconnu à mon avis. Et il me semble que j'entrevoy quelque chose d'y conforme dans vos pensées, page 59 de vostre discours sur le sentiment de saint Augustin touchant les académiciens. Je prouve mesme que l'estendue, la figure et le mouvement enferment quelque chose d'imaginaire et d'apparent, et quoyqu'on les concoive plus distinctement que la couleur et la chaleur, néantmoins, quand on pousse l'analyse aussi loin que j'ay fait, on trouve que ces notions ont encor quelque chose de confus, et que, sans supposer quelque substance qui consiste en quelque autre chose, elles seroient aussi imaginaires que les qualités sensibles, ou que les songes bien réglés. Car par le mouvement en luy-même, on ne scauroit déterminer à quel sujet il appartient; et je tiens pour démonstrable qu'il n'y a nulle figure exacte dans les corps.

Platon avoit reconnu quelque chose de tout cela, mais il ne pouvoit sortir des doutes. C'est qu'en son temps la géométrie et l'analyse n'estoient pas assez avancées. Aristote aussi a connu la nécessité de mettre quelqu'autre chose dans les corps que l'étendue; mais n'ayant pas sceu le mystère de la durée des substances, il a crû des véritables générations et corruptions, ce qui luy a renversé toutes ces idées. Les pythagoriciens ont enveloppé la vérité par leur *météchympsoses*; au lieu de concevoir les transformations d'un même animal, ils ont crû, ou du moins débité, les passages d'une âme d'un animal dans l'autre, ce qui n'est rien dire. Mais ces sortes de considérations ne sont pas propres à estre recues de tout le monde, et le vulgaire n'y scauroit rien comprendre avant que d'avoir l'esprit préparé.

Monsieur Tschirnhaus estoit autrefois bien plus cartésien qu'il n'est à présent; mais j'ay contribué quelque chose à le désabuser; et je luy ay fait voir qu'on ne scauroit fonder sur aucun raisonnement, avant que de scavoir si la notion est possible, en quoy M. Des Cartes a manqué; aussi la conception prétendue claire et distincte est sujette à bien d'illusions. Cependant il ne faut pas s'imaginer que nous puissions toujours pousser l'analyse à bout jusqu'aux premiers possibles, aussi ne l'est-il pas nécessaire pour la science. Il est vray qu'en ce cas elle seroit accomplie. Cependant il y a quantité de bonnes pensées dans le livre de M. Tschirnhaus; sa manière de concevoir des foyers qui soyent des lignes ou des points, est une belle invention; mais il y a quelques particularités et des conséquences où je tiens qu'il va trop viste. Car il croit de pouvoir de terminer aisément le nombre de tous les courbes de chaque degré, ce que je sçais de ne pouvoir estre ainsi. Et je voudrois avoir sceu son dessein de faire imprimer l'ouvrage pour le désabuser de bonne heure. Mais cela ne diminue rien de l'estime que je fais de son esprit.

Pour ce qui est des loix du mouvement, sans doute les règles de la statique sont bien différentes de celles de la percussion; mais elles s'accordent dans quelque chose de général, scavoir dans l'égalité de la cause avec son effect. C'est par là que je puis déterminer tant les unes que les autres. Il est constant que les loix de M. Des Cartes ne s'accordent point avec l'expérience; mais j'en ay fait voir la véritable raison, c'est qu'il a mal pris sa force. Je ne croy pas que ce que vous dites d'un pendule qui rencon tre un autre en repos, et l'emporte avec soy pour aller ensemble de compagnie, après le choc, pour en composer un seul, si une partie de la force n'estoit amortie par leur mollesse, c'est-à-dire transférée à leurs petites parties. Et cette partie de la force qui est perdue, en ce cas, est justement celle du choc. Il est bien manifeste que le soutien d'une romaine, où 1 livre et 20 livres sont en équilibre, n'est chargé que de 21 livres, parce que leur centre de gravité y est attaché. Et cela se trouve aussi véritable dans le cas de l'équilibre des liqueurs. Je me sou-

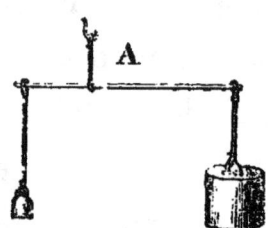

viens bien de l'expérience curieuse que vous fistes voir dans la maison de M. Delanée, en présence de M. de Mariotte (1) et d'autres. On a parlé dans le journal de Hollande de quelque chose de semblable. Mais je n'ay besoin que d'un seul principe pour rendre raison de toutes ces choses.

M. de Mariotte et quelques autres ont fait voir que les règles de M. Des Cartes sur le mouvement s'éloignent tout à fait de l'expérience; mais ils n'ont pas fait voir la véritable raison; aussi M. de Mariotte se fonde le plus souvent sur des principes d'expérience

---

(1) Edme Mariotte, *Traité des mouvemens des eaux*, etc. Paris, 1686, in-12. — *Essais de physique*, ib., 1676.

dont je puis faire voir la raison par mon axiome général duquel, à mon avis, dépend toute la méchanique. Les règles de la composition du mouvement, sur lesquelles plusieurs se fondent en ces matières, souffrent plus de difficultés qu'on ne pense.

P. S. Nostre amy (1) vous est bien obligé de vostre bonne volonté, mais il avoit cru qu'on ne vouloit plus guères d'estrangers. C'est de quoy il faudroit estre éclairci, et en tout ce cas (ce qui est assez vraisemblable) si on croyoit néantmoins qu'il pourroit estre utile, le meilleur expédient de se servir de luy seroit de l'engager à des correspondances pour donner part, non seulement de quelques découvertes curieuses et de conséquences qu'il apprend de temps en temps, mais particulièrement des observations qu'il fait depuis quelques années, et qu'il apprend continuellement dans ses voyages et recherches touchant les mines et minéraux ; car bien des gens se sont attachés aux plantes et animaux, mais cette matière des minéraux est encor la moins éclaircie. Il croit d'avoir des ouvertures considérables là-dessus, pouvant monstrer à l'œil qu'Agricola, et tous les autres qui ont parlé de l'origine des choses, sont bien éloignés de la vérité, et que les idées que les

---

(1) *Nostre amy*, c'est Leibniz répondant aux avances qu'on lui faisait pour l'attirer à Paris.

livres et les personnes prévenues par les livres en ont, sont souvent fort mal fondées. Il seroit même prest de venir de temps en temps, en personne, faire des rapports à l'Académie, et de recevoir des instructions pour la continuation de ces recherches auxquelles l'Allemagne et les pays voisins fournissent principalement de la matière, et particulièrement ce pays-ci, au lieu que les mines sont moins exercées en France, en Espagne et en Italie. Bien des gens amassent des cabinets où il y a des minéraux, mais à moins que d'avoir des observations exactes du lieu d'où elles ont esté tirées, et de toutes les circonstances, ces collections donnent plus de plaisir aux yeux que de lumières à la raison. Car une plante ou un animal est un tout achevé, au lieu que les minéraux sont ordinairement des pièces détachées, qu'on ne sçauroit bien considérer que dans leur tout. Il a fait aussi de la dépense pour faire faire quantité de modelles curieux des instrumens, machines et structures dont on se sert effectivement aux mines; car les choses se trouvent encor nulle part décrites de la manière qu'elles se pratiquent, et on scait maintenant bien des choses inconnues à Agricola, à Esker, et à d'autres.

Si vous voyez, Monsieur, que cette proposition, qui paroist assez plausible, ne tente point, c'est une marque que les belles choses qu'on vous a dites ne sont que des compliments, ou bien, si on a de la bonne volonté comme je l'espère, qu'on n'a guères d'espérance de réussir. Cependant je vous supplie, Monsieur, de faire en sorte que la chose n'éclate inutilement et qu'on ne se commette point.

FOUCHER A LEIBNIZ (1).

A Paris, du 5 may 1687.

Je ne scais pas le logis de M. l'abbé Catelan, et ne puis estre assuré en quel tems je pourray conférer avec luy sur le sujet de vostre problesme du mouvement. D'ailleurs je m'imagine que ce Monsieur aura bien de la peine à se rendre, et d'abbandonner Des Cartes quand même vous auriez raison, ce que je crois du moins en partie, car pour vous dire vray, je ne pense pas que ni M. Des Cartes, ni aucun autre, ait encore bien expliqué l'essence et les loix du mouvement. Pour ce qui est de ce qu'en a dit M. Des-Cartes, je suis assez persuadé que cela n'est pas trop conforme à la réalité de la chose, d'autant plus que ses loix sont extrêmement métaphysiques et ne con-

---

(1) Inédit. La copie, faite d'après l'original autographe conservé dans la bibliothèque de Hannover, nous a été communiquée par M. Grotefend.

viennent pas à l'estat présent de la nature. Il me paroist que M. Mariotte, dans son livre de la percussion, a montré suffisamment que les loix de M. Des Cartes ne s'accordent point du tout avec l'expérience. Pour moy, qui suis académicien à la manière de Platon, je ne me rends pas si facilement, ni suivant le *pour* ni suivant le *contre*. J'ay peur qu'il n'y ait quelque chose d'irrationel dans la communication du mouvement. Et en effet, il faut avoir égard à la masse du corps, laquelle n'est pas toujours la même raison que la superficie et environ-

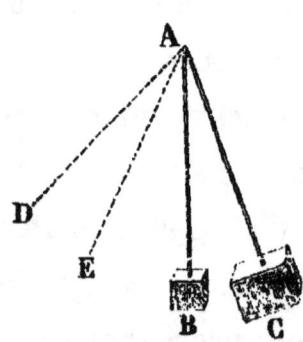

nemens. Supposez un pendule AB. M. Mariotte veut que le corps C, qui est le quadruple du corps B, venant à se choquer avec un degré de vitesse, les deux corps continuent à se mouvoir du mesme costé et fassent une vitesse composée ; le petit corps, néantmoins, recevant plusieurs degrés de vitesse et le gros en conservant encor une partie de celle qu'il avoit auparavant ; ces deux corps étant supposez de mesme matière, etc. D'ailleurs, il ne faut pas juger des machines fixes par les loix des corps qui ont des mouvemens acquis, ni des loix des méchaniques statiques par celles de la percussion. On s'imagineroit, par exemple, que supposant une romaine en équilibre, ayant 20 livres d'un costé et 1 livre d'un autre, le soutient A soit aussi chargé que si cette romaine portoit deux poids égaux, ce qui n'est pas. Autrement on auroit le mouvement perpétuel, car si

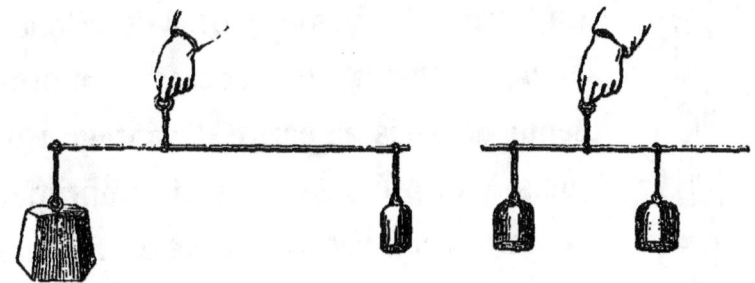

le soutient estoit chargé de deux fois 20, scavoir de 40, les poids étant inégaux et la romaine estant penchée, il n'y auroit qu'un équilibre à vaincre, et alors ce qui ne pèseroit que 21 en pèseroit 41. La romaine pourroit estre attachée au bras d'une balance, et toute la machine augmenter sa force ou en perdre d'une manière surprenante. Mais cela ne se fait pas et ne se doit point faire parce que toute la ro-

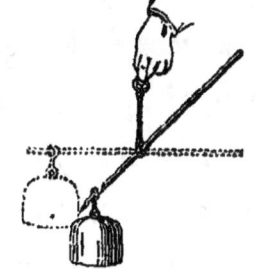

maine n'a raison que d'un corps unique et d'un seul poids à l'égard du soutient. Il en est de mesme que dans la machine de l'équilibre des équilibres, que M. Pascal a proposée et que j'ay réduite en pratique comme vous sçavez, Monsieur. Si on soutient le tuyau à costé en B, on ne sent que le poids de la trace qui est dans le tuiau et celuy du tuyau; mais si on soutient par A, on sent tout le poids d'une

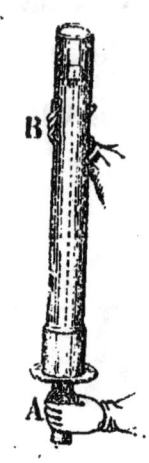

quantité d'eau pareille à celle qui seroit dans un tuiau d'une grosseur pareille à la base selon toute la hauteur du tuyau. C'est assez parler de méchanique en attendant que l'occasion se présente de vous en écrire davantage : je joins à la présente un petit imprimé, sçavoir la *deuxième partie de ma réponse à dom Robert des Gabets touchant la philosophie des académiciens par rapport à la religion.*
Si vostre grande lettre est imprimée quelque jour, je répondray d'une manière qui ne vous sera point désagréable. Je souhaiterois que vous eussiez vu ma première pièce, sçavoir, les *Dissertations sur les recherches de la vérité,* que j'ay *faire* imprimer avant ma critique et avant le 1er volume du P. Malbranche; le livre n'a point esté exposé en vente, ni mesme achevé entièrement. Il ne m'en reste plus que très peu d'exemplaires. J'espère vous le pouvoir faire voir quelque jour; en attendant je puis vous dire que vous avez raison de refuser la démonstration que M. D..... aporte après.

Il en aporte encor un autre qui est un peu meillieure, mais malgré cela, je ne pense pas qu'on puisse mieux démonstrer l'existence de Dieu que par les principes de Platon. J'en ay touché quelque chose dans le livre dont je viens de vous parler. Je suis fort obligé à M. le président de l'honetteté qu'il me fait de me donner vos lettres. On m'a presté le livre de monsieur vostre ami Thirnous, *De medicina mentis et corporis :* je n'en ay lu encor que le commencement et le trouve excellent. Le public en est enrichi. Il y a de beaux sentimens. Je l'estime fort et je voudrois aussi en avoir un de vostre façon.

Je suis, monsieur, vostre très humble et très obéissant serviteur,   FOUCHER.

M. l'abbé de la Roque ne fait plus de journaux ni de conférences. Nous avons pene de voir les journaux de Holende. Le P. Malbranche vous salue.

FOUCHER A LEIBNIZ (1).

De Paris, ce 30 may 1691.

J'ai reçeu trois de vos lettres auxquelles je n'ai pu faire reponse sitôt que je l'aurois souhaité. M. Prestet est mort et a esté regretté des scavans

(1) Inédit. L'original autographe est conservé dans la bibliothèque de Hannover.

géomètres. J'ay fait vos civilites au R. P. de Malbranche qui vous baise les mains. M. d'Avranche est bien aise de ce que vous estimez son livre de la *Censure de Des Cartes.* Depuis peu M. Regis lui a repondu là dessus et n'a presque rien dit à mon avis que ce que Dom Robert des Gabets; de sorte qu'en répondant à cet auteur, j'ay répondu par avance à M. Regis. Néanmoins on m'a dit qu'un ancien professeur en philosophie à Paris travailloit actuellement à luy répondre. Vous scavez comme je pense que M. Regis a donné au public un grand systeme de philosophie en 3 in-4° avec plusieurs figures, cet ouvrage renferme plusieurs traités de plus considérables comme de la percussion de M. Mariotte, de chymie de M. l'Emeri (1), de la médecine de M. Vieuxsang (2) et de M. Duvernai (3). Il y parle mesme de mon traité des hygrometres, quoyqu'il ne me nomme pas. La physique de M. Rohault (4) y a bonne part, il y refute le

(1) Nicolas Lemery, de Rouen (1645—1715), *Cours de chimie.* Paris, 1676, in-12.

(2) Raimond Vieussens, de Rouergue (1641—1716), *Nevrologia universalis.* Lugd., 1685, in-fol.

(3) Joseph Guichard du Verney, de Feurs en Forez (1648-1730), *Traité de l'organe de l'ouïe.* Paris, 1683, in-12. — *OEuvres anatomiques.* Paris, 1761, II, in-4.

(4) Jacques Rohault, d'Amiens (1619—1675), *Traité de physique.* Anest., 1672, IV, in-12.

P. de Malbranche, M. Perraut (1), M. Varignon (2), le 1ᵉʳ touchant les idées, le 2ᵉ touchant la pesanteur, et le 3ᵉ, lequel a esté nouvellement receu de l'Académie royale des sciences, touchant la pesanteur. Aussi les metheores du P. Lami sont encore une partie des ornemens de cet ouvrage et le reste est de M. Des Cartes. Ce n'est pas que M. Regis ne se soit conduit assez adroitement dans son système, surtout dans sa morale. M. d'Avranche (vous scavez qu'il a permuté son evesché de Soissons pour celu d'Avranche) lui répondra, je pense, par une préface qui sera ajoutée à son livre dans la 2ᵉ édition qui en sera faite. Vous scavez encore, si je ne me trompe, que M. Hugens a fait un Système de la lumière et de la pesanteur qu'il a envoyé à messieurs de l'Académie. Il y parle de vous et de M. Newton en bonne part. Pour ce qui est de la table que vous demandez de tous les livres derniers elle ne se fait pas, mais seulement dans le dernier journal de cet anné il y a une table des principales matières et cela par ordre alphabétique. Je vous l'envoiray avec un journal qui contiendra vostre pièce que vous m'avez envoyée. C'est M. le président Cousin qui fait les

---

(1) Claude Perrault (1613—46), *Recueil de machines pour élever et transporter les fardeaux.*

(2) Jacques Varignon, de Caen, 1654—1722, *Nouuelles conjectures sur la pesanteur.* Paris, 1690, in-8.

journaux. Autrefois M. Regis et M. Guillard qui est habile géographe et historien, s'en mesloient, mais présentement M. Cousin les fait luy seul, il ne trouve pas bon de mettre vostre pièce à moins que vostre nom n'y soit. Car le sujet dont vous traités est un peu su et vostre nom est assez célèbre pour y attirer de l'attention. Ma *Philosophie des académiciens* ne va pas à si grand pas que je souhaiterois ; s'y j'étois aussi heureux en librairie que plusieurs autres, vous vairriez bientost mon systhême achevé. Je joindrai à la présente lettre une table nouvellement imprimée, qui contient les mattières d'un volume achevé des Dissertations ; pour ce qui est de ma *Logique des académiciens* je ne scaurois vous l'envoyer, car je n'en ay presque plus d'exemplaires ; elle a esté imprimée à Dijon en l'année 1674. J'espère qu'on vous enverra bientost une édition nouvelle bien plus correcte et bien plus ample ; j'ay commencé le 2e volume de mes *Dissertations*, en fesant imprimer le 1er livre contenant l'histoire des académies ; je vous en envoye un exemplaire en attendant que le reste soit achevé. Pour ce qui est de l'essence de la matière, il y a longtemps que je me suis déclaré sur ce point dans ma critique, et ailleurs où je prétends que l'on se trompe de prétendre que toute étendue soit matérielle. Je suis bien aise de voir que vous

vous accordez avec moy en ce point. M. Lantin est fort joyeux quand il apprend de vos nouvelles, il travaille à l'arithmétique de Diophante, et il nous donne ce que l'on peut appeler l'algèbre des anciens.

Pour ce qui est de son histoire du plaisir et de la douleur, je ne sçais quand elle paroistra; il m'a fait espérer qu'il seroit bientôt libre de sa charge qu'il va remettre à M. son fils, après quoy il aura plus de temps pour s'adonner aux lettres. Vous aurez peut-estre vu une préface qu'il a adjoutée à un livre posthume des plantes de M. de Sommaise. Je n'ay encor pu le voir ; elle a esté imprimée en Holande : *Extrema in idem recidunt;* c'est une maxime dont M. Lantin fait bien de l'estime et qui est de plus profonde pénétration qu'il ne paroist d'abord. Elle est vraye du moins en plusieurs choses : on ne fait plus de conférence à Paris. Celle de M. d'Haumont avoient été transférées chez M. de Bignon, mais depuis que ce monsieur est premier président au grand conseil elles ne se font pas. Pourtant quelques uns s'assemblent à la bibliothèque du roy pour conférer touchant les médailles. MM. Pelisson, Racine, D'Espréaux travaillent à l'histoire du roy. M. Thévenot m'a dit que si vous étiez à Paris on vous recevroit de l'Académie royale des sciences ; je voudrois que vous tenssiez la place de M. Hugens. M. l'abbé Galois est principal du collége royal.

Je suis, etc.

FOUCHER A LEIBNIZ (1).

De Paris, le 31 décembre 1691.

J'ay attendu jusqu'à cet heure, Monsieur, afin de vous donner des nouvelles de M. Lantin; mais parce qu'il tarde un peu trop à faire réponse, je suis obligé de vous prévenir par ce mot, de peur que vous ne me blâmiez d'être trop paresseux à vous répondre. Votre problème de la chaisne pendante de Galilée sera inséré dans le premier journal. Le père de Malbranche vous fait ses civilitez. Il a souhaité de voir la lettre que vous m'avez fait l'honneur de m'écrire, sçavoir vostre dernière. Il dit qu'il est de même sentiment que vous sur la manière d'agir de la nature, par des changements infiniment petits et jamais par saut. Pour moy je vous avoüe que j'en doute encor, car je crains que cela ne revienne à l'argument des pyrrhoniens, qui foisoient marcher la tortüe aussi vite qu'Achile; car toutes les grandeurs pouvant être divisées à l'infini, il n'y en a

(1) Inédit. L'original autographe est conservé dans la bibliohèque de Hannover.

point de si petite dans laquelle on ne puisse concevoir une infinité de divisions que l'on n'épuisera jamais, d'où il s'ensuit que ces mouvements se doivent faire tout à coup, par rapport à de certains indivisibles physiques et non pas mathématiques. Si vous pouviez rompre la barrière qui est entre la physique et la métaphysique par vostre problème, comme vous avez pensé, je vous en scaurois bon gré; car le plus d'uniformité que l'on trouve dans les objets est le meilleur. L'art de mesurer les lignes courbes est beau, si on le scait conduire à la perfection, et même il est nouveau. M. Des Cartes n'est pas si blasmable d'en avoir douté que s'il avoit cru l'avoir avec présomption. M. Osannan dit qu'il est vray que vous lui avez donné l'ouverture de sa quadrature du cercle; mais il se plaint de ce qu'ayant esté trop lent à découvrir ce que vous en scavez, vous lui avez donné lieu de faire là-dessus ses méditations, et d'en trouver ce qu'il en a trouvé, de sorte qu'il prétend avoir droit, aussi bien que vous, à cette découverte; mais avec tout cela, je voudrois qu'il vous eust nommé. Je n'aurois pas cru que vous eussiez esté controversiste, Monsieur; mais je viens de voir un imprimé qui contient quelques unes de vos lettres, auxquelles M. Pélisson a fait réponse. Je ne toucheray point cette matière, parce qu'elle ne doit point estre *menée* à moitié, je dirois seulement que vous passez pour un homme qui écrit bien en françois, et pour cela j'en suis persuadé comme les autres et encore plus : le problème *extrema in idem recidunt* est bon en quelque chose, mais il n'en faut tirer aucune conséquence pour ce qui regarde la divinité, car où il y a de l'infini les idées peuvent estre changées et nous ne sommes pas capables de comprendre les propriétez des estres qui sont plus *parfaits* que le *nostre*, parce que toutes nos idées sont des façons d'estre de nos âmes; néantmoins, la supposition d'une vitesse infinie dans les points d'un cercle en mouvement, me semble enfermer quelque absurdité, car qui dit vitesse dit durée, et qui dit durée dit un tems fini dont les moments ne sont point tout ensemble. Il n'appartient qu'à l'éternité d'estre *tota simul*, aussi l'idée de l'estre ne conviendra jamais avec l'idée du néant. Il semble que Platon ait approfondi cette pensée dans son *Sophiste, De ente*, et dans son *Parménide*.

Enfin, quoy qu'il en soit, il faut estre assuré que l'on ne peut tirer que de bonnes conséquences de la vérité; et comme il y a quelque vérité éternelle, il doit aussi y avoir de certaines distinctions immuables et essentielles, qui contiennent des différences nécessaires; or, parce que la première de toutes les différences est celle de l'estre et du néant, il s'ensuit qu'elle est immuable et que jamais le néant ne se confondra avec l'estre, ni l'estre avec le néant. On ne fait point de table dans le journal suivant l'ordre des livres dont il y est parlé, mais seulement suivant l'ordre alphabétique. Je vous en envoye une, à quoy je joyns le second livre de ma philosophie des Académiciens, dans lequel il est traité des premiers principes de la première philosophie. Il ne tient pas à moy que vous n'ayez la suite ; mais vous scavez, monsieur, les difficultés qu'il y a à faire des livres, surtout en ce lieu où les libraires ne veulent rien entreprendre. Je suis étonné de ce que l'auteur des Actes de Lypsick ne voit point les journaux de France. Nous voudrions bien voir icy ceux de Holande, mais cela ne se peut. J'en ay vu quelques uns de Lypsick, dans lesquels l'on parle de vous honorablement. M. Thévenot est fasché de ce que vous ne nous avez pas fait part de vostre méchanique, que vous avez laissée à Florence. M. d'Avranche a fait nouvellement un livre de la situation du Paradis Terrestre : c'est un in-douze fort rempli d'érudition à sa manière. M. du Hamel, qui est aussi vostre ami, a composé une théologie entière en sept volumes. M. de Louvegastrin gouverne à cet heure l'Académie des sciences. On y a reçu trois personnes, entr'autres un habile pour la science des plantes qui s'appelle M. Tournefor, comme aussi pour la chimie. Je souhaiterois que vous y vinssiez tenir la place de M. Hugens. Je vous suis, Monsieur, vostre très humble et très obéissant serviteur.

LEIBNIZ A FOUCHER (1).
1692.

Je vous remercie, monsieur, de vostre lettre et de vostre présent. Je lis avec plaisir ce que vous nous donnez sur les académiciens. Je suis de vostre avis qu'il seroit bon de chercher des preuves de toutes les vérités importantes qui se peuvent prouver. Ce n'est pas que cela soit absolument nécessaire, ni qu'il faille qu'on s'arreste jusqu'à ce qu'on puisse prouver tous les principes par les premiers. Car si les géomètres avoient voulu attendre à chercher les solutions des problèmes et les démonstrations, jusqu'à ce qu'ils eussent rencontré les premiers principes (ils n'eussent rien fait). Cependant je vous invite à expliquer en cela vostre sentiment, de peur que ceux qui ne l'entendent pas assez, ne s'imaginent mal à propos que les académiciens se sont opposés au progrès des sciences.

(1) Envoyé avec modifications au *Journal des savants*. (Voy. *Journ. des savants*, 2 juin 1692.)

M. Des Cartes ne me semble pas avoir eu assez de soin de bien établir ses axiomes, lui qui a commencé néanmoins par le doute raisonnable, dans lequel vous académiciens, faisoient profession d'entrer d'abord.

On sçait d'ailleurs que Proclus, et même Appolonius, avoient déjà eu quelque dessein de travailler à la preuve des axiomes. Mais ceux qui aiment à entrer dans le détail des sciences, méprisent les recherches abstraites et générales ; et ceux qui approfondissent les principes, entrent rarement dans les particularités. Pour moi j'estime également l'un et l'autre.

Mon axiome, que la nature n'agit jamais par saut, est d'un grand usage dans la physique. Il détruit les atomes, les petits repos, les globules du second élément, et les autres semblables chimères. Il rectifie les loix du mouvement. Ne craignez point, monsieur, la tortuë que les pirrhoniens faisoient aller aussi vite qu'Achille. Vous avez raison de dire que toutes les grandeurs peuvent être divisées à l'infini. Il n'y en a point de si petite, dans laquelle on ne puisse concevoir une infinité de divisions que l'on n'épuisera jamais. Mais je ne vois pas quel mal il en arrive, ou quel besoin il y a de les épuiser. Un espace divisible sans fin se passe dans un tems aussi divisible sans fin. Je ne conçois point d'indivisibles physiques sans miracle, et je crois que la nature peut réduire les corps à la petitesse que la géométrie peut considérer.

M. Ozannam ne disconviendra pas que je ne lui aye donné les premières vuës de la quadrature du cercle, dont nous avons parlé lui, et moi, et je lui en aurois communiqué ma démonstration s'il me l'avoit demandée. Il avouëra aussi que je suis le premier qui lui ai montré l'usage des équations locales pour les constructions; dont il fut ravi. Il en a fait un fort bel usage, comme je vois par son dictionnaire. Il est vrai que cet usage des équations locales n'est pas de mon invention, je l'avois appris de M. Slusius.

Il y a quelque temps que j'eus une vüe à son avantage : c'est le projet de certaines tables analytiques ou de spécieuse fondées sur les combinaisons qui, si elles étoient faites, seroient d'un secours merveilleux en analyse et en géométrie, et dans toutes les mathématiques, et pousseroient l'analyse à une perfection au delà des bornes présentes. Elles serviroient dans la géométrie profonde autant que les tables anciennes des sinus servent dans la trigonométrie. Et comme M. Osannam est un des hommes du monde qui a le plus de facilité et de practique pour le calcul ordinaire de la spécieuse, j'avois pensé qu'une chose aussi utile que celle-là se pourroit faire par son moyen.

La raison qui me fit laisser à Florence un brouillon d'une nouvelle science de dynamique, est qu'il y eut un ami qui se chargea de le débrouiller, et de le mettre au net, et même de le faire publier. Il ne tient qu'à moi qu'il ne paroisse, je n'ai qu'à y envoyer la fin. Mais toutes les fois que j'y pense, il me vient une foule de nouveautés que je n'ai pas encore eu le loisir de digérer.

Les expressions semblables à cet axiome, *extrema in idem recidunt*, vont un peu trop loin ; comme lorsqu'on dit que l'infini est une sphère dont le centre est partout, et la circonférence nulle part, il ne faut pas les prendre à la rigueur : néanmoins elles ne laissent pas d'avoir un usage particulier pour l'invention, à peu près comme les imaginaires de l'algèbre. C'est ainsi que l'on conçoit la parabole comme une ellipse à foyer infiniment éloigné ; et par là on maintient une certaine universalité dans les énonciations des coniques. Le calcul nous mène quelquefois à l'infini sans y penser. On pourroit donc ainsi conclure qu'au moins, en cas de prétenduë vitesse infinie, chaque point du cercle seroit toujours au même endroit ; quoiqu'après tout, une vitesse infinie soit impossible aussi bien qu'un cercle infini. Avec tout cela ce cercle infini peut avoir encore son usage, en calculant ; car si l'analyse me faisoit voir que le rayon du cercle demandé dans le plan donné est infini, je conclurrois que le plan entier du cercle demandé est le lieu qu'on cherche. Ainsi si je ne trouvois pas ce que je cherche, sçavoir un cercle qu'on demande, je trouverois au moins ce que je devois chercher, sçavoir que le lieu demandé est le plan demandé, et qu'il n'y a point de tel cercle dans ce plan. De sorte que voilà *omnia sana sanis ;* et l'analyse tire des utilités réelles des expressions imaginaires. C'est de quoi j'ai des exemples très importants. Il est vrai que des vérités on ne conclud que des vérités ; mais il y a des certaines faussetés qui sont utiles pour trouver la vérité.

FOUCHER A LEIBNIZ (1).

De Paris, aoust 1692.

J'ay fait voir votre dernière lettre à plusieurs de vos amis, et ils m'en ont tous demandé une copie ;

(1) Inédit. L'original autographe est conservé dans la bibliothèque de Hannover.

de sorte que j'ay cru ne pouvoir mieux faire que d'en donner un extrait au journal auquel je répondray sur trois objets sur le sujet des académiciens, sur vostre axiome : *Natura non agit saltatim*, et sur cet autre : *Extrema in idem recidunt*. Cependant je puis vous assurer que l'on a une grande estime pour tout ce qui vient de vous et que si l'on m'écoute sur ce sujet, on l'augmentera encore. M. l'abbé Galois m'a promis qu'il vous feroit présent de tous les mémoires de l'Académie, qui sont imprimez jusqu'à cet heure. Je vous avois fait une espèce de liste de tous les membres de cette illustre compagnie, qui ne laisse pas dans ce tems cy mesme de florir autant que jamais, et je vous l'enverrois, si je n'avois apris de M. du Hamel, vostre ancien ami, que l'on travailloit à faire l'histoire de l'Académie royale de France ; de sorte que dans peu de tems vous aurez non seulement les noms des académiciens, dont vous connoissez dis-je la plus grande partie, mais encore un détail de tous leurs ouvrages. Cependant, monsieur, souffrez que je vous témoigne le déplaisir que j'ay de ce que vous avez déclaré dans une de vos lettres à M. Pelisson qui est imprimée, que vous n'estiez pas de cet Académie ; c'est vous en donner vous mesme l'exclusion : au lieu que si vous n'aviez pas ainsi affirmé sur ce sujet et que vous eussiez esté en cela plus sceptique, on auroit continué la pensée où l'on estoit que vous aviez part à cette compagnie de mesme que M. Thyrnaous vostre ami. Pour moy, je n'ay point trouvé aucun moyen de vous excuser là-dessus, si non de dire que vous entendiez cela, comme si vous aviez voulu dire que vous n'en estiez pas à la manière de ceux qui sont gagez pour y assister régulièrement. Il faut donc vous accorder le titre d'académicien honoraire et il n'y a pas un de ces messieurs qui ne vous le donne, d'autant plus qu'il vous estoit desjà acquis du tems de M. de Colbert, et qu'il ne s'agissoit plus pour lors que d'achever entièrement de vous mettre sur le catalogue avec la permission de M. de Pontchartrain. M. Thévenot n'est plus à la bibliothèque du roy et il s'est retiré à son particulier. Je crois que vous le scavez à cet heure. M. Clément qui est encor un de vos amis est maintenant en sa place. Je joindray aux mémoires de l'Académie, deux feuilles nouvellement imprimées de ma façon. Elles contiennent le 3ᵉ *Livre des Dissertations sur la philosophie des académiciens.* Vous y trouverez une réponse sur leur manière de philosopher, qui n'obligeoit pas, comme on à coutume de dire, à douter de toutes choses, mais seulement des propositions non démonstratives. J'ay aussi promis quelques axiomes que l'on peut attribuer aux académiciens. Vous avez cela dans une 3° partie de mon apologie. Le 1ᵉʳ axiome est : *Judicium veritatis non est in sensibus;* le 2°, *Non opinaturum esse sapientem*, et le 3° *Verba non dant conceptus sed supponunt.* Mais, monsieur, il n'est pas bon que je m'attache à prouver des axiomes détachez. Il faut former un système. Je consens que l'on démontre tant que l'on voudra les secondes véritez, en les réduisant dans leurs principes immédiats, mais cela n'empêche pas qu'il ne faille une fois pour le moins, aller depuis les derniers principes jusqu'aux premiers et *vice versâ*.

Vostre sentiment de l'essence de la matière qui n'est point l'estendue, a esté mis dans le journal de l'année passée, peu de temps après que vous me l'avez envoyé et il s'est trouvé un homme qui y a répondu. Je puis vous dire en un mot qu'il me semble qu'il suppose ce qui est en question, car il se fonde sur cette proposition : *tout corps*, quelque indifférent qu'on le suppose au mouvement et au repos doit tousjours retarder celuy qui le chocque. Or, il est question de scavoir s'il ne peut donner une matière qui soit de soy-mesme indifférente au repos et au mouvement. Je suis de vostre avis que l'essence de la matière ne consiste pas dans l'estendüe, et c'est ce que j'ai prouvé dans ma critique de la recherche de la vérité et dans mes réponses ou autres dissertations.

M. l'abbé Galois vous fait présent des huit premiers mémoires de l'Académie; il me les a donné aujourd'huy pour vous, et je vais les mettre entre les mains de M. de Brosseau pour vous les faire tenir. J'y joindray une nouvelle explication de la quadrature du cercle, ou du moins une nouvelle tentative. Comme vous avés travaillé sur cette matière, vous serez bien aise de voir le progrès que l'on fait ou que l'on pense faire là dessus. M. Osannam vous baise les mains; il m'a donné un problème pour vous, je le mets icy tel qu'il me l'a donné. Je vous fais aussi les civilités du P. Malbranche, de M. l'abbé du Hamel, de M. Foinard, de M. le président Cousin. M. l'abbé Nicaise n'est plus à Paris. Je n'ay point vu vostre Dinamique; on m'a promis de me la faire voir. M. l'abbé Galois m'a assuré qu'il en parleroit dans un de ses mémoires, mais comme ce ne peut estre qu'après ces vacances, si vous avez quelque chose à luy faire scavoir là dessus, vous pourrez luy écrire, il loge à cet heure au collège Royal, où M. de Roberual a enseigné. Il est principal de ce collège : il y a une fort belle bibliothèque. Il me témoigne aussi bien de l'estime pour vous et voudroit vous en donner des marques encor plus considérables que celles de vous faire part de ses mémoires. Si vous avez quelque chose à communiquer à Messieurs de l'Académie, il suffit de luy envoyer cela ; il en parlera dans ses mémoires.

Pour ce qui est de cet amy, qui demande un livre de Raymond Lulle, vous me dispenserez, monsieur, de savoir son entêtement, car il n'y a point d'amitié qui puisse prévaloir à celle que l'on doit avoir pour la vérité et la religion, *amicus usque ad aras*. M. Menage est mort depuis peu et a donné sa bibliothèque aux jésuittes. M. Lantin me promet un spicilegium sur Diogène Laerte. Nous avons une petite contestation dans les journaux, luy et moy, sur la question de scavoir si Carneades l'académicien a esté du tems d'Épicure. Il va bientôt se deffaire de sa charge, car il aura plus de tems pour philosopher, et se réjouit extrêmement d'apprendre de vos bonnes nouvelles ; mais le tems n'y est pas favorable, *silent leges inter arma*.

Je suis, monsieur, vostre très humble et très obéissant serviteur,

FOUCHER.

LEIBNIZ A FOUCHER (1).

17 octobre 1692.

Monsieur,

Je remercie très humblement M. l'abbé Gallois (2) des mémoires de l'Académie royal, aussi bien que de toutes ses autres bontés qui passent mes mérites, je profiterai de vostre avis à son égard. Il y a des méprises dans le récit de l'invention du phosfore, je say les choses d'original; j'envoyeray un récit seur si on le veut bien. Je ne dis pas cela pour choquer M. Homberg (3), pour lequel j'ay bien de l'estime, mais je ne voudrois pourtant pas qu'on trouvât à redire, avec raison, aux mémoires d'une compagnie si illustre, et si M. Homberg a esté abusé là dedans par le rapport d'autruy, cela lui fera aussi peu de tort qu'à M. l'abbé Gallois luy-même.

Je n'avois garde de penser qu'on songeoit à m'accorder une place honoraire dans l'Académie que je n'aurois osé prétendre, et si j'avois dit, en écrivant à M. Pelisson, que j'estois de l'Académie, on auroit eu sujet de se moquer de moy. Cependant je vous avoue, monsieur, que si j'avois sçu que M. Pelisson,

(1) Inédit. L'original autographe est conservé dans la bibliothèque de Hannover : elle est sur une petite feuille courte.

(2) Il y a une correspondance scientifique de Leibniz avec l'abbé Gallois, membre de l'Académie française.

(3) Homberg, savant distingué. V. *Éloges de Fontenelle*. Lewenhoeck.

prévenu par la bonté qu'il a pour moy, trouveroit dans les lettres que je luy écrivois quelque chose qu'il voudroit joindre à ses excellens ouvrages, *ut pannum purpureum*, je me serois bien gardé d'entrer dans le détail des choses qui me touchent, qui paroistra affecté à ceux qui ne voyent pas les occasions que la suite des lettres avoit fournies. Ainsi je ne songeois à rien moins qu'à voir ces choses publiées jusqu'au moment que j'en agréeai l'impression.

Je vous remercie aussi bien fort de vostre continuation de la philosophie des académiciens, et je suis ravi de voir que vous leur prestés des interprétations raisonnables. Le meilleur seroit de réduire tout aux premières vérités; mais en attendant il sera tousjours bon de prendre les secondes qu'on attrape en chemin.

L'auteur qui répond à mon argument contre l'étendue prise pour l'essence de la matière, m'accorde ce que je veux sans y penser : il avoue que l'étendue est indifférente au mouvement et au repos, et que pour expliquer l'inertie de la matière, il faut employer autre chose, scavoir la force. Je m'étonne souvent que des personnes d'esprit, et qui méprisent Aristote, s'éloignent tellement de la logique en raisonnant.

Mes baisemains surtout à M. Lantin.

FOUCHER A LEIBNIZ (1).

Paris, 12 mars 1693.

Je crois, monsieur, que vous serez content de ce que j'ai dit dans mon troisième livre des dissertations sur la philosophie des académiciens, au sujet du doute général qu'on leur attribüe vulgairement; car non seulement, j'ai prouvé dans ce livre que les académiciens n'ont pas douté de toutes choses, mais encore qu'ils avoient des dogmes; et c'est ce que j'ai montré par le témoignage de Philon, duquel Cicéron parle ainsi : « Negarat duas academias esse, erro- » remque eorum qui ita putarunt coarguit. » C'est encore ce que j'ai montré par un fragment de Clitomaque, où il est dit que l'on se trompe d'attribuer aux académiciens d'avoir douté des sensations : « Vehementer errare eos qui dicunt ab academicis » sensus eripi, a quibus nusquam dictum sit, aut colo- » rem, aut saporem, aut sonum nullum esse : sed, etc. » Outre cela, on voit aussi par le même fragment que les académiciens ne doutoient point de ce qui étoit

---

(1) Un extrait de cette lettre a paru dans le *Journal des savants*, 16 mars 1693, et a été réimprimé dans Dutens, t. II, p. 1, p. 240. Outre les variantes du commencement, toute la fin de cette lettre, à partir des mots : « Voilà, monsieur, ce que j'ay donné pour in- » sérer dans le *Journal des savants*, » est inédite.

connu immédiatement ou aperceu par lui-même : *Propterea quod nihil falsi cognitum et perceptum esse possit*. D'où il s'ensuit que ce qui est connu immédiatement ou aperçu est toujours vrai, et ne doit point être révoqué en doute; et c'est ce que ces philosophes ont reconnu.

Outre cela j'ai fait voir que les académiciens n'ayant rien écrit, on en juge vulgairement sur le rapport de leurs adversaires, qui étoient les stoiciens, qui avoient coutume de dire que ces philosophes renversoient toutes les sciences en refusant le témoignage des sens, pour juger de la vérité des choses qui sont hors de nous.

Quant à ce qui regarde cet axiome, *Natura non agit saltatim*, je vous avoüe, monsieur, que j'aurois eu peine à concevoir là dessus votre sentiment s'il ne m'étoit tombé entre les mains deux traités, l'un *De motu abstracto*, et l'autre *De motu concreto*, que vous avez adressés aux deux plus fameuses académies de l'Europe. Il n'est pas nécessaire de vous dire ici combien j'estime ces traités, et quel a été le plaisir que j'ai eu d'y voir en très peu d'étendue de riches explications des plus considérables phénomènes de la nature. Mais cependant j'avoüe que je ne comprends pas comment vous admettez des divisibles et des indivisibles tout ensemble : car cela redouble la difficulté et ne résout point la question. En effet, pour ajuster les parties du tems avec celles de l'espace que les mobiles parcourent, il faut que l'indivisibilité ou la divisibilité se rencontrent de part et d'autre. Car si un instant, par exemple, étant supposé indivisible, correspond néanmoins à un point qui peut être divisé, la première partie de ce point sera parcourue lorsque l'instant ne sera encore passé qu'à demi; et cela posé, il faudra bien que cet instant soit divisible, puisqu'il sera passé à moitié, avant que son autre partie le soit. La même chose se dira au sujet d'un point indivisible par rapport à un instant qui peut être partagé. Mais d'autre part, si l'on suppose que les points et les instants soient également indivisibles on ne pourra résoudre la difficulté des sceptiques, ni montrer comment Achille pourrait aller plus vite qu'une tortue.

Les instants et les points sont divisibles en puissance, dira-t-on; mais ils ne sont pas actuellement divisés en toutes leurs parties possibles; et cela posé, en un même instant, un grand point et un petit sont parcourus. Je le veux; mais cela étant ainsi, la nature agira par saut : car il se fera un transport momentané d'une extrémité d'un point à l'autre. Et cela est contraire à votre axiome, bien loin de résoudre la difficulté.

Cet autre axiome, *Extrema in idem recidunt*, n'empêche pas que l'on reconnoisse l'existence de l'infini actuel ; mais seulement il peut servir à conclure que cet infini est incompréhensible à l'esprit humain, et que nous n'en avons point d'idées positives, non plus que du néant. Ces deux extrémités nous passent ; et ce n'est pas sans raison que Platon a dit que le philosophe se perd dans la contemplation de l'Etre, de même que le sophiste dans celle du néant, l'un étant ébloui de la trop grande lumière de son objet, et l'autre étant aveuglé par les ténèbres du sien. C'est suivant cette pensée qu'on lit dans le livre qui est attribué à saint Denis, que l'être souverain est au-dessus de toute conception humaine ; et cela revient à ces paroles de saint Paul : *Lucem habitat inaccessibilem.* Avec tout cela nous nous sommes toujours obligé de recourir à l'être infini, non seulement pour trouver la cause des prodiges et des miracles, mais encore, vous le reconnoissez fort bien, pour rendre raison des loix du mouvement et des actions réciproques des esprits sur les corps, aussi bien que des corps sur les esprits. Et après tout comment seroit-il possible qu'aucune chose existât, si l'être même, *ipsum esse*, n'avoit l'existence. Mais bien au contraire, ne pourroit-on pas dire avec beaucoup plus de raison, qu'il n'y a que lui qui existe véritablement, les êtres particuliers n'ayant rien de permanent ? *Semper generantur et numquam sunt.*

Voilà, monsieur, ce que j'ai cru devoir vous répondre en peu de mots au sujet des axiomes dont je viens de parler. Pour ce qui est d'en établir quelques uns par avance, avant que de travailler à la philosophie des académiciens, c'est une chose dont vous trouverez bon que je me dispense, si vous ne considérez que ce n'étoit point là leur méthode. Ils traitoient des questions par ordre, et suivoient toujours le fil des vérités par lequel ils se conduisoient pour sortir du labyrinthe de l'ignorance humaine.

Voilà, monsieur, ce que j'ay donné pour insérer dans le journal des scavans. Je crois que vous n'en seriez point fâché, car quoyque je dise que la difficulté ne m'en paroisse pas être résolue, ce n'est que pour vous donner l'idée de s'expliquer davantage. Je n'ay point encore vu votre dynamique. On m'a dit qu'elle estoit enfermée parmi les papiers de M. Thévenot, sous le scellé. M. l'abbé du Hamel me fait voir une espèce de mémoire où vous parlez des tors des principes du mouvement par raport au sentimens du P. Malebranche et de M. l'abbé Catelan. Vous m'aviez dit dans cet écrit, que l'on doit recourir à la sagesse éternelle, c'est une chose dont je demeure d'accord avec vous, car je crois aussi que toutes choses ont été faittes et le sont actuellement par le Verbe divin. Vous aurez fort bien raporté un trait de Platon, et à mon gré vous l'avez fort bien tourné : *An potest aliquid exire a fonte Platonico quod non sit divinum ;* c'est ce que je dis avec saint Augustin et je voudrois dire de moy mesme : *An potest exire aliquid a fonte Leibnizio quod non sit præclarum.* J'ay rendu vostre lettre à M. le président Cousin, qui a corrigé dans un de ses journaux ce que vous avez souhaité qu'il corrigeast. Je croyois faire un voyage en province, quand je vous ay écrit ma dernière lettre. C'est pour cela que je vous ay prié d'envoyer vostre réponse à M. Pelisson ou à M. l'abbé Galois. Je suis fâché de la mort de M. Pelisson. J'aurois envie de le connoistre à cause de vous. M. le conseiller Lantin est toujours bien aise d'apprendre vos nouvelles, et il redouble tous les jours l'estime qu'il a pour vous. Je voudrois bien que nous nous vissions quelque jour ensemble comme nous nous sommes vus luy et moy avec le P. de Malbranche. M. l'abbé Bignon a commencé d'establir une nouvelle Académie, nommée l'Académie des arts. On en espère un grand succès. Il y a le mesme apointement qu'à l'Académie des sciences. C'étoit là le dessein de M. de Colbert. On nommoit aussi au commencement l'Académie de la bibliothèque du roy, Académie des sciences et des arts. Il seroit à propos que ces deux Académies fussent réunies, car ceux qui sont bons pour l'exécution et sont grands autheurs, ne sont pas quelquefois ceux qui inventent le plus facilement. Il faut joindre la théorie à la pratique. Je ne scais, monsieur, si vous avez fait réflection sur les trois axiomes que j'ay prononcez dans mon Apologie des académiciens. Je les ay prouvez ou demontrez par avance comme par estat, parce que ces axiomes sont des ouvertures pour entrer dans la philosophie des Académies. Le premier est : *Judicium veritatis non est in sensibus;* le second : *Non opinaturum esse sapientem ;* le troisième : *Verba non dant conceptus sed supponunt.* Je crois que vous en conviendrez avec moy, et si les sens nous font connoistre quelque vérité, ce n'est que de la part de nos dispositions intérieures ou façons d'estre touchant quoy ils ne nous trompent jamais, car comme dit Clitomaque : *Nihil percepti cognitique falsum esse potest*, ce qui doit s'entendre pour [une connoissance immédiate], car quand on connoist par quelque milieu on peut se tromper et à proprement parler on ne connoist pas mais on conjecture ; et l'on infère. Je vous prie de me conserver l'honneur de vostre amitié. J'ai bien sujet de louer l'honesteté de

M. de Brosseau et il me fera la faveur de me rendre la vostre.

Je suis, Monsieur, votre très humble et très obéissant serviteur,   Foucher.

Au dos de cette lettre est écrit de la main de Leibniz.

Extrait de ma réponse.

Je suis bien aise que vous approuvés ce que j'ay dit de la sagesse divine : j'ay trouvé que bien loin de négliger les causes finales en physique, on les peut employer utilement et faire des découvertes. Et c'est par là que je rends raison dans les Actes de Lypsick des loix de la réfraction et réflexion, ce qu'un Anglois nommé Molineux (1) a fort approuvé dans un ouvrage publié depuis peu sur la dioptrique. Ce n'est pas qu'il ne vaudroit mieux d'en scavoir la cause efficiente, mais il est plus difficile de la pénétrer.

Vos trois axiomes me paroissent bons pourveu qu'on les entende comme il faut. On peut douter s'il est vray : *Non opinaturum esse sapientem.* Mais je crois que le sens est qu'on ne doit pas prendre

---

(1) William Molyneux, de Dublin (1656-1698), *Dioptrica nova*, Lond. 1692.

une opinion pour des vérités. Car du reste on a raison d'estimer les degrés de probabilité et de suivre en pratique ce qui a le plus d'apparence de raison : *Judicium veritatis non est in sensibus* doit encor estre bien entendu ; il est vray que nous avons des sentimens, mais les sens seuls ne scauroient faire connoistre l'existence des choses hors de nous. Le troisième axiome paroist sans difficulté ; néanmoins il a encor besoin d'explication : *Verba non dant conceptus, sed supponunt.* C'est à peu près comme dans les caractères des nombres, ils nous donnent moyen de trouver ce que nous ne trouverions pas sans eux. Mais il est vray qu'il faut toujours supposer leur signification.

FOUCHER A LEIBNIZ (1).

De Paris, le 30 mars 1693.

Monsieur,

Une de vos lettres que vous m'aviez écrite a esté perduë, et c'est celle que vous aviez addressée à feu M. Pelisson. J'ay pourtant vu un fragment entre les mains de M. l'abbé du Hamel (2), où vous rap-

(1) Inédit. L'original autographe est conservé dans la bibliothèque de Hannover.

(2) Jean-Baptiste du Hamel, de Vire (1624+1706), de l'Oratoire, membre de l'Académie des sciences, *De consensu veteris et novæ philosophiæ*, lib. VI. Paris, 1663, in-4.

portez un trait de Socrate, tiré de Platon, et où vous répondez au P. Malebranche et à M. l'abbé Catelan. Vos deux petites pièces ont esté insérées dans le journal, sçavoir celle que vous avez envoyée à M. l'abbé Nicaise (1), lequel m'a écrit de Dijon, me priant d'en parler à M. le président Cousin, ce que j'ay fait, et elle a esté insérée dans un journal après avoir esté gardée six mois. Cette pièce contient vostre jugement des ouvrages de M. Des Cartes. Vous m'en avez écrit une encor dans vostre dernière, et je suis bien aise de ce qu'elle n'a point esté perduë. Je vous ay répondu dans le journal du 17 mars de cette année, sur vos axiomes de physique et sur le doute universel qu'on attribue faussement aux académiciens. Si vous souhaitez me répondre là-dessus et faire mettre vostre réponse dans le journal, je vous offre pour cela mon service. Cela se fera fidèlement. Je voudrois avancer ma philosophie des académiciens, mais le tems est peu favorable aux libraires, à cause qu'ils ne scauroient avoir commerce dans les pays étrangers. Au reste la philosophie, qui est asseurément le genre d'étude le plus important et le meilleur, n'a pas tant d'aprobateurs

(1) Claude Nicaise, de Dijon (1623—1701). Voy. *Fragments* de M. Cousin, 18 lettres de Leibniz et de l'abbé Nicaise. M. Cousin en a omis quelques unes qui forment le complément de cette correspondance.

en cette ville que les belles-lettres et la polimatie. Les *Meniagiana* viennent de paroistre, et on en espère bientôt un second volume. Quand vous me faites l'honneur de m'écrire, monsieur, écrivez je vous prie à vostre manière ordinaire, car je lis fort bien vostre écriture, laquelle enferme beaucoup en peu de place; je l'aime mieux que de gros caractères en lettres d'or. Je n'ay point encor vu la critique de la vie de M. Des Cartes, écrite par M. Baillet. Je crois que vous avez lu le livre de M. d'Avranches, intitulé *Mémoires pour servir à l'histoire du Cartésianisme* (1). C'est un dialogue addressé à M. Regis; il ne contient que cinq feuilles au plus assurément. Il est écrit d'une manière adroite et pleine d'esprit; mais je ne voudrois pas qu'elle tournasse la philosophie en ridicule, et je ne pense pas que l'auteur regarde autrement ce livre que comme un roman ingénieux. On en pourroit faire une infinité de cette manière, et pour dire vray, il n'y a rien qu'on ne puisse tourner en ridicule parce que dans le monde il y a des esprits de toutes sortes de caractères. Vous vous accordez assez avec M. d'Avranches au sujet des ouvrages de M. Des Cartes, et je demeure d'accord avec vous que

---

(1) *Nouveaux mémoires pour servir à l'histoire du Cartésianisme*, 1692, brochure in-16 publiée avec les initiales pseudonymes M. G. de l'A.

sa métaphysique se contredit, et néanmoins j'avoue avec vous et avec plusieurs personnes d'esprit qu'on est obligé à ce grand homme de ce qu'il a mis les esprits en meilleur train qu'ils n'estoient pour philosopher.

Je suis, monsieur, votre très humble et très obéissant serviteur, FOUCHER.

Je n'ay point vostre Dynamique. Il vaut mieux envoyer des imprimés que des manuscrits, car les imprimez se peuvent communiquer à plusieurs personnes et sont deffendus par quelques uns.

FOUCHER A LEIBNIZ (1).

De Paris, le 28 avril 1693.

Je vous suis fort obligé de ce que vous vous souvenez de moy, nonobstant le silence que j'ay gardé si longtemps. La mort de M. le conseiller Lantin, nostre ami, est assurément une grande perte pour les gens de lettres, et surtout pour les *philosophes*. Il vous estimoit extrêmement et avecque raison. Jamais je n'ay vu une plus grande érudition que la

(1) Inédit. L'original autographe est conservé dans la bibliothèque de Hannover.

sienne, et en même tems une science plus profonde ; croyez-moi, monsieur, sur ce sujet, car j'ay pénétré ses sentimens plus que personne, et il avoit la bonté de s'ouvrir à moy entièrement, en découvrant les plus grands sens de son esprit. Il avoit trouvé l'art de scavoir une infinité de choses de divers genres sans les confondre, et avec tout cela il avoit une grande piété et profond respect de la Divinité, quoyqu'il n'affectât point de mettre ces dispositions d'esprit en évidence comme font les hypocrites ; il avoit encor beaucoup d'honnesteté et de générosité. Je suis fâché de ne m'estre point entretenu avec luy par lettres, la dernière année de sa vie. Il se proposoit l'accomplissement de deux ouvrages, scavoir de l'histoire du plaisir et de la doulleur, dont je vous ay entretenu en quelques lettres, et de ses remarques sur Diogène Laerce, touchant la vie et les dogmes des philosophes ; il appelait ce dernier son spicilegium, et assurément il nous auroit donné des remarques plus considérables que beaucoup d'autres autheurs qui se sont mellés d'écrire touchant les sentiments des philosophes qu'ils n'entendoient pas assez ; il m'a écrit qu'il travailloit à mettre ces remarques au net. Je ne scais ce qui en sera de la part de messieurs ses héritiers, mais je scais bien que vous aviez raison de dire qu'il nous devoit donner *Lantiniana* de son vivant. Les ouvrages posthumes ne vallent pas grand chose, et j'ay une joie extrême de ce que vous me témoignez que vous alez donner votre système de la concomitance. Tout ce qui viendra d'une personne aussi habile que vous, monsieur, ne peut qu'être fort utile au public. Vous m'en avez écrit quelque chose il y a environ quatre ans; mais la matière demande de l'éclaircissement et j'en attends avec plaisir, pourvu que vous ne tardiez pas à tenir vostre promesse. Mes méditations continuent toujours et l'esprit travaille sans cesse sans se reposer; mais néanmoins je ne compose pas n'estant point asseuré de faire imprimer en ce tems, où le commerce de livres est suspendu. D'ailleurs, les livres de philosophie ne sont pas recherchés par les libraires : ils veulent des matières du goust comme ils veulent des plaisanteries, et des histoires leur plairoient beaucoup plus que les plus profondes et plus solides méditations. C'est pour ce sujet, et pour quelques autres raisons encore, que les plus habiles de l'antiquité ne nous ont donné que ce qu'ils avoient de moindre et qu'ils ont emporté avec eux leurs plus excellentes connoissances. La censure de M. d'Avranches a esté imprimée pour la seconde fois. Nous avons à cette heure peu de philosophes et je ne connois presque que des gens intéressez les uns pour Des Cartes, et les autres contre ce mesme philosophe. L'esprit est naturellement volage, et parce qu'on n'estime point assez les vérités évidentes on se plonge volontiers dans des sentimens peu solides et maime contraires entr'eux. Cependant *oportet constare sibi*. Le P. Malbranche a asseurément l'esprit bon et pénétrant, mais il est embarrassé dans son système des idées, qui ne sont pas des façons d'estre de nostre âme et sont hors de nous, et quand on luy demande comment il faut concevoir que nous ayons des perceptions de ces idées, qu'il veut estre hors de nous, il répond qu'il ne comprend pas comment cela se fait et qu'il ne pense pas qu'on le puisse jamais comprendre ; mais il entre par là dans un profond pyrronisme.

Je suis, monsieur,

Votre très humble et très obéissant serviteur,
FOUCHER.

Extrait de la réponse de Leibniz (1).

Le R. P. de Malebranche considérant les idées comme l'objet immédiat externe de nos pensées, il

(1) Cet extrait est écrit de la main de Leibniz sur la première feuille de la lettre de Foucher. Leibniz, quand il ne conservait pas

est vray qu'on ne les scauroit mettre qu'en Dieu, puisqu'il n'y a que Dieu qui puisse agir sur nous immédiatement. Mais puisque tout vient de Dieu comme de la cause générale, je crois que pour expliquer le détail des causes secondes, il n'est pas nécessaire de le faire entrer et qu'ainsi il suffit de monstrer comment nous trouvons en nous les objets immédiats de toutes nos connoissances. Cependant mon opinion ne renverse point ce qu'il y a de bon dans la sienne, qui sert meme à donner des réflexions propres à nourrir la piété suivant l'ancienne philosophie des Orientaux, qui attribue tout à Dieu, ce qui n'est pas à mépriser quand on l'entend bien.

FOUCHER A LEIBNIZ (1).

De Paris, le 15 juillet 1693.

Je vous réponds, Monsieur, positivement et par avance puisque vous le souhaités. Il y a cinq jours que j'ay receu vostre dernière. 1° J'ay donné vostre

la minute de ses lettres, avait soin d'en extraire ainsi la pensée principale, et de la mettre, soit au commencement, soit à la fin de la lettre qui demandait une réponse.

(1) Inédit. L'original autographe est conservé dans la bibliothèque de Hannover.

réponse à M. le président Cousin. 2° Il a mis dans le journal du 2 de juin 1692, un extrait de la lettre que vous m'avez fait l'honneur de m'écrire. 3° J'ay fait répondre à cette lettre, dans laquelle il est parlé des axiomes que vous scavez : *Natura non agit saltatim*, et *Extrema in idem recidunt*. Laquelle réponse est insérée dans le journal du 16 mars 1693 ; de sorte que la pièce que vous m'avez envoyée vous tiendra lieu de réplique. 4° Je crois que vous aurez vu l'extrait de M. l'abbé Nicaise, qui contient vostre jugement sur les ouvrages de Des Cartes, il est inséré dans un journal de cette année. 5° La pièce que vous avez envoyée à M. Pelisson a esté insérée aussi dans le 1ᵉʳ journal de janvier 1693. Toutes ces pièces, comme je pense, Monsieur, ne vous doivent point inquiéter, car elles ne vous font point deshonneur. Vostre mechanique ou dynamique a esté mise de la part de Messieurs de l'Académie, entre les mains de M. de Varignon, lequel a écrit son sentiment sur vostre ouvrage, et ne le fera point imprimer sans vous l'avoir fait scavoir à ce que me dit M. l'abbé Galois, lequel est toujours disposé à mettre dans ses mémoires les pièces qu'il vous plaira de luy envoyer. Il faut, si vous le trouvez bon, les addresser à Messieurs de l'Académie, et les réduire en forme de lettre. Je les donneray à M. l'abbé Galois, et auray

soing qu'elles soient dans les mémoires de l'Académie.
Vous me mandez que vous m'envoyez une ou deux
fois vostre réponse par le journal. Mais, je ne l'ay
reçue que cette seule fois. M. l'abbé Galois a receu
vostre lettre de M. Pelisson. M. Lantin s'est défait
de sa charge et la remet à son fils. Il travaille présentement à faire les remarques sur Diogène Laerte ;
il les nomme son *Spicilegium*. Il travaillera après
à son histoire du Plaisir et de la Douleur, mais il
me mande qu'il doute fort si vous approuverez son
dessein. Il écrira à la manière du chancelier Bacon,
par observations, histoires et remarques. Je suis
fort de vostre avis, Monsieur, qu'il seroit à souhaiter
qu'il nous donnast de son vivant un Lantinian. Ce
seroit l'un des bons livres que l'on pourroit avoir. Car
il a fait d'excellentes réflections sur diverses choses.
Il voudroit bien aussi luy et moi que vous en fissiez
de mesme quelque jour. Pour éviter les transitions
et la gehenne des divisions de matières, le plus court
est de dire tout franc ce que l'on pense sans autre
ajustement ; mais souvent la prudence ne le permet
pas. Je m'empresseray de vous communiquer ce
qui luy reste des mémoires de feu M. de Saumaise
et de M. de la Marre. Vous aurez bientôt, comme
j'espère, un quatrième livre de Dissertations sur la
philosophie des académiciens. Il y sera traitté des

premières notions, le tout dans l'estendue de deux feuilles en petit-romain. Je vous enverrois volontiers les mémoires de M. d'Avranches sur l'histoire des cartésiens. Quatrièmement, je n'en say qu'un exemplaire dont l'auteur m'a fait présent. S'il estoit à Paris, je luy en demanderois un pour vous. La vie du cardinal Ximènes est imprimée et on commence de l'exposer en vente. Il y en a deux de deux auteurs qui paroissent en même tems. Celle d'Avrillon a esté faitte par M. l'evesque de Nismes, et l'autre par un chanoine d'Usez. Votre projet, *Codex juris gentium diplomaticus*, a esté inséré dans le journal. Je vous ay donné la connoissance de M. Bulteau, secretaire du roy, très habile en histoire. Il m'apprend qu'il vous écrivoit. Je donneray cette lettre à M. Brosseau, qui m'a fait la faveur de m'envoyer les vostre et la dernière nouvellement.

Je suis, Monsieur,

Vostre très humble et très obéissant serviteur,

Foucher.

J'auray l'honneur de voir M. de Laloubere (1), et tacheray de le connoistre. Je le priray de vous faire réponse.

(1) Antoine de la Loubère (1600—1664), géomètre, *Traité de la mon. des vaisseaux*. Paris, 1731.

LEIBNIZ A FOUCHER (1).

8 août 1693.

On doit être bien aise, monsieur, que vous donniez un sens raisonnable aux doutes des académiciens. C'est la meilleure appologie que vous pouviez faire pour eux. Je serai ravi de voir un jour leurs sentimens digérés et éclaircis par vos soins. Mais vous serez obligé, de tems en tems, de leur prêter quelques rayons de vos lumières comme vous avez commencé.

Il est vrai que j'avois fait deux petits discours il y a vingt ans (2), l'un de la théorie du mouvement abstrait, où je l'avois considéré hors du système comme si c'étoit une chose purement mathématique; l'autre de l'hypothèse du mouvement concret et systématique, tel qu'il se rencontre effectivement dans la nature. Ils peuvent avoir quelque chose de bon puisque vous le jugez ainsi, monsieur, avec d'autres. Cependant il y a plusieurs endroits sur lesquels je

---

(1) Cette lettre, en réponse à celle de Foucher insérée en partie dans le *Journal des savants* du 16 mars, figure elle-même dans le journal du 3 août 1693, et dans *Opera*, édit. Dutens, t. II, p. 1, 242. Elle est indispensable pour l'intelligence et la liaison des lettres qui précèdent et qui suivent.

(2) Mogunt, 1671. — *Leibn. opera*, édit. Dutens, t. II, p. 2, p. 4-48.

crois être mieux instruit présentement; èt entre autres, je m'explique tout autrement aujourd'hui sur les indivisibles. C'était l'essai d'un jeune homme qui n'avoit pas encore approfondi les mathématiques. Les loix du mouvement abstrait que j'avois données alors devroient avoir lieu effectivement, si dans le corps il n'y avoit autre chose que ce que l'on y conçoit selon Des Cartes, et même selon Gassendi. Mais comme j'ai trouvé que la nature en use tout autrement à l'égard du mouvement, c'est un de mes argumens contre la notion reçue de la nature du corps, comme j'ai indiqué dans le journal des savans du second juin 1692.

Quand aux indivisibles, lorsqu'on entend par là les simples extrémités du tems ou de la ligne, on n'y sauroit concevoir de nouvelles extrémités, ni des parties actuelles ni potentielles. Ainsi les points ne sont ni gros ni petits, et il ne faut point de saut pour les passer. Cependant le continu, quoiqu'il ait partout de tels indivisibles, n'en est point composé, comme il semble que les objections de sceptiques le supposent, qui à mon avis n'ont rien d'insurmontable, comme on trouvera en les rédigeant en forme. Le père Grégoire, de Saint-Vincent (1), a

---

(1) Grégoire de Saint-Vincent de Bruges (1584—1667), *Opus geometricum quadraturæ circuli*, etc. Antr., 1647, in-fol.

fort bien montré par le calcul même de la divisibilité à l'infini, l'endroit où Achille doit attraper la tortuë qui le devance, selon la proportion des vitesses. Ainsi la géométrie sert à dissiper ces difficultés apparentes.

Je suis tellement pour l'infini actuel, qu'au lieu d'admettre que la nature l'abhorre, comme l'on dit vulgairement, je tiens qu'elle l'affecte partout, pour mieux marquer les perfections de son auteur. Ainsi je crois qu'il n'y a aucune partie de la matière qui ne soit, je ne dis pas divisible, mais actuellement divisée ; et, par conséquent, la moindre particelle doit être considérée comme un monde plein d'une infinité de créatures différentes.

LEIBNIZ A FOUCHER (1).

6 ou 16 avril 1695.

MONSIEUR,

J'ay dû juger par la dernière que j'ay recue de vous, il y a longtemps, que vous vouliés suspendre notre commerce à cause de la guerre. Et c'est pour cela que je n'ay point voulu vous importuner. Cependant je ne crois pas que vous ayiez voulu le quit-

(1) Inédit. L'original autographe est conservé dans la bibliothèque de Hannover.

ter entièrement, car plusieurs autres m'écrivent nonobstant cette guerre où la philosophie ne prend aucun intérêt. Et c'est ce qui fait que je vous écris celle-cy pour m'informer de vostre santé, et pour vous dire que la mienne, depuis quelque temps, n'est pas des mieux affermies. C'est ce qui me fait penser à publier quelques pensées, et entre autres mon système sur la communication des substances et l'union de l'âme avec le corps, dont je vous ay mandé quelque chose autres fois. Je crois que c'est le seul qui puisse fournir une explication intelligible et fay recourir à la toute puissance de Dieu. Je seray bien aise que des personnes judicieuses y fassent des réflexions, et j'en attends surtout de vous, qui pourront servir à donner des lumières. On pourra adjouter peut-estre ce que M. Arnaud m'avoit objecté et ce que je lui ay répondu. Et peut-estre aussi le R. P. de Malebranche ne nous refusera pas aussi ses lumières là-dessus. J'apprends la mort de M. Lantin. Cependant j'espère qu'il nous aura laissé de belles choses dont le public pourra encor jouir un jour. Et je vous supplie de m'en donner des nouvelles.

Un professeur célèbre à Leide, nommé M. Volder (1), ayant publié, sur la fin de l'année passée,

(1) Volder, chargé par Hugens d'avoir soin de ses manuscrits. Voy. *Comm. epist. Leibnitii et Bernoulli*, p. 98.

une réponse à la critique de Mgr l'évêque d'Avranches, un amy qui me la porta me pria de luy en dire mon sentiment; en la lisant je fis des remarques, car il me sembloit qu'il ne satisfaisoit pas assés. Un jour cela se pourra joindre à d'autres animadversions sur la philosophie de M. Des Cartes, que j'ay faites, surtout si l'on songeoit encor à une nouvelle édition de la censure de M. d'Avranches.

Vous aurez la bonté, monsieur, de m'honorer bientost de vostre réponse, afin que je sois au moins asseuré de vostre bon estat, et du progrès de vos méditations.

La perte de M. Tévenot, de M. Pélisson, de M. Menage, de M. l'abbé Boisot (1), de M. Lantin, me paroist faire quelque tort, non seulement à la France, mais encor à nostre siècle, car je ne vois pas qu'assez de jeunes gens se mettent sur les rangs pour remplir le vuide. Et je ne scay pas ce qu'on se deuvra figurer du siècle dont nous ne sommes guère plus éloignés. Si vous me pouvés faire connoistre des personnes dont on puisse espérer qu'ils en feront l'ornement, je vous en auray de l'obligation, et je suis avec zèle, monsieur, vostre très humble et très obéissant serviteur, LEIBNIZ.

---

(1) Boisot (1638—1694), savant compilateur des mémoires de Granvelle.

LEIBNIZ A FOUCHER (1).

5-16 juillet 1695.

Vous aurés vu que tout mon système, fondé sur la considération de l'unité réelle qui est indestructible et *sui juris*, et dont chacune exprime l'univers tout entier d'une manière qui luy est particulière, et cela par les loix de sa propre nature sans recevoir de l'influence de dehors, excepté celle de Dieu qui la fait subsister depuis qu'il l'a crée par un renouvellement continuel. Si M. Lantin vivoit, je crois qu'il prendroit un plaisir particulier dans ces considérations, comme on peut juger par une lettre qu'il m'écrivit il y a vingt ans ou environ, jugeant dès lors que mes méditations dynamiques *De conatu* pourroient éclaircir encor les matières de métaphysique. Si le public reçoit bien ces méditations, on m'encouragera à donner encor des pensées assez singulières que j'ay pour lever les difficultés *de fato et contingenti*, et pour éclaircir une différence essentielle qu'on peut concevoir entre les formes matérielles et les intelligences ou esprits. Ce qu'on trouvera d'autant plus curieux, que les mathématiques

---

(1) Inédit. Leibniz a écrit de sa main sur la première feuille : « Extrait de ma lettre à M. l'abbé Foucher. »

y serviront merveilleusement, en sorte que sans en avoir quelque teinture, il seroit difficile de s'en aviser.

FOUCHER A LEIBNIZ (1).

Quoique votre système, monsieur, ne soit pas nouveau pour moi, et que je vous aye déclaré en partie mon sentiment, en répondant à une lettre que vous m'aviez écrite sur ce sujet il y a plus de dix ans, je ne laisserai pas de vous dire encore ici ce que j'en pense, puisque vous m'y invitez de nouveau.

La première partie ne tend qu'à faire reconnoistre dans toutes les substances des unités qui constituent leurs réalités, et les distinguant des autres, forment, pour parler à la manière de l'école, leur individuation ; et c'est ce que vous remarquez premièrement au sujet de la matière ou de l'étendüe. Je demeure d'accord avec vous, qu'on a raison de demander des unités qui fassent la composition, et la réalité de l'étendüe. Car sans cela, comme vous remarquez fort bien, une étendue toujours divisible n'est qu'un com-

---

(1) Communiqué au *Journal des savants*, et suivi d'éclaircissements que nous croyons inutile de donner parce qu'ils se trouvent dans le *Journal des savants*, A. 1696, et dans Dutens, t. II, p. 1.

posé chimérique, dont les principes n'existent point, puisque sans unités il n'y a point de multitude véritablement. Cependant je m'étonne que l'on s'endorme sur cette question ; car les principes essentiels de l'étenduë ne scauroient exister réellement. En effet, des points sans parties ne peuvent être dans l'univers, et deux points joints ensemble ne forment aucune extension. Il est impossible qu'aucune longueur subsiste sans largeur, ni aucune superficie sans profondeur. Et il ne sert de rien d'aporter des points physiques, puisque ces points sont étendus et renferment toutes les difficultés que l'on voudroit éviter. Mais je ne m'arrêterai pas davantage sur ce sujet, sur lequel nous avons déjà disputé, vous et moi, dans les journaux du seizième mars 1693, et du troisième août de la même année.

Vous aportez d'autre part une autre sorte d'unités qui sont, à proprement parler, des unités de composition ou de relation, et qui regardent la perfection ou l'achèvement d'un tout, lequel est destiné à quelques fonctions, étant organique. Par exemple, un horloge est un, un animal est un ; et vous croyez donner le nom de formes substantielles aux unités naturelles des animaux et des plantes, en sorte que les unités fassent leur individuation, en les distinguant de tout autre composé. Il me semble que vous avez raison de donner aux animaux un principe d'individuation autre que celui qu'on a coutume de leur donner, qui n'est que par rapport à des accidens extérieurs. Effectivement il faut que ce principe soit interne, tant de la part de leur âme que de leur corps; mais quelque disposition qu'il puisse y avoir dans les organes de l'animal, cela ne suffit pas pour le rendre sensible ; car enfin tout cela ne regarde que la composition organique et machinale, et je ne vois pas que vous ayez raison par là de constituer un principe sensitif dans les bêtes, différent substantiellement de celui des hommes ; et après tout, ce n'est pas sans sujet que les cartésiens reconnoissent que si on admet un principe sensitif capable de distinguer le bien du mal dans les animaux, il est nécessaire aussi, par conséquent, d'y admettre de la raison, du discernement et du jugement. Ainsi, permettez-moi de vous dire, monsieur, que cela ne résout point non plus la difficulté.

Venons à votre concomitance, qui fait la principale, et la seconde partie de votre système. Or vous accordera que Dieu, ce grand artisan de l'univers, peut si bien ajuster toutes les parties organiques du corps d'un homme, qu'elles soient capables de produire tous les mouvemens que l'âme jointe à ce corps voudra produire dans le cours de la vie, sans qu'elle ait le pouvoir de changer ces mouvemens, ni de les modifier en aucune manière, et que réciproquement Dieu peut faire une construction dans l'âme (soit que ce soit une machine d'une nouvelle espèce ou non), par le moyen de laquelle toutes les pensées et modifications, qui correspondent à ces mouvemens, puissent naître successivement dans le même moment que le corps fera ses fonctions, et que cela n'est pas plus impossible que de faire que deux horloges s'accordent si bien, et agissent si conformément, que dans le moment que l'horloge A sonnera midi, l'horloge B le sonne aussi, en sorte que l'on s'imagine que les deux horloges ne soient conduits que par un même poids ou un même ressort. Mais après tout, à quoi peut servir tout ce grand artifice dans les substances, sinon pour faire croire que les unes agissent sur les autres, quoique cela ne soit pas? En vérité, il me semble que ce système n'est de guères plus avantageux que celui des cartésiens ; et si on a raison de rejetter le leur, parce qu'il suppose inutilement que Dieu considérant les mouvemens qu'il produit lui-même dans le corps, produit aussi dans l'âme des pensées qui correspondent à ces mouvemens; comme s'il n'étoit pas plus digne de lui de produire tout d'un coup les pensées et modifications de l'ame, sans qu'il y ait des corps qui lui servent comme de règle, et pour ainsi dire, lui aprennent ce qu'il doit faire; n'aura-t-on pas sujet de vous demander pourquoi Dieu ne se contente point de produire toutes les pensées et modifications de l'ame; soit qu'il le fasse immédiatement ou par artifice, comme vous voudriez, sans qu'il y ait des corps inutiles que l'esprit ne sçauroit ni remuer ni connoître? Jusques là, que quand il n'arriveroit aucun mouvement dans ces corps, l'ame ne laisseroit pas toujours de penser qu'il y en auroit; de même que ceux qui sont endormis croyent remuer leurs membres, et marcher, lorsque néanmoins ces membres sont en repos, ne se meuvent point du tout. Ainsi, pendant la veille, les ames demeureroient toujours persuadées que leurs corps se mouvroient suivant leurs volontés, quoique pourtant ces masses vaines et inutiles fussent dans l'inaction et demeurassent dans une continuelle létargie. En vérité, Monsieur, ne voit-on pas que ces opinions sont faites exprès, et que ces systèmes venant après coup, n'ont été fabriqués que pour sauver de certains principes dont on est prévenu? En effet, les cartésiens supposant qu'il n'y a rien de commun entre les substances spirituelles et les corporelles, ne peuvent expliquer comment les unes agissent sur les autres; et par conséquent, ils en sont réduits à dire ce qu'ils disent. Mais vous, Monsieur, qui pourriez vous en démêler par d'autres voyes, je m'étonne de ce que vous vous embarrassez de leurs difficultés. Car qui est-ce qui ne conçoit qu'une balance étant en équilibre et sans action, si on ajoute un poids nouveau à l'un des côtés, incontinent on voit du mouvement, et l'un des contrepoids fait monter l'autre, malgré l'effort qu'il fait pour descendre. Vous concevez que les êtres matériels sont capables d'effets et de mouvement ; et il s'ensuit fort naturellement que le plus grand effort doit surmonter le plus foible. D'autre part, vous reconnoissez aussi que les êtres spirituels peuvent faire des efforts, et comme il n'y a point d'effort qui ne suppose quelque résistance, il est nécessaire ou que cette résistance se trouve plus forte ou plus faible ; si plus forte, elle surmonte, si plus foible elle cède. Or, il n'est pas impossible que l'esprit faisant effort pour mouvoir le corps, le trouve muni d'un effort contraire qui lui résiste tantôt plus, tantôt moins, et cela suffit pour faire qu'il en soufre. C'est ainsi que saint Augustin explique de dessein formé dans ses livres de la musique l'action des esprits sur les corps.

Je sçai qu'il y a bien encore des questions à faire avant que d'avoir résolu toutes celles que l'on peut agiter depuis les premiers principes ; tant il est vrai que l'on doit observer les loix des académiciens, dont la seconde défend de mettre en question les choses que l'on voit bien ne pouvoir décider, comme sont presque toutes celles dont nous venons de parler ; non pas que ces questions soient absolument irrésolubles, mais parce qu'elles ne sont que dans un certain ordre, qui demande que les philosophes commencent à s'accorder pour la marque infaillible de la vérité, et s'assujétissent aux démonstrations depuis les premiers principes ; et en attendant, on peut toujours séparer ce que l'on conçoit clairement et suffisamment, des autres points ou sujets qui renferment quelque obscurité.

Voilà, Monsieur, ce que je puis dire présentement de votre système, sans parler des autres beaux sujets que vous y traitez par occasion, et qui mériteroient une discussion particulière (1).

(1) Cette lettre est la dernière de l'abbé Foucher ; sa mort vint interrompre cette correspondance. On trouvera, dans l'Appendice, quelques nouveaux détails sur l'abbé Foucher, et des notes inédites de Leibniz relatives aux sujets dont il est question dans ses lettres.

RÉFLEXIONS DE LEIBNIZ

SUR L'ART DE CONNAITRE LES HOMMES (1).

A MADAME L'ÉLECTRICE DE BRUNSWIC-LUNEBOURG.

MADAME,

Je me félicite beaucoup de m'être rencontré avec V. A. E. dans le jugement sur le *livre de l'art de connoître les hommes*, qui a paru depuis peu. Quoyque V. A. E. ne l'ait point dit, j'ai bien remarqué qu'elle n'a point trouvé en elle-même, ny dans les personnes qui luy appartiennent de près, les motifs d'agir que l'auteur attribue ordinairement aux actions humaines, qu'il fait presque toujours mauvais. V. A. E. a pratiqué une infinité de personnes distinguées, et n'a point remarqué que la malice soit si prédominante dans le genre humain qu'il y faille quasi conter les vertus pour rien. La condition humaine ne mérite pas d'être si ravalée, et ce n'est pas assés reconnoître la divine bonté envers nous que de nous représenter si mauvais et si misérables.

(1) Le livre de Jaques Esprit, intitulé *La fausseté des vertus humaines*, Paris, 1678, II, in-8, reparut en 1702, abrégé et avec ce nouveau titre : *L'art de connoistre les hommes*, par L. D. B. (Louis des Bans). C'est de l'édition de 1702 que Leibniz rend compte dans les pages qu'on va lire. Voy. l'introduction, 3ᵉ partie, *Morale*.

Mon expérience est petite en comparaison de celle de V. A. E. ; cependant je crois d'avoir rencontré des gens qui avoient un véritable fonds de droiture. Il est vrai que la vertu parfaite est rare, mais une éminente méchanceté ne l'est pas moins. C'est déjà une remarque de Machiavel, dont je compare le livre du *Prince* avec celui dont il s'agit, à qui je ne crois pas faire deshonneur par là. Machiavel ne peint qu'un méchant prince, et donne son portrait pour celuy du prince en général, et notre auteur de meme voulant faire connoître les hommes, ne donne que le caractère des méchans. Il dira peut-être que c'est le plus seur de les prendre pour tels. J'avoue que lorsqu'il s'agit de confier aux hommes quelque chose de fort important, on ne sauroit prendre trop de précautions. Mais hors de cela, tourner tout en mal, et cela tout de bon (ce qui est bien éloigné sans doute de l'humeur et de l'intention de notre excellent auteur et de ceux qui approuvent son livre), c'est faire des injustices et des jugemens téméraires, c'est empoisonner la société, c'est enseigner la méchanceté. En tout cas, il vaut mieux se tromper en excédant de l'autre côté et faire du bien aux ingrats et aux indignes que manquer aux devoirs de la charité et de la générosité. Le livre de notre auteur seroit une pièce merveilleuse, s'il y avoit tout autant de chapitres où la médaille fût tournée, et où il eût fait remarquer les bons motifs des mêmes actions. Il seroit capable de le faire, et il faudroit l'y exhorter. Je veux faire des petites remarques comme des échantillons pour faire connaître ce qui manque, et je voudrois qu'elles pussent contribuer au supplément que je souhaite.

Notre habile auteur excepte de la corruption les ames privilégiées ; c'est un compliment tout préparé pour ceux qu'on voudra flatter de cette élévation au-dessus des autres. Il met à part aussi le secours de la grâce. Voilà qui va bien ; car il ne s'agit pas icy de ce qui a rapport au spirituel, à la religion révélée, au royaume des cieux : on avoue que nos forces n'y peuvent rien. Mais quand il ne s'agit que de la morale et même de la religion naturelle, il faut reconnoître qu'il y a en nous des grands restes de l'image de Dieu. La nature en ce qu'elle a de bon est une grâce ordinaire de Dieu ; comme la grace acquise par Jésus-Christ est un surcroit extraordinaire de la nature. L'auteur fait la revue des quatre vertus cardinales et de celles qui en dépendent. Il commence par les premières et je l'y suivrai.

De la justice.

Les motifs de cultiver la justice qu'il trouve *dans*

les souverains sont une fierté, un désir ardent de régner, une politique rigoureuse contre tout ce qui peut causer du trouble. Dans les *magistrats*, une affectation d'une réputation singulière, un désir de s'élever. Dans les *particuliers*, la peur de choquer les gens, la crainte du châtiment, une apparence de probité qui rende respectable. Dans les *philosophes*, la vanité de se faire croire ce qu'on n'est pas. Mais n'est-il point possible et même naturel, qu'un homme trouve du plaisir dans le bon ordre parmy les hommes, comme on en trouve dans les ordres des colonnes d'architecture ; et qu'il trouve du déplaisir dans les violences, comme on en trouve dans les plaideurs qui choquent ? Pour peu qu'on ait de l'humanité, on compatit aisément aux maux des autres, et on se fait un plaisir à les en délivrer. Il n'est pas défendu d'y joindre les motifs de notre propre utilité. Mais il n'est pas nécessaire de s'y borner.

De la force.

On appelle *force* ce que j'aimerois mieux appeller *fortitude* avec les latins, c'est-à-dire la vertu des forts ; mais je dois apprendre de l'auteur les manières de bien parler, et je ne remarque cela que pour plus de clarté. Comment veut-on (dit-il) qu'un homme à qui on fait un affront, ait présentes à l'esprit les règles de la morale? Cette objection regarde tous les accidens impourveus. L'un a plus de présence d'esprit que l'autre. Un naturel heureux y peut beaucoup, et quand on s'est familiarisé avec les dangers, on acquiert une habitude qui corrige ou perfectionne le naturel. On s'emporte quelquefois (dit-il) lors même qu'on a préveu le danger de s'emporter, et pris des précautions pour s'en garder. Mais c'est qu'on oublie les belles résolutions qu'on a prises. Il y a pourtant des gens qui ne les oublient pas, et qui savent merveilleusement s'accommoder aux hommes et aux tems. La patience de Socrate (dit-on) étoit une ambition délicate. Il vouloit faire persuader qu'il avoit atteint la perfection de la raison. Mais n'étoit-ce pas déjà une grande force d'esprit de l'assujettir à cette belle ambition que je souhaiterois à tous les hommes. Je dis davantage, quand on aura appris à faire des actions louables par ambition, on les fera après par inclination; car on s'y plaira en effet, et on trouvera que la vertu est une belle chose. On dit que les souverains souffriront l'insolence d'un étourdi pour n'avoir pas la honte de s'emporter. Je dis que c'est un bon motif; ils trouvent que l'emportement est une chose laide pour eux et pour les autres. Mais ils voudront montrer (ajoute-t-on) qu'ils n'ont pas moins de pouvoir sur eux-mêmes que sur les peuples. Je trouve encor que c'est sagement fait, et qu'ils le montrent effectivement par ces démarches.

De la tempérance.

L'auteur *dit* qu'on surmonte les passions par d'autres passions. Mais pourquoy ne le feroit-on pas, pourquoy négligeroit-on de si grands aides? *Il ajoute* qu'on domte la gourmandise, qu'on fuit les lieux de débauche par l'amour de la vie et de la santé. Cet exemple n'est pas des mieux choisis pour marquer le combat d'une passion contre l'autre. L'amour de la vie et de la santé est de la plus pure raison. Il faut bien qu'on fuye quelques plaisirs par la considération d'un plus grand mal. *Il ajoute* qu'on est souvent réglé afin d'amasser du bien, et de vivre par après avec commodité. Mais y a-t-il rien de blâmable en cela? C'est un excellent motif d'être réglé afin de pouvoir toujours vivre avec ordre et règle. On a tort d'appeller cela avarice. Ceux qui sont tempérans par complexion en sont louables aussi. C'est un bon naturel pourvu que cette complexion n'aille pas dans un excès contraire.

De la prudence.

On *dit* qu'elle ne mérite pas nos éloges, parce

que la droiture y manque. Mais pourquoy veut-on qu'elle y manque toujours ? C'est (ajoute-t-on) qu'on n'aime pas la probité, mais l'honneur qu'elle nous fait. Je réponds, qu'on peut aimer l'un et l'autre, et que cela arrive bien souvent. Je dis même que l'amour de l'honneur a coutume d'exciter, de nourrir, d'augmenter l'amour de la probité ; et en concevant combien le vice est trouvé laid par les autres, on se dispose soy-même à le trouver laid. Plut à Dieu qu'on ne se trouvât pas si souvent avec les gens qui le trouvent beau, et qui le traitent de galanterie. Je n'entre point dans la digression contre les anciens philosophes quy se trouve icy, de peur de trop de répétition, car je veux être court. Je remarque seulement *qu'on blâme* ici les philosophes de ne s'être point apperçus que l'*amour-propre* s'est rendu maître du cœur de l'homme, et n'y souffre aucune action vertueuse qui ne lui soit utile. C'est donner un nom odieux à une bonne chose. L'*amour de soy même* est une passion très bonne et très pure, que l'auteur de la nature nous a donnée. Quand le règlement s'y mêle, il en vient ce qu'on appelle l'*amour-propre*. On ne sauroit rien vouloir que parce qu'il paroit, qu'il contribue à notre bien, soit en facilitant quelque plaisir, soit en s'opposant à quelque douleur. Tout plaisir est un sentiment de quelque perfection. Mais il y a quelques petites perfections qui attirent des imperfections incomparablement plus grandes. Les plaisirs les plus seurs sont ceux de l'esprit, qu'il trouve dans l'ordre, et par conséquent dans la vertu. L'amour d'autruy qui n'est point mercenaire, est le penchant de trouver du plaisir dans la félicité de ce qu'on aime. C'est ainsi que la félicité d'autruy entre dans la nôtre ; et quand il s'agit de la félicité de Dieu, c'est elle qui fait toute la nôtre. Il y a plusieurs années que j'ai expliqué cela dans la préface d'un livre sur le droit des gens, avant que les contestations sur le pur amour eussent fait tant de bruit. Or, lorsque ce n'est pas le plaisir mais l'utilité qui nous fait agir, il se peut dire qu'on agit par intérest ; mais cet intérest n'est point blâmable, et on n'est appellé *intéressé* que lorsqu'on préfère l'utile prétendu à l'honnête, c'est-à-dire aux plus purs plaisirs de l'esprit. Les actions vertueuses sont utiles, mais elles sont aussi agréables aux vertueux par elles-mêmes. Et c'est un grand bienfait de la Providence, d'avoir rendu la vertu belle et bonne en même tems. Cicéron, après les stoïciens, a dit des excellentes choses sur la concourance de l'honnête et de l'utile, et il a bien remarqué que si l'on envisageoit la vertu comme il faut, on seroit charmé de sa beauté. Il est vrai que les réflexions des anciens ne sont pas toutes également solides; mais il suffit qu'il y en a beaucoup qui le sont dans un degré éminent.

Des vertus qui ont du rapport à la justice.

L'auteur range les autres vertus sous les bandières des quatre vertus cardinales; et de la justice dépendent selon luy la probité, la reconnoissance, la fidélité du sujet, la fidélité du secret, la sincérité, la vertu officieuse, la bonté, l'humilité, la pudeur, la débonnaireté, l'indulgence, là pitié, l'amitié, l'honnêteté des femmes, le désintéressement, l'amour de la vérité. Je les veux parcourir, mais je ne veux point éplucher la *méthode* de l'auteur et *les notions* qu'il donne ou plutôt qu'il ne donne pas, des vertus dont il parle.

De la probité.

L'auteur dit qu'il est rare de voir des gens religieux à observer la probité en secret. Je reconnois que la véritable probité n'est pas aussi ordinaire qu'il seroit à souhaiter; mais elle n'est pas si rare aussi qu'on paroît l'insinuer. Un homme accoutumé aux bonnes actions ne se résoudra pas facilement à en faire de mauvaises. Mais j'avoue qu'il est rare qu'on ait une probité et généralement une vertu morale à l'épreuve des grandes tentations. Pour bien entendre ce point, parce qu'il est général, et regarde tout l'ouvrage de notre habile auteur, il faut distinguer divers principes des bonnes actions. On les fait ou par les principes de la *morale* ou par les principes *de piété*. Les *principes de la morale* sont deux, l'utilité et le plaisir. L'auteur n'allègue ordinairement que les motifs d'utilité, et ces motifs sont bons ; car il est raisonnable de pratiquer ce qui est utile ; mais ils ne sont pas assés bons pour rendre l'homme vertueux. Il faut pour cela le principe du déplaisir qu'on trouve dans le vice. Ce sont des motifs plus relevés que l'auteur ne touche guères. Cependant plus ce plaisir ou ce déplaisir est grand, plus on est vertueux intérieurement. Lorsque l'auteur reconnoit icy qu'on a les traîtres en abomination, il avoue luy-même tacitement, que les hommes sont portés naturellement à être choqués de ce vice, et à trouver la probité belle et agréable ; mais ce plaisir qu'on y trouve, s'il n'est que médiocre, est sujet à être surmonté par d'autres plaisirs plus grands, et même par l'espérance des plaisirs futurs, qu'une grande utilité présente qui s'offre, nous fait concevoir. Il en est de même d'une douleur présente, ou des craintes d'une douleur future, il est rare que le plaisir qu'on trouve dans la vertu soit assés grand pour surmonter des plaisirs vifs, des douleurs aiguës, et des espérances ou des craintes considérables. Il faut pour cela un excellent naturel, ou une vertu bien affermie. Mais comme aussi les grandes tentations ne sont pas fort ordinaires, il n'est pas si extraordinaire que les hommes agissent par des bons motifs. J'ajoute que le principe de l'honneur est un bon principe qui approche de plus près du principe de la véritable vertu. Car, comme j'ai déjà dit, en nous figurant que les autres trouvent une mauvaise action laide et une bonne action belle, nous sommes plus disposés à la trouver belle ou laide nous-mêmes ; en quoy consiste proprement le principe des actions vertueuses. Ainsi faire des bonnes actions pour se contenter par la satisfaction qu'on y trouve, c'est justement le motif de la vertu ; quoyque la subtilité de l'auteur aille jusqu'à le vouloir confondre avec l'orgueil.

Les motifs de la piété, si elle est véritable, sont encor plus efficaces, et quand on est bien pénétré des grandes vérités de la providence de Dieu et de l'immortalité de nos ames, on conte pour peu de chose les plaisirs, les honneurs et les utilités de cette vie, qui est si courte et si inégale. Le grand avenir est plus capable de toucher, et celuy qui connoit assés les perfections divines pour en être charmé, est parvenu à ce pur amour dont les motifs sont encor plus nobles que tous les motifs des craintes et des espérances futures de l'enfer et du paradis détachées de la possession de Dieu. C'est aussi ce qui rehausse et sanctifie la vertu, car j'ay déjà dit que le plaisir qu'on trouve dans les bonnes actions est le vray principe des actions vertueuses. Mais le plaisir qui se trouve dans la vertu ne sauroit devenir plus grand que lorsque c'est le plaisir qui se trouve dans la suprême vertu, c'est-à-dire dans les perfections divines : d'autant que le plaisir étant un sentiment de la perfection, il faut que la plus grande perfection donne le plus grand plaisir. Saint Augustin même a fait consister la nature de la grace dans le plaisir qu'elle fait sentir aux ames.

De la reconnoissance.

Je m'étonne que l'*auteur* va jusqu'à dire généralement, qu'il n'y a ny véritable générosité dans les bienfaiteurs, ny véritable reconnoissance dans ceux qu'on a obligés. Ce dogme et autres semblables, si le monde en étoit généralement persuadé, seroient capables d'éteindre les étincelles de la vertu, qui restent encor dans les ames. Pour justifier ce dogme étrange, on blâme le bienfaiteur qui tâche de rendre son présent pretieux et agréable, et moy je l'en loue. L'auteur tire avantage contre les bienfaiteurs de leur colère contre les ingrats; mais cette colère est des plus excusables, et il y a de la justice à poursuivre le châtiment de ce vilain vice, au moins par le mépris des honnêtes gens, puisque les loix n'accordent que rarement ce qui est appellé *actio ingrati*, et qui a lieu dans le droit romain contre un liberte et un donataire. Il y a des gens assés vains pour être fachés d'avoir de l'obligation à quelcun, et assés malins pour empoisonner la bonne intention de leur ami afin de se dégager de leur devoir. Mais les méchancetés ne sont pas si ordinaires, qu'il faille les mettre sur le comte du genre humain.

De la fidélité des sujets envers les princes.

L'*on veut* qu'elle n'est que l'espérance des bienfaits ou la crainte des supplices. Il me semble qu'on a tort de faire ce reproche aux peuples. Il y en a beaucoup qui sont fidèles par l'affection qu'ils ont pour leur prince et pour leur patrie. Si le désir de se conserver en repos s'y mêle, il n'y a rien à redire, la sécurité publique est le principe de l'obligation des sujets.

De la fidélité du secret.

L'auteur la croit fort rare. Il conçoit que les confidens des princes sont fort portés à employer les secrets qu'ils ont appris, à contenter la curiosité d'une dame oisive, ou à obliger un homme considérable. Avec tout cela il veut qu'ils prennent de bonnes précautions, et il reconnoit qu'il y en a de plus réservés; mais il attribue leur fidélité à des veues intéressées : comme s'il n'y avoit point aussi du plaisir à être ami fidèle.

De la sincérité.

On aime et on estime les personnes sincères, on leur confie les secrets, on les sert dans les occasions. J'en infère que les hommes qui aiment la sincérité, aiment la vertu. L'auteur en infère qu'on n'est sincère que par intérest. Mais cette vertu n'étant pas moins agréable qu'utile, pourquoy ces deux motifs ne pourroient ils pas y concourir.

De la vertu officieuse.

On parle icy des personnes qui possèdent les bonnes grâces des grands, et qui les employent à rendre service aux gens. Cette inclination est belle, et il n'est pas défendu à ceux qui l'ont de s'appercevoir de l'utilité qu'ils en retirent, qui est de diminuer l'envie qu'on leur porte et de s'attirer des bons offices réciproques. *Notre auteur* ne leur attribue que des motifs d'intérest, mais il *ajoute* qu'ils espèrent vainement ces effets de leur officiosité. En quoy il prend le contre-pied des ses raisonnemens ordinaires, où il rabaissoit la vertu par les veues du profit qui en revient. Cependant je crois qu'il auroit pu convenir que les personnes officieuses le plus souvent n'ont point sujet de s'en repentir. Pourquoy dégouter les gens de cette belle occupation, en leur refusant l'inclination à bien faire, et en leur contestant l'utilité qui s'y trouve.

De la bonté.

L'homme est si bon, *dit-on*, qu'il envie aux autres leurs bonnes qualités. Mais ce n'est pas toujours par envie qu'on est fâché d'être surpassé; quand on est raisonnable, ce n'est pas le bien d'autruy, mais notre peu de bien ou de mérite qui fait notre déplaisir. Cet effet est naturel, et quand il nous excite à l'émulation, il est louable. Il est permis dans une course de faire des efforts pour vaincre les autres, mais non pas de les supplanter. Il est vray qu'on est tenté à nuire à un concourant, quand on peut avancer considérablement par ce moyen, et j'ai déjà reconnu que les vertus ordinaires ne sont gueres à l'épreuve des grandes tentations. Mais il ne s'ensuit point que la bonté est une vertu chimérique comme l'on dit icy. L'on allègue ceux qui s'empressent à rendre service à bien des gens, taschent de se faire beaucoup de créatures; ou du moins, s'ils sont comblés déjà de biens et d'honneurs, ils cherchent l'approbation publique, et de se faire estimer et aimer de tout le monde. Mais ces deux motifs me paroissent fort beaux et fort compatibles avec la véritable bonté.

De l'humilité.

On débute par *l'orgueil*, qui est opposé à cette vertu, et *on* prétend que c'est le principe de la pluspart des mouvemens intérieurs. Il excite du trouble en rendant l'homme sensible à une injure, et par une puissance miraculeuse il calme ce mouvement, lorsqu'il s'apperçoit que l'emportement deshonnore. Mais pourquoy attribuer à l'orgueil ce qui peut venir d'un *sentiment* raisonnable de la *dignité de l'homme*, sentiment qui fait fuir des actions viles, basses deshonnêtes, flétrissantes. On a raison cependant de blâmer les faux humbles, et il n'y a rien de si bas que les manières des gens, qui sont rampans devant les grands et insupportables envers les petits, comme étoit ce Curtius Rufus dans les *Annales* de Tacite : *Adversus superiores tristi adulatione, arrogans minoribus.* Mais il ne faut point blâmer les gens qui avouent leurs fautes, de ce qu'ils ne s'accusent point d'être voleurs et traîtres; ce seroit joindre l'impudence au crime.

De la pudeur.

On ne rougit pas de la laideur des actions vicieuses mais de ce qu'on est surpris en faute. Je l'avoue. Mais cela même ne laisse pas d'être utile. Il donne quelque idée désavantageuse d'une action indigne, et sert quelques fois à nous faire avoir honte de nous-mêmes.

De la débonnaireté.

L'auteur trouve que la débonnaireté est ordinairement sincère; mais qu'elle est l'effet de la mollesse d'un tempérament qui souffre tout. Il remarque pourtant qu'elle est affectée quelques fois, lorsqu'on n'est pas en état de repousser les injures. Je trouve que la débonnaireté est un vice lorsqu'en souffrant les mauvaises actions on les fait continuer.

De l'indulgence.

La science est (*suivant notre auteur*) le principe de l'indulgence. A mesure que nos lumières s'augmentent, nous devenons plus doux et plus indulgens, nous entrons dans les sentimens des autres.

J'avoue que la considération de la nature humaine nous doit éloigner d'un esprit vindicatif, mais elle ne doit pas nous faire avoir de la complaisance pour le vice. L'auteur juge qu'ordinairement l'indulgence est une fausse vertu : on ne veut pas chasser ceux qui contribuent à notre divertissement et qui nous rendent service ; on ne veut point passer pour querelleur ; c'est quelques fois une poltronnerie habile ; quelques fois aussi on demande une indulgence réciproque qui nous accommode. Il y a du bon dans une partie de ces motifs ; il ne faut pas faire grand bruit pour un sujet médiocre, ny rompre aisément avec ses amis ; et l'humeur charitable y peut entrer aussi.

De la pitié.

Notre auteur veut que ceux qui se montrent secourables aux malheureux n'ont pitié que d'eux-mêmes. Ils espèrent qu'on leur rendra la pareille, si le même malheur leur arrivoit. Je m'étonne de cette interprétation un peu forcée. Ordinairement on n'a pas sujet de se promettre grand'chose de ceux qu'on a tirés de la misère, et s'il nous arrivoit du malheur, les autres ne se regleroient guères sur notre exemple. Mais pourquoy ne veut-on pas que les sentimens de l'humanité entrent dans les actions de pitié? Il est très louable de secourir les malheureux, en se figurant ce qu'on souhaiteroit si l'on se trouvoit à leur place : *Cuivis potest accidere, quod cuiquam potest.* Bien loin que ce principe, quoiqu'il réfléchisse sur nous-mêmes, soit mauvais, il vient du plus pur motif de charité, conformément à la règle de Notre Seigneur, qui commande de faire aux autres ce qu'on voudroit qu'on nous fît dans l'occasion. On objecte que ceux dont le bonheur est si affermi qu'ils ne craignent plus rien, ne sont guères secourables. Je ne conviens pas de cette observation, et je connois des grands d'une autre humeur. Il y a plus de raison de dire, qu'on trouve rarement la pitié en ceux qui sont si accablés de misère, qu'ils ne craignent plus rien ; mais il y a une autre raison en cela : outre qu'ils manquent de moyens, c'est une espèce de soulagement d'avoir des compagnons de malheur.

De l'amitié.

L'on nous dit que l'amité de deux hommes qui ont des qualités extraordinaires est un traité de s'entrestimer réciproquement, et que les amitiés ordinaires sont des trafics honnêtes de quelques avantages mutuels : que le plaisir lie les jeunes gens ; qu'on cherche quelques fois la réputation d'être bon ami; que souvent l'amitié est l'effect du tempérament; qu'on est bien aise de faire connoître qu'on a beaucoup d'amis et de distingués. Je ne trouve rien de mauvais en tout cela; généralement l'amitié consiste dans le plaisir qu'on trouve de se practiquer. Car encor les commerces d'utilité font plaisir. L'estime va aisément à l'amitié; car lorsqu'on est estimé par des qualités agréables on est aimé. Mais l'amitié vertueuse est fondée sur le plaisir qu'on trouve dans cette espèce de bonnes qualités qui rend l'homme vertueux. Cette amitié est la plus belle, la plus durable et même la plus utile. S'il y a de la vertu, rien n'empêche que cette amitié ne se trouve. Les autres amitiés ne laissent pas d'être bonnes, l'homme est ce qu'il y a de plus utile à l'homme.

De l'honnêteté des femmes.

Le penchant au plaisir étant naturel, on ne peut en être détourné que pour un plus grand bien ou mal. Ainsi, je ne voy point qu'on doive blâmer les femmes qui sont pudiques, parce qu'elles considèrent les suites du déréglement. Cependant il y peut entrer encor le sentiment de la dignité qui éloigne de ce qui est bas et indécent. Et c'est proprement en cela que consiste le motif de la vertu de la chasteté.

Du désintéressement.

L'on juge icy que tout le désintéressement est faux ; on remarque aussi que ceux qui se disent désintéressés, emploient des stratagèmes pour se procurer de l'argent ou des charges par un tiers ; et s'ils prétendent ouvertement des gratifications, c'est en disant qu'il y iroit de leur honneur, s'ils n'obtenoient pas ce qu'on a accordé à leurs pareils. Cependant l'auteur reconnoit que la voye du désintéressement est belle, singulière, plausible, et que l'envie de rencontrer des gens qui y soyent, nous aide à croire qu'il y en a. Mais il *veut* qu'il n'y en ait gueres, parce qu'il est aussi impossible de renoncer à notre intérest que de renoncer à la nature humaine. Il confond icy le bien utile avec le bien en général. J'avoue qu'il est impossible de renoncer à la veue de notre bien ; mais je soutiens qu'il y a des gens que le bien agréable fait oublier ou négliger quelquefois le bien utile. Et, sans parler des jeunes gens voluptueux, un homme sage qui a de quoy subsister commodément et honnêtement, ne fait pas un grand sacrifice s'il renonce à l'ambition et à l'avarice, qui ne font pas les plus grands agréments de la vie. Ainsi il n'est pas si difficile de rencontrer des gens qui ayent quelque désintéressement.

De l'amour de la vérité.

L'on objecte que ce n'est pas ordinairement pour en faire usage, qu'on aime la vérité, mais pour contenter la curiosité. L'auteur prend encor icy le contre-pied de ses raisonnemens ordinaires. Je m'étonne qu'il n'a point dit plustôt (comme il fait presque partout ailleurs) que l'amour de la vérité ne vaut pas grand'chose, puisqu'on n'aime la vérité que par la veue intéressée d'en profiter. Maintenant il ravale l'amour de la vérité par une raison toute contraire; et il trouvera toujours de quoy blâmer ce qu'on fait quelque parti qu'on prenne. Je crois qu'aimer la vérité par curiosité, c'est l'aimer par elle-même, c'est-à-dire par le plaisir qu'on trouve dans les belles connoissances, quand même elles ne seroient pas profitables, et cette curiosité modérée par la raison me paroit belle et bonne. Cependant il est bon de joindre l'utile à l'agréable.

Omne tulit.....

Il n'y a guère de belles vérités qui ne soient utiles, quand ce ne seroit que pour élever nostre esprit à Dieu source de la vérité.

Des vertus qu'on peut ranger sous la force.

L'auteur y range le pouvoir sur soy-même, la

modération, la modestie des hommes, la modestie des femmes, la patience dans les maladies, le mépris de la mort, la constance, la fermeté, la générosité, la magnanimité des φιλοσοφ, la vaillance.

Du pouvoir sur soy-même.

L'auteur dit avec esprit qu'il n'y a point de précepteur si propre à corriger l'homme que son orgueil. Mais pourquoy attribuer à l'orgueil ce qu'on peut attribuer au soin louable de notre dignité. Ce soin peut contribuer à nous éloigner de l'emportement et à nous attacher à la raison. Je ne voy donc pas, pourquoy l'on dise, que l'empire que les héros ont sur eux-mêmes, n'est qu'une fausse sagesse. S'ils ne laissent pas de se ressentir de la force des passions qu'ils domtent, c'est qu'ils ne sauroient changer la nature humaine. S'ils en pouvoient venir à bout, l'auteur diroit peut être qu'ils ne seroient plus louables, puisqu'ils n'auroient plus rien à combattre.

De la modération.

On entend icy la vertu de ceux qui se modèrent dans la prospérité. On les accuse de se composer extérieurement quoyqu'ils sentent intérieurement toute leur joye. Je trouve qu'ils ont raison de la sentir et de ne la gueres faire paraître. L'un est de la nature, l'autre de la bienséance. Cependant l'auteur fait icy une bonne observation, comme il en fait en beaucoup d'autres endroits. Il remarque que les grands ne sont jamais plus disposés à accorder des grâces que lorsqu'ils ont obtenu quelque grand succès. Mais en sont-ils blâmables?

De la modestie des hommes.

On veut encor que la modestie prenne sa naissance de l'orgueil. On l'entend de ceux qui ne parlent gueres d'eux mêmes, lors même qu'ils ont fait quelque belle action, parce que cela n'est ny poli ny agréable. *On prétend même* icy que ce silence est une vanterie fine et que les silences bien placés sont comme les pauses dans la musique qui luy donnent du relief. Je ne vois point comment on puisse contenter des critiques aussi sévères que notre auteur. Il feroit passer pour un fat, pour un impoli, pour un fanfaron celuy qui parleroit souvent de ses prouesses; et icy il fait passer pour un orgueilleux caché celuy qui n'en parle gueres. Pourquoy ne reconnoit il pas plutôt que c'est un homme sage qui évite ce qui est choquant et mal séant. Cependant il y a des occasions où il est bon et même nécessaire de se faire rendre justice.

De la modestie des femmes.

L'auteur l'attribue ordinairement à la froideur de leur tempérament. Je ne say si cette prétendue froideur est bien établie. L'éducation qui leur donne de l'horreur pour les paroles et pour les actions deshonnêtes est peut être une meilleure raison. Mais c'est une louange et non pas un blâme, lorsqu'on passe pour avoir été bien élevé. Les femmes sont louables aussi de ce qu'elles ont soin de leur réputation, et quand toutes ces impressions sont tellement passées en habitude, que l'immodestie leur paroist une chose laide, on peut dire que leur modestie est une véritable vertu.

De la patience dans les maladies.

L'on veut que cette patience vienne du désir et de l'espérance de vivre, et de la réflexion qu'on fait, que les maux s'aigrissent par les inquiétudes et les chagrins. A mon avis, voilà des bons motifs.

Du mépris de la mort.

On remarque qu'un héros que la gloire fait mépriser la mort dans une bataille, est quelquefois troublé et abbatu par une maladie qui fait craindre pour sa vie. Je trouve qu'il est raisonnable de préférer une mort utile à la patrie à une mort de langueur. On *allegue aussi* que la nécessité, la réputation, la coutume et quelquefois l'espérance d'échapper contribuent à faire prendre patience aux malades. Tant mieux. La conclusion de l'auteur est, que le mépris de la mort est faux dans les hommes du monde ; mais aussi pourquoy la mépriser, et pourquoy ne pas estimer un bien aussi estimable que la vie ? On peut être patient dans le mal sans mépriser le bien. On ne méprisera pas la mort, on tachera de conserver la vie, mais on sera content de ce que la Providence suprême en a ordonné.

De la constance.

L'on remarque que la force de résister aux tormens peut venir d'une passion véhémente. A mon avis c'est quelque chose de louable et de grand que de pouvoir avoir ces passions à propos, qui donnent de la force à l'esprit. L'auteur veut aussi, que la constance avec laquelle les grands hommes reçoivent et supportent les accidens inopinés, ne soit qu'une marque de la fermeté véritable, mais il ne le pense pas. Les disgraciés de la cour, qui ont un beau pis aller chés eux, s'en peuvent consoler fort aisément ; cependant on *les accuse* icy d'être peu sinceres lorsqu'ils se vantent d'être contents. Je veux croire qu'il y en a qui ne songent qu'à être rappellés, mais tous ne sont pas de cette humeur. On conclue enfin, que les hommes du monde ne sont constans que parce qu'ils font de nécessité vertu. Tant mieux. La vertu est toujours bonne, de quelque cause qu'elle vienne. Faire de nécessité vertu, c'est en user comme il faut. Au reste la piété nous donne des sentimens plus relevés, car elle nous apprend non seulement d'avoir la tranquillité, que la nécessité est capable de nous donner ; mais de trouver même du contentement dans les événemens lorsqu'on considère que Dieu fait tout pour le mieux.

De la fermeté.

On donne pour exemple icy, un homme qui se roidit contre un ministre au préjudice de sa fortune et de sa famille, pour avoir la vanité d'être applaudi. On trouve qu'on a raison de blâmer cette espèce de fermeté, lorsque le ministre n'exige rien qui soit indigne. On parle aussi icy de ceux qui soutiennent opiniâtrement leurs sentimens. Mais quand on exige d'eux un aveu contraire à leur conscience, je tiens qu'ils ont raison de le refuser.

De la générosité.

On entend icy la générosité qu'on exerce envers

ceux qui nous ont offensés, en leur pardonnant, lorsque nous sommes en état de nous venger. *On l'attribue* à l'ambition, et quelquefois même à l'intérêt. *On soutient* qu'Alexandre traitoit si bien la famille de Darius, parce que cela luy étoit glorieux et même utile. Mais il me semble qu'outre cela, c'est un grand plaisir de pardonner à des ennemis sousmis, et de soulager des malheureux.

De la magnanimité des philosophes.

On réfute icy Cicéron qui mettoit la magnanimité dans la liberté de l'ame. On prétend que cette liberté est chimérique, parce qu'il faut combattre les passions par d'autres passions, et surtout par l'ambition ; mais je trouve, comme j'ai dit, que ce n'est pas une petite force de l'ame, que de pouvoir employer les passions à propos. On apporte des exemples de ceux qui ont méprisé des royaumes, des gouvernemens, des grandes charges, et on tâche de donner des raisons de leur résolution qui en diminuent le prix. Mais j'amerois mieux d'en chercher qui l'augmentent. Pourquoy s'attacher à gâter toutes les belles choses ? Sur la fin du chapitre, on blâme Démocrite de s'être mis en retraite pour rechercher les secrets de la nature. L'auteur prétend que le désir de savoir devroit être conté parmy les passions qui causent le plus de préjudice, et qui sont les plus contraires au repos. Pour moi, si j'avois les avantages de Démocrite pour les recherches, je serois fort de son humeur. Un tel travail vaut mieux que le repos. Plut à Dieu que la passion qu'on blâme icy fût plus commune. Il n'y a guère de plus agréable ny de plus utile. Les personnes dont elle s'est emparée travaillent pour les plus solides biens du genre humain. Ils cherchent à augmenter son empire sur la nature. Leur succès ont été assés considérables pour nous faire souhaiter que le nombre de ces personnes fût plus grand. Il n'y a rien aussi de plus propre à nourrir la véritable piété, et à connoître et admirer les perfections divines.

De la vaillance.

On prétend que la vaillance a deux motifs principaux : le désir de la gloire qui paroit, et le désir de se reposer un jour avec honneur et commodité qui se cache. Il ne me semble pas qu'on ait besoin de le cacher. L'une et l'autre veue est belle et bonne. L'émulation n'est pas mauvaise non plus. Mais je n'approuve pas l'inclination de quelques uns de ne respirer que la guerre. Un homme raisonnable envisagera toujours la guerre comme un mal nécessaire.

Des vertus qui ont du rapport à la tempérance.

On y rapporte le mépris des richesses, la modestie de la dépense, la douleur de la mort des proches et des amis.

Du mépris des richesses.

On a raison de désapprouver la conduite des philosophes cyniques, et de faire voir l'utilité du bien.

De la modestie dans la dépense.

On remarque fort bien que les ministres et les favoris font sagement d'éviter le faste.

De la douleur de la mort des proches et des amis.

L'auteur dit, qu'on ne pleure pas la mort de son ami, mais la perte qu'on a faite. Cette remarque est un peu trop subtile ; il faut bien que notre douleur ait sa raison. Cependant ce n'est pas toujours une douleur interressée. Car lorsqu'on a trouvé son plaisir dans la félicité, dans la vertu, dans les bonnes qualités d'un ami, on trouvera du déplaisir dans leur cessation, lors même que l'intérêt ne s'en mêle pas. Ceux aussi qui sont d'un bon naturel, sont touchés des maux des personnes avec lesquelles ils ont beaucoup de liaison quoyqu'il n'y entre point d'autre considération.

Des vertus qui dépendent de la prudence.

On y rapporte la gravité, la douceur, la complaisance, l'affabilité, la libéralité, la clémence.

De la gravité.

On parle icy de ceux qui s'abandonnent en particulier aux passions les plus honteuses, paroissent en public avec un air sage. A mon avis le premier est blâmable, et le second est louable, et vaut mieux que s'ils étoient encor dissolus en public. Je ne blâmerois pas aussi ceux qui prennent un air plus grave pendant l'année qu'ils sont en charge ; ces manières sont de la bienséance.

De la douceur.

On l'attribue à la complaisance pour ceux dont a besoin, au désir de triompher d'une passion, à l'envie de se faire aimer, au désir de se posséder dans les contestations et dans les négotiations. Ces motifs sont bons.

De la complaisance.

Elle n'est point mauvaise pour être utile, pourveu qu'elle soit sans bassesse et sans crime.

De l'affabilité.

On entend icy la vertu qui porte les grand seigneurs à être humains et honnêtes sans déroger à leur grandeur. On veut qu'ils ne la pratiquent que par faste, pour avoir une grande cour. Mais pourquoy des meilleurs motifs n'y entreroient-ils pas? Ces manières gagnent les cœurs, et font qu'on jouit mieux de la conversation des honnêtes gens. Il me semble aussi, que c'est un arrêt trop dur qu'on prononce sur la fin du chapitre, en disant que l'affabilité des gens de qualité, qui n'ont aucun mérite, est une bassesse. Quand ils n'auroient aucun autre mérite, c'en est un de s'attirer la conversation des gens de mérite par leur affabilité.

De la libéralité.

On avoue que la libéralité des grands seigneurs seroit fort estimable si elle étoit l'effet d'une âme belle et généreuse. Mais on prétend qu'ils sont bien différents de ce qu'on les croit; qu'ils font des profusions à la veue du monde, mais qu'ils plaignent la plus petite dépense chez eux; qu'ils ne payent point leurs dettes; qu'ils refusent le nécessaire à leurs proches; qu'ils retiennent les appointemens de leurs domestiques; qu'ils ne récompensent point un vieux serviteur, pendant qu'ils font des régals aux étrangers. On a raison de blâmer cette conduite, mais on n'auroit point raison de l'attribuer à tous. Il y en a qui sont bons ménagers pour pouvoir être magnifiques en tems et lieu, et qui répandent leurs bienfaits avec ordre et avec choix. Lorsque cela vient d'une inclination bienfaisante naturelle ou acquise, rien ne nous empêche d'y reconnoître la vertu de la libéralité.

De la clémence.

On l'oppose à la cruauté, et cependant *on doute* que ce soit une vertu véritable, et on allègue entre autres raisons qu'elle n'est point durable comme l'on montre par les exemples d'Alexandre, de Jules César, d'Auguste, où il y auroit pourtant moyen de répondre en faveur de ces grands hommes. *On prétend* aussi que c'est une erreur de croire qu'un homme doux devienne cruel ou *vice versa*. Cette objection est générale contre toutes les vertus, comme s'il n'y avoit point de véritable vertu sans persévérance. Mais le naturel même est sujet au changement, et l'acquis encor davantage. La coutume est une autre nature et change quelques fois le naturel, et une habitude venue de l'accoutumance contraire. Ainsi les vertus ne sont pas si enracinées qu'elles ne puissent se perdre. Au reste *l'auteur objecte* que la clémence des Roys est quelquefois politique, car elle sert à gagner les cœurs, soit : c'est une très louable politique. Mais (*dit on*) la clémence quelques fois est l'effet de l'orgueil du souverain qui veut montrer qu'il est au dessus des lois et qu'il peut donner la vie. Je veux croire que l'orgueil y entre quelques fois; mais ce motif n'est pas des plus ordinaires. Le prince à qui ce droit n'est point contesté n'a point besoin d'en faire parade. S'il cède quelquefois à l'importunité de ceux qui sollicitent pour un criminel, la faute est assés pardonnable, pourveu que cela n'aille trop loin et que le bien public n'en souffre. *On ajoute* que la bonne humeur où l'on trouve un souverain est aussi souvent cause de sa clémence. Tant mieux, diray-je. Il est louable de vouloir que les autres prennent part à son contentement; ne donne-t-on pas un pardon général (certains cas noirs exceptés) dans les réjouissances publiques?

Voilà des remarques faites sur le champ pendant la lecture d'un petit livre agréable et ingénieux, mais qui seroit encor plus utile si le vuide que j'y trouve étoit rempli.

Je suis avec dévotion, madame, de votre Altesse Électorale, le plus humble et le plus obéissant serviteur,
LEIBNIZ.

Hannover, ce 25 de septembre 1708.

DISCOURS SUR LA GÉNÉROSITÉ.

La générosité, suivant la propre signification du mot, est la vertu qui nous élève à faire des actions dignes de notre genre, nature, extraction ou origine qui est céleste comme dit saint Paul avec un poëte grec qu'il cite lui même (nous sommes du genre ou de la race de Dieu, qui est la fontaine des esprits). C'est dans ce sens qu'il convient à tous les hommes d'estre généreux et d'agir suivant la noblesse de la nature humaine pour ne pas dégénérer n'y s'abaisser jusqu'aux bêtes, ce qui a été fort bien touché dans ces vers de Boëce, sénateur romain :

> Si primordia nostra
> Autoremque Deum quærimus, nullus degener extat.

> Nous sommes tous bien nés et de haute origine
> Si nous nous ressentons de la source divine.

Ainsi la générosité qui signifie originairement la vertu de la vraye noblesse est prise généralement pour la vertu par laquelle nous nous portons à faire des actions qui sont en même temps élevées et raisonnables. Car sans les lumières de la raison et de la justice, cette élévation n'est qu'ambition et vanité.

Il faut donc que le vrai généreux fasse voir par

ses actions qu'il possède des perfections et des vertus qu'il est difficile de practiquer et qui ne se rencontrent pas dans les hommes vulgaires, et il aura le courage de Pompée qui, s'embarquant pour une affaire pressante au péril de faire naufrage, dit à ceux qui l'en vouloient détourner : Il est nécessaire que j'y aille, mais il n'est pas nécessaire que je vive : Ἰέναι ἀνάγκη, ζῆν οὐκ ἀνάγκη (1) ; il aura la tempérance d'Alexandre qui, ayant en son pouvoir la femme de Darius, qui estoit peut estre la plus belle personne de l'Asie, fit céder ses passions à sa gloire. Quant à la justice, c'est elle qu'il se doit proposer principalement dans ses actions, de quoy je parleray par après.

Le généreux doit garder inviolablement certaines manières propres à régler sa conduite :

Premièrement il doit éviter tout ce qui est bas et tout ce qu'il ne voudroit pas estre sçeu de tout le monde.

Secondement, lorsqu'il est en doute de ce qu'il doit faire, il prendra le party qui paroist estre le plus à couvert de tout soubçon de péché et d'injustice. Et autant qu'il doit estre hardi quand il s'agit de hazarder ses commodités et même sa vie, autant il doit estre craintif lorsqu'il y a danger de commettre un crime. C'est en cela seulement qu'il doit estre timide.

(1) Ces mots sont écrits dans l'original en caractères français.

Troisièmement, il aura pour suspect tout ce qui est le plus aisé, et que le moindre homme de la lie du peuple, s'il estoit à sa place, seroit aussi bien que lui.

Quatrièmement, il aura pour suspect tous les partis et toutes les voyes où l'intérest domine, et c'est par un principe plus noble qu'il doit agir.

Or, comme la fausse gloire se voile souvent d'un masque qui l'a fait ressembler à la générosité ; il faut considérer que toute action qui va contre la justice, c'est à dire contre le bien public, et en un mot tout ce qui est contre la vertu n'est pas glorieux ; que toutes les actions qui seront justement blâmées et même punies si elles ne réussissent point, et que le seul hasard peut justifier, ne sont jamais glorieuses, quelques succès qu'elles puissent avoir ; au contraire toute action qui sera louée quand même elle seroit malheureuse, est digne de celuy qui cherche une gloire véritable. En effet, on peut juger que le bien que nous recevons de la gloire ne consiste que dans notre esprit ; car qui se soucieroit de la gloire s'il ne devoit jamais rien apprendre luy-même de sa renommée ; par là on peut juger que la gloire nous plaît parce qu'elle nous fait faire un jugement avantageux de nous mesmes par le témoignage des autres qui augmente notre satisfaction. Mais si nous sçavons que ces gens se trompent, et que notre conscience dont nous sommes bourrellés nous force de confesser intérieurement nos crimes et nos imperfections, quelle part y pourrons nous prendre et quelle douceur pourrons nous trouver dans ces vains dehors pendant que l'amertume intérieure qui nous remplit l'esprit s'y mesle? Et c'est pour cela qu'on a tousjours plus estimé l'approbation de quelques hommes excellens que d'une foule d'ignorans et de vitieux. Surtout il faut se garder des actions qui paroissent glorieuses aux hommes corrompus, mais qui en effect sont détestables à cause des maux qu'elles produisent dans le monde, comme font les guerres injustes et peu nécessaires, les séditions, et tout ce qui entraîne les meurtres, les incendies, les désolations publiques. Car toutes ces choses ne peuvent jamais estre excusées que lorsqu'elles servent à éviter des plus grands maux.

Il ne reste donc que de dire quelque chose de la justice qui est l'âme de la générosité : c'était autres fois la profession des héros de chastier les méchans et de protéger l'innocence ; et jamais ce qui sera injuste ne passera pour généreux.

Or le principe de la justice est le bien de la société, ou pour mieux dire le bien général; car nous sommes tous une partie de la république universelle dont Dieu est le monarque, et la grande loy establie dans cette république est de procurer au monde le plus de bien que nous pourrons. Cela est infaillible (supposé qu'il y ait une providence qui gouverne toutes choses) quoyque les ressorts qu'elle fait jouer soyent encore cachés à nos yeux. Il faut donc tenir pour asseuré que plus un homme a fait du bien ou au moins tâché de faire de tout son pouvoir (car Dieu qui connoist les intentions, prend une véritable volonté pour l'effect mesme), plus il sera heureux ; et s'il a fait ou même voulu faire des grands maux, il en recevra de très grands chastimens.

Et pour connoistre cette grande maxime, il n'est point besoin de foy, il suffit d'avoir du bon sens. Dans un corps entier ou parfait comme est par exemple une plante ou un animal, il y a une structure merveilleuse qui marque que l'auteur de la nature en a pris soin et réglé jusqu'aux moindres parties ; par plus forte raison le plus grand et le plus parfait de tous les corps qui est l'univers, et les plus nobles parties de l'univers, qui sont les âmes, ne manqueront pas d'estre bien ordonnées, quoyque cet ordre ne nous paroisse point encor ; tandis que nous n'en pouvons envisager qu'une partie ; comme nous voyons que les pièces ou fragmens de quelques cristaux de roche rompus ou de quelque machine artificielle ou naturelle déjointe considérés à part et hors de leur tout, ne donnent pour connoistre la figure régulière ny le dessein du corps entier.

Nous ne sommes donc pas nés pour nous mesmes, mais pour le bien de la société, comme les parties sont pour le tout ; et nous ne nous devons considérer que comme des instrumens de Dieu ; mais des instrumens vivans et libres, capables d'y concourir suivant nostre choix. Si nous y manquons, nous sommes comme des monstres, et nos vices sont comme des maladies dans la nature, et sans doute nous en receuvrons la punition afin que l'ordre des choses soit redressé, comme nous voyons que les maladies affoiblissent et que les monstres sont plus imparfaits. — Par là nous pourrons juger que les principes de la générosité et de la justice ou piété ne sont qu'une même chose, au lieu que l'intérest (quand il est mal réglé) et l'amour propre sont les principes de la lâcheté. Car la générosité, comme j'ay dit au commencement, nous approche de l'auteur de nostre genre ou estre, c'est à dire de Dieu autant que nous sommes capables de l'imiter. Nous devons donc agir conformément à la nature de Dieu qui est luy même le bien de toutes les créatures ; nous devons suivre son intention qui nous ordonne de procurer le bien commun autant qu'il dépend de nous, puisque la charité et la justice ne consistent qu'en cela. Nous devons avoir égard à la dignité de nostre nature dont l'excellence consiste dans la perfection de l'esprit ou dans la plus haute vertu. Nous devons prendre part au bonheur de ceux qui nous environnent comme au nostre, ne cherchant pas nos aises ny nos intérests dans ce qui est contraire à la félicité commune ; enfin, nous devons songer à ce que le public souhaitte de nous et que nous souhaitterions nous mesmes si nous nous mettions à la place des autres ; car c'est comme la voix de Dieu et la marque de la vocation.

Mais si nous méprisons ces grandes raisons du bien général pour lequel nous sommes faits, en cherchant nos avantages particuliers au hazard mesme de la misère publique, nous ne sçaurions estre généreux, quelque profession que nous fassions de ne suivre dans nos actions que la gloire. Et même nous ne sçaurions estre heureux quelque succès que puissent avoir nos entreprises, parce que les lois de l'univers sont inviolables, et il faut tenir pour asseuré qu'il n'y a point de crime qui ne recevra son chastiment à proportion des maux qu'il a faits ou qu'on doit juger qu'il pourroit faire.

REMARQUES CRITIQUES DE LEIBNIZ

SUR LE DICTIONNAIRE DE BAYLE (1).

1° Origène.

Monsieur Bayle, article Origène, rapporte des raisonnemens excellens des *Parrhasiana* (2). Les maux physiques et moraux du genre humain sont d'une durée si courte en comparaison de l'éternité, qu'ils ne peuvent pas empêcher que Dieu ne passe pour bienfaisant et pour ami de la vertu. Il y a infiniment moins de proportion entre le temps que cette terre doit durer qu'il n'y en a entre une minute et cent millions d'années. Parmy les hommes, ceux qui traitent un enfant de quelque incommodité, et qui le guérissent par un remède amer, ne font que rire des plaintes qu'il fait de cette amertume, parce qu'ils savent qu'en très peu de temps il ne la sentira plus, et que le remède luy fera du bien; il y a infiniment plus de proportions entre Dieu et les hommes les plus éclairés, qu'il y en a entre eux et les enfants les plus

---

(1) Ces remarques ne vont que de la lettre O, art. Origène, à la lettre R, art. Ruysbroeck.

(2) *Parrhasiana*, publié à Amsterdam en 1699, sous un pseudonyme, Th. Parrhase.

simples. Ainsi nous ne pouvons pas nous étonner raisonnablement que Dieu regarde les maux que nous souffrons comme presque rien, luy seul qui a une idée complète de l'éternité et qui regarde le commencement et la fin de nos souffrances comme infiniment plus proches que le commencement et la fin d'une minute. Il faut raisonner de même des vices et des actions vertueuses, qui à l'égard de Dieu ne durent pas longtemps, et qui dans le fond ne changent rien dans l'univers. Si un horloger faisoit une pendule, qui estant montée une fois, alloit bien pendant une année entière, excepté dans une ou deux secondes qui ne seroient point égales lorsqu'elle commenceroit à marcher, pourroit on dire que cet ouvrier ne se piqueroit pas d'habileté ny d'exactitude dans ses ouvrages?

M. Bayle répond à l'origéniste au nom du Manichéen que la bonté de Dieu doit estre parfaite, et le vice et la misère pour un temps qui peut estre assez long, luy est contraire.

Pour moy, je crois que Parrhasiana a eu raison de représenter que le mal n'est pas si grand qu'on pense. Mais M. Bayle a raison aussi de s'étonner qu'il y en ait quelque petit ou grand qu'il pourroit estre. Ce qui doit finir la difficulté est que ce petit mal augmente même le bien.

Cette maxime, *non facienda sunt mala, ut eveniant bona*, a besoin de limitation. C'est qu'ordinairement les hommes manquent dans l'application. Par exemple quelqu'un croiroit de bien faire s'il se servoit d'un empoisonnement pour établir la vraye religion. Mais cela ne luy est point permis. Les conséquences de la permission de l'empoisonnement sont plus grandes que le bien qu'il se promet qui n'est pas asseuré, et quand il le seroit, il n'est pas asseuré qu'on ne le puisse obtenir par une meilleure voye.

Le P. Doucin croit qu'on attribue à Origène d'avoir cru que les créatures se perdroient enfin dans l'océan de la Divinité.

(Mais M. Petersen est d'un autre sentiment à l'égard d'Origène.)

2° OTTON III. OVIDE.

Dans l'histoire moyenne M. Bayle ne va pas assez aux sources. Je le voy par son article OTTON III. Il y cite Heiss. Meinbourg, Calvisius, l'Histoire de Bavière de M. Leblanc.

M. Bayle rapporte que Meinbourg (1) ne parle point douteusement de la femme d'Otton III. Il n'a jamais esté marié. M. Bayle croit qu'il est impos-

---

(1) Voyez article MARIE D'ARAGON, t. II, p. 235.

sible de mentir sur ces siècles là, et qu'on y peut défendre le pour et le contre. C'est qu'il n'a pas assez consulté les sources.

M. Bayle, article d'OVIDE, croit qu'il a plaidé devant les Centurions. Mais il me semble d'avoir remarqué qu'il estoit Centurion luy même. Il se peut pourtant qu'il eut plaidé auparavant. *Sed dubito.*

M. Bayle, article d'OVIDE, p. 2276, 2277, réfutant M. François Lami, médecin de la Faculté de Paris, partisan d'Épicure qui a fait un livre *De principiis rerum*, ne croie pas que le hasard puisse former des belles machines. Mais Épicure dira que parmy une foule de monde quelques uns seront beaux. Le véritable moyen de réfuter cela est qu'il faut que tout soit beau partout et jusque dans les moindres parties que chaque petite partie exprime le tout.

3° PAREUS (DAVID).

M. Bayle parlant de David Parey et de la contestation avec Jean Magirus, jésuite de Mayence, n'a pas esté informé de son colloque de [   ].

4° PASCAL.

M. Hugens m'a dit que les trop fortes applications de M. Pascal avoient fait tort à son esprit.

Pour ce qui est des coniques, M. Descartes

croyoit que M. Pascal avoit profité de M. Desargues. Cela étoit aisé à juger. M. Desargues l'a bien fait voir par ses perspectives. Je m'étonne qu'on n'a pas publié les mémoires de M. Pascal sur les coniques. Il est très seur que les coniques de M. Pascal estoient selon les ouvertures de M. Desargues. M. Bayle n'a pas sue l'histoire du défi de M. Pascal, et qu'il eut tort de faire l'histoire de la Cycloïde outrageuse à Torricelli, réfutée par Carlodati (1).

5° RICIUS. — RUFFI.

M. Bayle, article RICIUS (2), rapporte que luy et le cardinal Contarini avoient défendu *Cœlos esse animatos*. Il croit que tost ou tard les sectateurs de Copernic recourront aux intelligences pour le mouvement des corps célestes; que MM. Daniel et Leclerc y ont proposé des grandes difficultés, et que

---

(1) Au sujet de cette histoire de la cycloïde, conférez *Lettres à Bernoulli*, ep. 39 : Decrevit, ut dixit, historiam edere cycloidis ad imitationem alterius Paschalii. Ep. 89 : Dixi, mihi historiam cycloidis pro Torricellio contra Paschalium scribere, tanti non videri. Ep. 125 : Ad me pervenit Groningii bibliotheca universalis, continens inter alia historiam cycloidis... Meo quidem judicio fecisset melius abstinuisse a rebus quas non satis perspectas habere ipse monstrat... Ex. gratia, p. 50. Epistolam in Paschalium aliosque Gallos acerbe scriptam tribuit Hugenio cum tamen ejus auctor sit Wallisius.

(2) Voyez cet article sur Paul Ricius, Juif converti, et sa dispute avec Jean Eckius, *De cœlorum animatione*.

M. Newton a combattu les tourbillons, et qu'ainsi on ne peut point trouver son compte dans les seules loix générales.

M. Bayle, article Ruffi, parle d'un médecin qui donneroit de l'arsenic comme un homme a estre envoyé aux petites maisons. Mais j'ay remarqué dans un livre de médecine, que c'estoit un grand fébrifuge d'un certain médecin, mais qu'on l'en a fort blâmé (1).

6° Ruysbroeck (2).

L'opinion d'Alexandre, d'Amaury, de David de Dinant et de Spinosa, et peut estre aussi de Parménide et Mélisse, qu'il n'y a qu'une seule substance qui est Dieu, approche de celle de quelques mystiques. Weigelius et un certain Angelus Silesius (3) m'y paroissent aller.

(1) Je passe trois notes qui n'ont pu être déchiffrées qu'en partie, et qui ne sont d'ailleurs que de très peu d'importance. Quant aux réponses à l'article Rorarius, où Bayle discute le système de Leibniz, on les trouvera dans Erdmann, p. 150. C'est le motif qui nous empêche de les donner ici.

(2) Ruysbroeck (Jean de), « célèbre contemplatif, qui s'enfonça de telle sorte dans les abîmes de la théologie mystique, qu'il passe pour un des plus grands maîtres de cette science. » (Bayle, p. 673, 2, XI.)

(3) Nous donnerons les remarques de Leibniz sur Weigelius. Voy. sur Angelus Silesius, Lettr. à Hanschius.

Pauliciens (1).

M. Bayle reconnoist qu'il n'y a qu'un principe scavoir le bon suivant la Sainte Ecriture. Mais il tient qu'il est impossible de répondre aux difficultés sur la cause du mal (2). Lactance répond qu'en ostant le mal on osteroit le bien. *Si tollantur mala tolli pariter sapientiam, nec ulla veritatis remanere vestigia.* M. Bayle réplique que cette réponse est pitoyable et pleine d'erreurs, que les théologiens disent que si Adam n'avoit point péché il auroit été heureux, que l'homme n'a été sujet au mal physique que parce qu'il a renoncé à la sagesse. Selon Lactance, les bons anges seroient sans sagesse. On peut sentir le bien sans avoir senti le mal. Mais je crois qu'on peut

---

(1) Note manuscrite grand in-folio, d'une écriture fine et difficile à lire, détachée des précédentes.

(2) Conférez ce passage de la *Théodicée*, p. 550. » Ce que M. Bayle fait dire aux Pauliciens, p. 2323, n'est point concluant, savoir que le franc arbitre doit venir de deux principes afin qu'il puisse se tourner vers le bien et vers le mal : car étant simple en lui-même, il devroit plutôt venir d'un principe neutre si ce raisonnement avoit lieu. Mais le franc arbitre va au bien, s'il rencontre le mal c'est par accident, c'est que ce mal est caché sous le bien et comme masqué. Ces paroles qu'Ovide donne à Médée :

> Video meliora proboque,
> Deteriora sequor...

signifient que le bien honnête est surmonté par le bien agréable, qui fait plus d'impression sur les âmes quand elles sont agitées par les passions. »

tousjours soutenir que sans la permission du mal, le bien n'auroit pas esté si grand. Peut estre qu'il n'y auroit point eu d'incarnation, il est seur que Dieu a fait le meilleur. Les petites raisons à l'encontre n'entrent point en ligne de compte quand il s'agit de l'harmonie universelle. Sans le péché nous-mêmes ne serions point. Il y auroit des autres créatures.

M. Bayle objecte que l'auteur des choses estant infiniment bienfaisant deuvoit produire du mal; may je dis que si avec le bien pur, c'est-à-dire sans douleur et sans péché, la perfection des choses ne seroit que comme 6, et si avec le péché et la douleur cette perfection est comme 8, Dieu ne peut se dispenser de permettre le péché. La perfection consiste dans l'harmonie, et souvent il faut reculer pour mieux sauter; il faut aussi considérer que le mal n'est pas mal absolument, c'est-à-dire à Dieu et à l'univers, mais à celuy qui le fait.

M. Bayle, p. 2325, appelle M. Pfannerus théologien allemand (1); c'est un jurisconsulte, conseiller de Weimar, auteur de l'histoire latine de la paix de Munster et d'autres ouvrages.

On attribue le mal à la liberté des créatures, mais c'est un auteur infiniment bon et sage qui les fait

---

(1) Le théologien allemand qui rapporte ce passage. V. Bayle, p. 482, t. II de l'édit. de 1820.

d'une manière qu'il sait qu'elles pécheroient. Ou Dieu a trouvé bon de faire l'homme sensible, c'est-à-dire de permettre le mal pour un plus grand bien. Mais en quoy consiste ce bien, je ne suis pas en pouvoir ny en obligation de le vous expliquer, il consiste dans l'harmonie universelle, car les petits détails ne suffisent pas, et il est inutile d'y entrer.

Felix culpa quæ talem meruit habere redemptorem (1). Quand on dit que les voyes de Dieu ne sont pas nos voyes (ch. 55, v. 8), il ne faut pas entendre comme s'il avoit d'autres idées que nous de la bonté et de la justice, il a les mêmes que nous, et nous le savons de luy comme celles des grandeurs et des nombres, mais nous n'entendons pas comment il les applique, parce que nous ne sommes pas informés du fait dont la trop grande étendue passe nostre compréhension.

M. Bayle dit, p. 2326, qu'il ne faut point discuter avec un Manichéen sans establir premièrement l'élévation de la foy et l'abbaissement de la raison (2). (Mais j'aurois peur de passer pour prévaricateur et

---

(1) Bayle cite en note cette parole d'un père de l'Eglise sans renvoyer au texte. (*Ibid.*, p. 483.)

(2) « Tout cela nous avertit qu'il ne se faut point commettre avec les Manichéens, sans établir, avant toutes choses, le dogme de *l'élévation de la foi et de l'abaissement de la raison*, et en note M. Amyrant a fait un livre qui porte ce titre. » (*Ibid.*, p. 484.)

de trahir la foi en la faisant passer tacitement pour absurde). Un bien facteur ne doit point donner des grâces dont il sait qu'on abuseroit. Voyes Sénèque *De beneficiis*. Dieu ne devoit point donner la liberté (1).

M. Bayle dit aussi selon Cotta, de Cicéron, que la raison est cause de tous les maux, il ne falloit donc point la donner. — Mais pour dire la vérité, la raison est une si grande et si belle chose, qu'il semble que le monde n'ait pas valu la peine d'estre créé sans la raison, et si on ne la pouvoit accorder aux créatures sans le péché, il falloit mieux, à mon avis que le péché arrivât (2).

On ne conçoit point, dit M. Bayle, p. 2326, que le premier homme ait pu recevoir, du bon principe, la faculté de faire du mal. — Pourquoy? Les créatures sont essentiellement imparfaites.

M. Bayle adjoute selon les idées que nous avons d'un estre créé, nous ne pouvons point comprendre qu'il soit un principe d'action, et que recevant à tous moments de sa durée son existence et celle de ses facultés, il crée en luy-même des modalités par une vertu qui luy soit propre. (Mais si Dieu luy donne des facultés, elles luy sont donc propres, et ces facultés ne sont autre chose que la vertu de produire

---

(1) Suivant Bayle, *id.; ib.*
(2) C'est Leibniz qui parle.

des modalités) (1). Ces modalités doivent estre ou indistinctes de la substance de l'âme comme veulent les nouveaux philosophes, ou distinctes comme l'asseurent les péripatéticiens (distinctes, autrement l'âme ne seroit pas la même, ce que M. Bayle asseure pourtant); si elles sont distinctes, ce sont estres tirés du néant. (Soit, c'est l'essence de la substance de le faire continuellement.) Elles ne peuvent donc être produites que par une cause qui peut créer. (Créer n'est pas tirer un estre du néant, mais tirer une substance du néant, c'est à dire un estre capable de produire la source d'une série de modifications). Toutes les sectes conviennent que l'homme n'est pas une telle cause (je ne crois point cela); le P. Malbranche (*Traité de la nature et de la grâce*) veut que le mouvement vienne d'ailleurs et qu'on le puisse arrester; cela est contradictoire, il faut de la force pour arrester (il est vray que la créature ne sauroit arrester l'impression, mais elle la modifie) : la créature ne sauroit estre mue par une simple permission d'agir (je l'avoue, si elle n'avoit la faculté ou force d'agir), une simple permission ne tirera pas des choses purement possibles ny mettra la di-

(1) Toutes ces parenthèses renferment la pensée de Leibniz, répondant coup sur coup à celles de Bayle, et font voir par leur rapidité même à quel point il était préparé sur toutes ces questions abstruses de la theodicée.

vinité en estat de voir ce que la créature fera (je l'accorde). La pluspart des théologiens fondent la préférence sur le décret, d'autres veulent que le décret porte que la créature se trouve dans les circonstances où Dieu a prévu qu'elle pécheroit : ainsi quelques uns veulent que Dieu ait prévu le péché à cause de son décret, d'autres qu'il ait fait le décret à cause qu'il avoit prévu le péché. De quelque manière qu'on s'explique, il s'ensuit que Dieu a voulu que l'homme péchât (il faut dire qu'il l'a voulu permettre) et qu'il l'a préféré à la durée perpétuelle de l'innocence (*concedo*) qu'il luy estoit facile de procurer et ordonner (*nego, salva rerum majore perfectione*).

P. 2328, l'invention de la science moyenne est chimérique, car elle n'empêche pas que tous les péchés et tous les malheurs de l'homme ne soient du choix libre de Dieu. M. Jurieu confesse qu'il n'y a personne qui soit plus incommodé que lui des difficultés de ces décrets. Il s'est expliqué encore avec plus de force sur tout cela, et vous ne sauriez nier qu'il ait réfuté invinciblement toutes ces méthodes ; et par conséquent il ne vous reste aucune ressource à moins que vous n'adoptiez mon système des deux principes. (Le principe du mal n'est pas une substance, c'est la possibilité des choses, c'est cette possibilité qui porte que parmy tous les systèmes possibles celuy qui enveloppe le mal est le meilleur). M. Bayle dit qu'il destine ces remarques à humilier la raison (mais cela est suspect et paroist tendre à monstrer que la foy est absurde).

Plutarque objecte que Jupiter rend les hommes souvent malheureux. (Nous ne le sommes peut estre pas, quand nous le serions, nous sommes une portion très peu considérable de l'infini).

On poussoit tellement à bout les Stoïciens qu'on les contraignit de soutenir que le vice étoit utile, car autrement, disoient-ils, il n'y eût pas eu de vertu. (Ils avoient raison, c'est la vérité). Chrysippe : rien de plus sot que de vouloir penser qu'il a pu y avoir du bien, s'il n'y avoit pas eu de mal. (Ils manquent en voulant expliquer distinctement comment il est utile). Voyons avec quelle force Plutarque les a réfutés. Doncques faut-il inférer que il n'y a point de bien entre les dieux, puis qu'il n'y peut y avoir de mal. Et il y aura accord et mesure en une danse sans que personne y discorde ! (il y aura des circonstances où l'apparence du discord corrigé rendra le mouvement plus beau, c'est un trait plus hardi) et santé au corps humain sans maladie ! (peut estre n'y auroit-il en nous aucune santé, s'il n'y avoit en nous de petits animaux malades). Et il n'y aura pas de vertu sans vice ! (il faut croire qu'elle ne seroit pas si grande). La goutte est-elle pour la bonne disposition des pieds? (La goutte peut estre bonne pour autre chose quoiqu'elle ne le soit pas pour danser). Achille auroit-il esté chevelu si Thersite n'eût été chauve? Jupiter n'a point composé ce monde comme une farce grande, variable et de grande science (*imò*, ostez seulement le mot choquant de farce), ains comme une ville commune aux hommes et aux dieux, (mais cela s'accorde, mais outre les hommes il y a une infinité de créatures) pour y habiter avec justice et vertu (il faut croire qu'il n'y auroit pas tant de vertu s'il n'y avoit quelque vice). La vie de l'homme depuis le commencement jusqu'à la fin, est désordonnée, dépravée et perturbée (je ne suis point de ce sentiment). Il n'y a rien de pur (je l'accorde, c'est autre chose). Cependant il faut avouer, dit M. Bayle, que les Stoïciens avoient raison à quelque égard, par exemple le luxe des grands fait subsister des familles.

FRAGMENT D'UNE LETTRE DE LEIBNIZ (1).

Il n'y auroit point de multitude s'il n'y avoit des véritables unités. Or, les véritables unités ne doivent point avoir des parties, autrement elles ne seroient que des amas de ces parties, et par conséquent des multitudes et nullement des véritables unités. On peut même dire que les seules unités sont des estres entièrement réels; puisque les amas ou aggrégés sont formés par la pensée qui comprend à la fois telles et telles unités et toute la réalité des choses ne consiste que dans ces unités.

Cela estant, puisqu'il y a quelques modifications et quelques changemens de modification dans les choses, il faut que cela résulte des modifications et changemens qui sont dans les unités. Et il faut bien aussi que ces unités contiennent quelque réalité, autrement ce seroient des riens. Il faut aussi qu'elles ayent des prédicats qui les fassent différentes les unes des autres et susceptibles du changement.

Or, la variété dans l'unité ou dans l'indivisible est

---

(1) Cette lettre, écrite sur une grande feuille double, porte au verso les noms de Bayle et Beauval : c'est le motif qui l'a fait ranger parmi les papiers qui concernent Bayle, où elle se trouve. L'éditeur croit qu'elle est le complément de la suivante et qu'elle fait corps avec elle.

justement ce que nous opposons aux modifications de l'étendue, c'est-à-dire aux figures et mouvemens, et par conséquent c'est ce que nous appellons perception et quelques fois pensée, lorsqu'il est accompagné de réflexion. De sorte qu'on voit bien que ces unités ne sont autre chose que ce qu'on appelle ame dans les animaux ou principe de vie dans les vivans, et entéléchie primitive dans toutes pour les corps organiques ou machines naturelles qui ont quelque analogie avec les animaux.

Or n'y ayant point moyen d'expliquer comment une unité a de l'influence sur l'autre, et n'estant point raisonnable de recourir à une direction particulière de Dieu comme s'il donnoit tousjours aux ames ou unités des impressions qui répondent aux passions du corps ; il ne reste que de dire, que chaque unité exprime par sa propre nature, et suivant son point de veue tout ce qui se passe dehors, de sorte que l'union de l'ame avec son corps où elle est dominante, n'est autre chose que l'accord spontanée de leur phénomène.

Et puisqu'on peut tousjours expliquer dans le corps, par les loix mécaniques, le passage d'une impression à l'autre, il ne faut point s'étonner que l'ame passe aussi d'elle-même en vertu de la nature représentative d'une représentation à l'autre, et par conséquent de la joye à la douleur. Tout comme la situation du corps et de l'univers à l'égard de ce corps le demande. Aussi a-t-il esté bien remarqué par Socrate, chez Platon, que le passage ou trajet du plaisir à la douleur est fort petit.

Il s'ensuit encor de tout cecy que les ames ne sçauroient périr naturellement, non plus que l'univers, et qu'ils leur doivent tousjours rélféter des perceptions comme elles en ont tousjours eues lorsqu'elles ont esté puisque rien ne leur vient de dehors, et que tout se fait en elle dans une parfaite spontanéité.

Cependant il faut avouer qu'elles sont bien souvent dans un estat de sommeil où leurs perceptions ne sont pas assez distinguées pour attirer l'attention et fixer la mémoire. Mais comme chaque unité est le miroir de l'univers à sa mode, il est raisonnable de croire qu'il n'y aura point de sommeil éternel pour elle, et que ses perceptions se développent dans un certain ordre, le meilleur sans doute qui soit possible. C'est comme dans les crystallisations des sels qui se confondent, qui se séparent enfin et retournent à quelque ordre. Il faut dire encor, suivant l'exacte correspondance de l'ame et du corps, que le corps organique subsiste toujours et ne sçauroit jamais estre détruit; de sorte que non seulement l'âme, mais même l'animal doit demeurer. Cela vient de ce que la moindre partie du corps organique est encor organisée ; les machines de la nature estant repliées en elles-mêmes à l'infini. Ainsi, ny le feu, ny les autres forces extérieures n'en sçauroient jamais déranger que l'écorce.

On ne sçauroit toujours déterminer si certaines masses sont animées ou entéléchiées, parce qu'on ne sçauroit toujours dire si elles forment un corps organique, ou si ce ne sont que des ames, comme par exemple je ne sçaurois rien définir du soleil, du globe de la terre, d'un diamant.

Il y a de l'apparence que toutes les substances intelligentes créées ont un corps organique qui leur est propre. Ce seroit pourtant une question s'il n'est pas possible qu'il y en ait qui passent de corps en corps dans un certain ordre et d'autres qui sont tousjours attachées à un même corps.

Mais je doute qu'on puisse expliquer distinctement ce changement, et par conséquent je doute qu'il est conforme à l'ordre. Car il faudroit supposer la destruction d'un corps organique pour le priver de l'âme, car tout corps organique en a par la raison qu'il en peut avoir sans inconvénient. Et tout corps organique de la nature estant infiniment replié est indestructible. Et la preuve qu'il est infiniment replié est qu'il exprime tout ; de plus, le corps doit exprimer l'état futur de l'âme ou de l'entéléchie qu'il a, et cela en exprimant son propre état futur. Supposé qu'il ne se forme point de nouveaux corps organiques, et que les vieux ne se détruisent point, quelle marque aurons nous pour dire que l'âme d'un corps organique est allée dans l'autre, outre que deux âmes ne sont point dans un même corps organique, et qu'il faudroit ainsi un échange d'âmes? De plus, cet échange d'ames se remarque dans les corps ou non; s'il ne s'y remarque pas, il est contre l'ordre, car le corps doit tout exprimer. S'il s'y doit remarquer, il faudroit voir comment cela se peut faire. Quel moyen d'exprimer le passage d'une ame par les loix d cmécanique.

On pourroit pourtant excepter les esprits, ou ce ne seroient pas les loix mécaniques mais des loix morales qui marqueroient la translation et l'identité d'une âme avec l'autre, car j'appelle esprit les entéléchies ou âmes qui sont susceptibles des vérités éternelles, sciences et démonstrations, et qui peuvent estre considérés comme sujets d'un gouvernement tel qu'est celuy de la cité de Dieu dont le monarque est la souveraine intelligence. Or, il se pourroit faire qu'une même intelligence passât d'un corps dans l'autre, en ce que les loix mécaniques mesmes fissent renoistre ailleurs une vie qui continuât la mienne et une intelligence qui s'attribuât ce qui est arrivé à moy. Les perceptions et les mouvements de son corps qui s'entre répondent, le menant à une imagination telle, qu'en effet elle feroit la mémoire du principal qui m'est arrivé, de sorte que moralement cette intelligence seroit moy et me continueroit. Cela paroist possible, mais il me paroist plus conforme à l'ordre que l'identité morale soit tousjours accompagnée d'une identité physique, et que chaque unité estant l'univers en raccourci soit bien gouverné encor selon les loix de la morale.

Extrait d'une lettre datée de Berlin, 19 novembre 1701 (1).

Pour ce qui est des unités, V. A. E. les entendra autant qu'elles sont intelligibles si elle en veut prendre la peine. Car elle juge bien que tout ce qui est corporel et composé, est multitude et non pas véritablement une unité ; et que toute multitude cependant doit estre formée et composée par l'assemblage des unités véritables ; lesquelles par conséquent n'estant plus composées ny sujettes à la dissolution,

(1) Cette lettre, bien qu'elle ne porte pas de suscription, était destinée à l'électrice Sophie. Elle est inédite.

sont des substances perpétuelles quoyque leurs façons d'estre changent tousjours. Or, ce qui n'a point de parties ny d'étendue n'a point de figure aussi ; mais il peut avoir de la pensée et de la force ou de l'effort, dont on sait aussi que la source ne peut venir de l'étendue ny des figures ; et par conséquent il faut chercher cette source dans les unités ; puisqu'il n'y a qu'unités et multitude dans la nature, ou plus tost il n'y a rien de réel que les unités ; car tout assemblage n'est que la façon et apparence d'un estre, mais dans la vérité il est autant d'estres qu'il contient de véritables unités. Et comme dans un trouppeau de brebis, les estres sont les brebis, mais le trouppeau même n'est qu'une façon d'estre ; on peut dire que dans la rigueur de la vérité le corps de chaque brebis et tout autre corps est luy-même un trouppeau, et qu'on ne trouve l'estre même que dans l'unité parfaite qui n'est plus trouppeau. D'où l'on peut conclure qu'il y a des unités par tout, ou plus tost que tout est unités. Et toute unité a une manière de vie et de perception, et ne peut avoir que cela. Mais dans les assemblages réguliers de la nature, c'est-à-dire dans les corps organisés comme sont ceux des animaux, il y a des unités dominantes dont les perceptions représentent le total ; et ces unités sont ce qu'on appelle des âmes et ce que chacun entend, quand il dit moy. Et comme le corps d'un animal peut estre composé d'autres animaux et plantes, les corps ont leurs âmes ou leurs unités propres, et il est manifeste que ces animaux, ces unités ou ces forces primitives sont dominantes dans leur petit département quoyquelles soyent assujetties dans le corps plus grand dont elles concourent à former les organes, et dont elles peuvent estre détachées, parce que les corps sont dans un mouvement et flux continuel. Cependant il y a lieu de juger que toute âme garde tousjours un département qui lui convient.

LETTRES
DE LEIBNIZ ET DE FONTENELLE.

LEIBNIZ A FONTENELLE (1).

A Hannover, ce 11 de juillet 1684.

Monsieur,

Je scay que vostre charge de secrétaire de l'Académie royale aussi bien que tant d'autres travaux utiles au public vous laissent peu de temps de reste. Cela m'a empêché de vous écrire, d'autant que j'avois M. l'abbé Mariotte dans vostre compagnie qui m'écrivoit de temps en temps. Mais sa mort que j'apprends avec beaucoup de douleur m'oblige, Monsieur, d'avoir recours à vous. Si la bonté que vous pourrez avoir encore pour une personne à laquelle vous avez voulu du bien autresfois, vous engage peut estre à vouloir perdre quelques heures davantage chaque année qu'avant que de m'avoir répondu. Je scay qu'il se passe tant de belles choses dans l'Académie, que je ne sçaurois quiter le désir d'en

(1) Inédit. L'original autographe est conservé dans la bibliothèque de Hannover.

apprendre quelqu'une de temps en temps; non plus que la vénération que j'auray tousjours pour tant d'illustres qui la composent, parmy lesquels j'espère que MM. Carcavy, Blondel, Hugens, Galloys, les deux Perrault, Cassini, Picard, Duclos, Dodard, Borelli, Bianchini (1), du Vernay, de la Hire, se portent encor bien et s'y trouvent quelques fois. Et je seray ravi d'être confirmé dans cette espérance, aussi bien que d'apprendre les noms de ceux qui sont entrés depuis. Pour M. Hugens, je doute s'il est de retour. Mais surtout je voudrois scavoir ce qu'on va publier de la part de l'Académie et de ses membres, et même ce qu'on en a imprimé depuis quelque temps. Car comme une partie de ces choses n'est pas venue à ma connoissance, je souhaitte de savoir si on a continué les définitions des arts mécaniques qu'on avoit commencées par l'ordre de l'Académie, si le méridien de l'Observatoir est établi, et si on a observé la variation de l'éguille le long de ce méridien; *item*, si la machine qui élève l'eau de la Seine à Saint Germain, pour la faire aller à Versailles est en sa perfection, et ce que M. Moreland (2), Anglois, a fait ou fait de bon à Versailles.

(1) Blondel (1617-86), Cassini (1625-1712), Picard (1620-82), Duclos (1715 ?), Dodard (1634-1707), Borelli (1608-79), Bianchini (1662-1729).

(2) S. Morland (1625-1697), de Berkshire, élév. des eaux.

En voilà trop de demandes, dires vous, monsieur, mais comme il vous est aisé de m'y satisfaire, et qu'une lettre ne vous couste pas plus que la conversation, je me flatte de quelque explication. Je souhaitterois de vous pouvoir mander quelque chose en échange, et il dépend de vous de m'honorer de vos ordres. On commence maintenant d'introduire dans ce pays la manufacture de l'acier fait de fer, et on a des preuves assés bonnes puisqu'on en a fait des rasoirs. J'ay étudié un peu les mines dont nostre pays abonde, et j'ay des sentimens tout à fait différens de ceux d'Agricola, de Des Cartes et de M. Sténonis, il y en a quelques uns dont j'ay démonstration qui confirment fort les autres opinions que j'en ay.

Ayant appris de M. Tschirnhaus qu'on n'avoit pas encor trouvé la ligne de M. Perrault qui se décrit en traçant obliquement un corps sur une table avec un filet, je la cherchay, car les méthodes que j'ay à présent laissent peu de chose de cette nature à désirer. Et j'ay trouvé sa nature, et qu'on la peut décrire encor par une autre voye plus ordinaire. Je croy qu'on aura essayé la description du feu artificiel ou du phosphore que je communiquay à l'Académie. On m'avoit promis la communication de quelques autres belles curiosités dont je ne désespère pas. Il est vray que M. Tschirnhaus m'apporte la composition de l'or rendu volatil et d'un sel végétal, mais par malheur le papier s'en est perdu, et je vous supplie, monsieur, de me l'obtenir de réchef avec quelques autres curiosités dont on trouvera à propos de me faire part. LEIBNIZ.

FONTENELLE A LEIBNIZ (1).

Monsieur,

Il faut que je commence par me justifier d'une apparence de paresse dont vous pourriés me croire coupable, si cependant on en peut être soupçonné quand il s'agit d'entretenir commerce avec un homme tel que vous. La lettre que vous m'avés fait l'honneur de m'écrire de Bronsvic, du 3 septembre dernier arriva pendant que l'Académie étoit en vacances et toute dispersée. Ainsi je fus obligé d'attendre qu'elle fust rassemblée principalement pour la pouvoir consulter sur cette correction des tables Rodolphines que vous m'envoyiés. La compagnie ne se rassembla selon ses statuts, que le samedi d'après la Saint Martin, et ce fut une assemblée publique où je ne pus lire notre lettre. Mais à l'assemblée

(1) Inédit. L'original autographe est conservé dans la bibliothèque de Hannover.

suivante, je la lus, et il fut résolu que l'on examineroit cette nouvelle proposition sur les élémens du soleil et de la lune. Ce n'est que depuis deux jours, que j'ai sur cela le sentiment de l'Académie. Le voici :

L'époque que l'on propose de 1701 commençant pour le moyen mouvement du soleil, étant réduite au méridien de Paris, se trouve à quelques secondes près de celles que M. de la Hire a établie dans ses tables astronomiques, et peut être que cette petite différence vient de la disposition de l'équation du temps de l'un et de l'autre. Pour ce qui est de l'équation du centre du soleil, cet auteur propose la plus grande de 1° 36′ 20″ aussi à quelques secondes près de celle de M. la Hire. Mais comme cet auteur, suivant ce qu'il dit, doit former la table entière de l'équation du centre du soleil, selon la méthode de Kepler, on juge qu'elle ne pourra tout au plus convenir avec le ciel, que dans le point de l'équinoxe du printemps dont il a parlé.

Pour le système de la lune on le croit nouveau, mais il faudroit l'examiner sur les observations célestes.

Vous savés sans doute, monsieur, qu'il y a longtemps que M. Cassini a abandonné l'ellipse de Kepler, qui est l'ellipse ordinaire, pour lui en substituer une autre, ou, au lieu de la somme des lignes tirées d'un point de la circonférence aux deux foyers, ce sont les rectangles de ces lignes qui sont toujours égaux. M. de la Hire ne paroit point s'être déterminé pour aucune courbe, et je vous avoue que je soupçonne un peu qu'il se trouvera à la fin, que les corps célestes n'en décrivent effectivement aucune qui soit régulière ni exacte. Cette irrégularité, renfermée cependant dans de certaines bornes, me paroît plus convenable à la physique, quoiqu'assés incommode pour l'astronomie.

A cette occasion, je vous dirai, monsieur, que M. Varignon, l'un de nos plus grands géomètres, nous a donné depuis peu une méthode générale pour trouver les différentes *forces centrales* qui poussent une planète. Il n'a pas manqué en commençant cette recherche de nous rendre la justice qui vous étoit düe, et de nous dire que vous, monsieur, et M. Neuton, vous étiés les premiers et mêmes les seuls, qui eussiés porté la géométrie jusqu'à découvrir ces pesanteurs des planètes vers le soleil, outre cela comme M. Varignon ne se sert jamais que du calcul différentiel, et que par là il va fort bien, c'est une obligation continuelle qu'il a à l'auteur de ce calcul, et qu'il publie avec beaucoup de plaisir.

Il est vrai que M. de Tournefort (1) est allé en Grèce et en Asie par ordre du roi, pour la recherche des

---

(1) Tournefort (1656-1702).

simples et les comparer avec ceux des anciens. Il a mené avec lui un habile dessinateur, qui est aussi habile botaniste ; et il nous a déjà envoyé un grand nombre de desseins de plantes de ces pays-là ; il y a même quelques desseins et quelques descriptions anatomiques d'animaux. Le roi lui même a la curiosité de les voir.

Sa Majesté a aussi ordonné que l'on continuast la méridienne qui doit traverser la France. M. Cassini partit ces vacances pour aller du costé du Midi : il est présentement à Toulouse, c'est à dire que la méridienne y est aussi. Il ne reviendra point qu'il ne l'ait conduite jusqu'à l'extrémité la plus méridionale du royaume. Ensuite M. La Hire achèvera ce qui reste à faire du côté du septentrion ; vous savés, monsieur, quelle est la grandeur, la difficulté et l'importance de cet ouvrage.

Il y a deux ou même trois académiciens qui se sont particulièrement chargés de la description des arts. On est déjà bien avancé dans celui de l'imprimerie par où l'on a commencé, parce que c'est lui qui conserve la connoissance de tous les autres. On travaille en même temps à quelques autres arts ; mais ce travail ne peut être qu'un peu lent à cause du grand nombre de recherches qu'il faut faire chés les ouvriers, et de la peine qu'on a à rien tirer d'eux.

On ne songe pas présentement à la géographie d'Abulfeda, cela viendra dans son temps, mais on ne peut pas tout faire à la fois.

Apparemment, monsieur, on ne vous a pas bien expliqué ce qu'on vouloit dire *par ce feu actuel que l'on produit par réaction.* Je ne sais ce que ce peut être. M. Amontons (1) un des élèves, a proposé un moyen de faire travailler le feu pour mouvoir des machines, comme on fait travailler l'air et l'eau. D'un autre costé, M. Bernoulli de Groningue nous a écrit sur un phosphore qu'il fait à coup sûr dans le baromètre, mais ni l'une ni l'autre de ces deux choses ne me paroist convenir à ce qu'on nous a dit. M. Lémery, un des chimistes de l'Académie, nous a fait voir dans un matras un tonnerre artificiel, avec un feu qui circulait dans le matras. Je ne sais si ce seroit cela, mais enfin voilà tout ce que je connois d'expériences nouvelles de l'Académie où le feu soit entré.

Vous ne serés plus désormais incertain sur ce qui se sera passé dans l'Académie, car à la fin de chaque année paroistra toujours l'histoire de cette année, selon que le réglement de 1699 y oblige l'Académie. Cela ne s'est pas encore exécuté, parce qu'il

---

(1) Amontons, 1621-1705. Voy. Fontenelle, *Hist. de l'Acad.*, 1705, p. 189.

a fallu quelque temps pour prendre une forme nouvelle, et pour donner à tout un premier branle. Mais enfin c'en est fait, l'histoire de 1699 va paroistre au commencement de 1701 ; celle de 1700, à Pasques ou à la Pentecoste de 1701, et celle de 1701 à la fin de l'année, après quoi le courant ira toujours sans interruption.

On mettra dans cette histoire les pièces les plus importantes, telles qu'elles auront été données par les académiciens, et comme cette compagnie vous conte pour un de ses principaux membres, quand vous voudrés, monsieur, lui communiquer quelqu'une de vos découvertes, on sera ravi d'en pouvoir orner l'histoire.

On a fort applaudi au choix de monsieur l'électeur de Brandebourg, qui vous a donné la direction de la nouvelle Société qu'il a fondée pour les sciences (1). L'Académie espère beaucoup de cet établissement et de celui qui en aura le soin.

Voici, monsieur, une lettre d'une longueur que je vous supplie de me pardonner. Je me suis laissé emporter au plaisir de vous écrire. Je suis avec beaucoup de zèle, monsieur, votre très humble et très obéissant serviteur. FONTENELLE.

De Paris, ce 8 décembre 1700.

(1) Voy. Bartholmess, *Histoire de l'Académie de Berlin*.

stancié, à la fin de chaque année de ce qui se sera passé dans l'Académie ; personne ne mériteroit autant que vous, monsieur, d'en être instruit avant le public; mais outre que cela ne vous avanceroit pas beaucoup le temps, je ne pourrois vous dire les choses avec la même étendüe et dans le même détail où l'histoire nous les donnera.

Pour les MS. de la bibliothèque du roi, dont le traducteur d'Albufeda (1) pourroit avoir besoin, c'est une chose qui ne regarde ni l'Académie ni aucun de ses membres. Il faudroit pour cela s'adresser à ceux qui ont soin de la bibliothèque, et si vous me jugiés propre à cette négociation, j'exécuterois vos ordres avec beaucoup de ponctualité.

Votre essai des sciences numériques sera dans l'histoire de cette année 1701. Si vous y voulés ajouter quelque chose, vous aurés assés de loisir. L'Académie vous prie d'enrichir son histoire annuelle le plus que vous pourrés, de quelques unes de vos découvertes, et je vous supplie en particulier de croire que je suis avec une parfaite estime et un zèle ex-

---

(1) Omadeddin-Ismaël-Ben-Ali-Abul-Feda, célèbre géographe arabe, auteur du *Takwin el boldan, seu Directio terrarum*, ouvrage divisé en 28 parties qui comprennent toute la terre connue. Leibniz négocia par intermédiaire, et pour un savant d'Allemagne, avec la bibliothèque du roi, pour avoir le manuscrit d'Abul-Feda.

trême, monsieur, votre très humble et très obéissant serviteur.

FONTENELLE.

De Paris, 30 avril 1701.

A M. DE FONTENELLE,
SECRÉTAIRE DE L'ACADÉMIE ROYALE DE FRANCE (1).

Luzembourg, 12 juillet 1702, près de Berlin (2).

MONSIEUR,

Outre l'honneur que me font vos lettres, il y a du plaisir et du profit pour moy. On y trouve du solide et du délicat, si l'un nous rend plus savants, l'autre nous rend plus judicieux, ce qui vaut encor mieux. Certains tours fins et propres à monstrer le néant de bien des choses, marquent l'auteur des *Dialogues des morts*, je mets de ce nombre ce que vous dites, monsieur, sur le calcul binaire, sur les observations de la coste de Normandie, qu'un de mes amis sou-

---

(1) Cette lettre est une des deux qui ont été déjà données par Feder. La copie que nous avons collationnée à Hannover, et dont Feder s'est probablement servie, ne paraît pas être de la main de Leibniz. Il n'y a d'ailleurs aucun doute à avoir sur l'authenticité; c'est une des plus belles lettres de Leibniz.

(2) Luzenbourg, ou même Lustembourg, près Berlin, est aujourd'hui Charlottenbourg. C'était la résidence favorite de Sophie Charlotte.

haitte, et sur les coussins d'air. — Je me rends justice en tout cela, et je vois que je ne devois vous parler que des choses bien poussées et bien éclaircies ; à vous, dis-je, qui n'estes accoustumé de manier que de telles, ce qui a augmenté sans douste le goust exquis que vous avés. Mais en m'apprenant vostre beau dessein qui va à répandre les lumières de votre esprit jusque dans les enfoncemens des infiniment petits, vous me faites reconnoistre l'auteur des *Entretiens de la pluralité des mondes.* Il y a autant d'esprit et d'art à aggrandir et à rendre sensibles les petites choses qu'à mettre les grandes en racourci, comme vous aves fait. Et je m'asseure de profiter dans ce que vous ferés pour ma science de l'infini. J'ay souvent remarqué que des personnes qui ne font pas tout à fait profession du mestier, ont coustume de fournir des pensées plus singulières *concetti più vaghi et più pelegrini,* où l'on ne s'attend pas. Une personne qui n'estoit même point géomètre du tout, et qui fit imprimer quelque chose de géométrie, donna quelque occasion à ma quadrature arithmétique, sans parler d'autres exemples.

Mais j'ose vous supplier, monsieur, comme j'avois déjà fait, de ne point publier mon essay des binaires, parce qu'estant très docile, et me mettant aisément du costé d'autruy, je voy bien par ce que vous en dites, que ce que j'en ai dit ne suffit pas pour donner envie à quelqu'un de le pousser, ce qui estoit pourtant mon but. Ce seroit le décrier plus tost, et lui faire perdre inutilement et intempestivement la grâce de la nouveauté. Ainsi il vaut mieux le différer jusqu'à ce que je puisse donner des meilleurs échantillons; outre que je deuvrois déjà adjouter quelque chose à ce que je vous avois envoyé. Et il ne seroit point juste sans doute de vouloir que d'autres y entrent, sans qu'on aye de quoi leur en faire naistre l'envie. Si des gens qui connoissent la coste de Normandie ne trouvent point sans beaucoup de peine et de recherche de quoy répondre aux questions de mon ami, qui dans ses voyages du nord et le long de la coste de la mer d'Allemagne, s'est formé certains principes sur la surface de cette partie de la terre qu'il voudroit vérifier encore ailleurs, c'est une remarque que ses maximes ne s'y vérifient guère; car il faut qu'elles sautent aux yeux pour être bonnes. J'ay vu autrefois chez M. Carcavy, des cartes particulières, faites à la main, de toutes les provinces de France et de leurs parties. De telles cartes suffiraient sans aller fort loin, pour répondre à une partie des questions dont il s'agit. Car on y remarqueroit le cours et la direction des rivières et ruisseaux, et verroit s'il y a quelque chose d'assez commun à la plus part. Peut estre ces cartes sont elles à la bibliothèque du roi.

Pour ce qui est des coussins d'air, c'est assez que vous me dites, monsieur, qu'on ne connoist personne qui en sache faire. Ainsi quand je pourrois répondre aux difficultés qu'on vous a suggérées, et quand je dirai qu'ils obéiront aisément, qu'il s'en faudroit beaucoup qu'ils seroient aussi durs que s'il y avoit des gros cailloux dedans, et qu'ils pourront être et deviendront concaves en dehors, tellement que celui qui y sera assis ou couché n'aura que faire de craindre de rouler et de donner du nez en terre faute d'avoir observé le centre de gravité, quand dis-je, je pourrois répondre ainsi à ces difficultés et à d'autres, on n'y gagneroit rien.

Il semble par ce que vous dites, monsieur, que M. Homberg a rendu plus général et porté plus loin ce que M. Hofman (1) n'avoit observé qu'en particulier, sur l'inflammabilité des huyles aromatiques avec de l'esprit acide. Il est vray que suivant la manière de M. Hofman, on ne doit point craindre que l'expérience manque aisément et l'air sec ou humide y est assez indifférent. M. Homberg fait honneur au pays où il est, et j'attends avec impatience les élé-

(1) Frédéric Hoffmann, célèbre médecin à Halle, ami et disciple de Leibniz.

mens de chimie d'un si habile homme, d'autant plus que j'y ay aussi médité un peu autres fois. Bien des chimistes se sont vantés d'avoir ce qu'ils appellent *mercurius corporum*, c'est-à-dire du vif argent tiré des métaux. Mais M. Homberg, en publiant la méthode d'en faire, aura esté sans doute le premier qui aura tiré ces mercures du rang des non-estres, où un fléau des alchymistes les avoit mis dans ses *non-entia chymica*. Feu M. Craft (1) m'asseura d'en avoir fait un jour par hazard, mais de ne l'avoir pu refaire.

A propos des chimistes et des expériences de la lumière, je vous dirai, monsieur, que M. Brand, premier auteur du phosphore qui s'enflamme par la friction, et qui le communiqua à MM. Craft et Kunkel, et puis à moy aussi, vivoit encor il y a quatre ans ou environ à Hambourg, et vit peut estre encor, et que celui qui a donné à M. Homberg la relation qu'on a publiée dans les mémoires de l'Académie, comme M. Kunkel n'avoit pas fait cette expérience qu'après la mort de l'inventeur, n'a pas esté bien informé, car j'ay parlé moy-même à M. Brand quelques années après, et même j'en ay eu des lettres, que je crois d'avoir encor (2). Ainsi

---

(1) Leibniz fit paraître, à ce sujet, un mémoire intitulé : *Relatio de phosphoro à Domino Craftio invento*, 1677.

(2) Leibniz a conservé plusieurs lettres de ce fameux docteur

ce fait étant énoncé si notoirement, aussi bien que quelques autres, qui se trouvent dans cette relation de l'invention du phosphore, et qui la changent entièrement, je ne say s'il ne seroit à propos de la rectifier. Je ne say si la comète qu'on a observée à Berlin a esté aussi remarquée en France, et en ce cas, je vous prirois, monsieur, de me communiquer quelque chose des observations qu'on peut avoir là-dessus. Nous croyons aussi que le cycle de M. Tidius n'est point si exact à l'égard du soleil; mais je souhaiterois d'apprendre si M. Cassini juge qu'il y a un centre plus juste, plus rond et plus propre à la pratique à l'égard des deux luminaires. Un astronome me demande aussi, si la lumière de M. Cassini a été observée au delà de la ligne, et ce qu'on a appris. Je feray savoir à M. Gröning, auteur d'une espèce d'histoire de la Cycloïde, ce que M. de la Hire y a découvert à l'égard des rayons de

---

Brand, et même une lettre de sa femme qui est pleine de plaintes et de reproches contre Leibniz sur ce qu'on n'ait pas rempli les promesses qu'on avait faites à son mari pour l'attirer à Hannover. La dernière des lettres de Brand pourrait être de l'an 1690. L'erreur concernant l'invention de Kunkel, que Leibniz a relevée dans sa lettre, est aussi adoptée par M. Adeling dans son dictionnaire, art. BRAND. Leibniz a donné l'histoire de l'invention du phosphore dans une dissertation particulière (voy. *OEuvres*, t. II, part. II, p. 102), où aussi son poëme latin sur cette invention est inséré, et assuré que la pension promise à Brand fut payée exactement jusqu'à la mort du duc Jean-Frédéric. (Note de Feder.)

lumière ; car il la fera réimprimer un jour ; il l'avoit publiée, en bonne partie, sur les mémoires que M. Magliabechi lui avoit fournis en faveur de Torricelli ; mais il l'auroit changée et augmentée en bien des choses s'il avoit eu ou suivi mes avis. M. Bernoulli de Gröningue a esté aussi mené à cette courbe comme étant celle de la plus courte descente par la voye des rayons, et c'est une autre roulette (savoir celle qui est faite par un cercle qui roule sur un cercle) qui se forme par la réflexion des rayons du soleil, comme MM. Hugens et Tchirnhaus ont montré.

A propos de M. Tchirnhaus, je vous remercie, monsieur, de la communication d'une partie de ses propositions : Quant au premier point, les quadratures par la transposition des droites ne sont pas tout à fait sans infiniment petits. Quant au deuxième, j'estimerois fort le dénombrement de toutes les lignes algébriques sur le fondement des foyers. Troisièmement, je ne connois que les démonstrations des quadratures à la façon de celle de la lune d'Hippocrate qui soyent indépendantes de la considération de l'infini. Mais ordinairement les quadratures et rectifications en paroissent indépendantes sans l'estre. J'ay observé cependant qu'il y a deux manières de venir aux sommets des aires ou aux rectifications des courbes par l'infini. L'une par les infiniment petits, ou quantités élémentaires dont on cherche la somme; l'autre par une progression des termes ordinaires dont on cherche ou la somme ou la terminaison lorsqu'elle se termine enfin dans ce qui enveloppe l'infini; à peu près comme lorsque les polygones d'un nombre fini de costés se terminent enfin dans un polygone dont les costés sont sans nombre, c'est-à-dire dans le cercle, et cette méthode diffère *toto genere* de notre calcul des différences des sommes, comme j'ay fait remarquer il y a si longtemps; elle s'étend même plus loin, mais elle est plus difficile à manier. M. Des Cartes a voulu donner les tangentes sans les infiniment petits par le moyen des racines égales, pour éviter en apparence ce que M. de Fermat avoit fait avant luy. Le quatrième point de M. Tchirnhaus me paroist beau autant qu'il est faisable. Je crois d'avoir le cinquième depuis fort longtemps. Et le sixième, à l'égard des quadratures indéfinies est au moins *in potestate*. Mais quant aux portions déterminées, *hœreo;* on peut démontrer par les séries et par nos autres méthodes, les théorèmes qui regardent des portions indéfinies des courbes et des espaces, mais non pas toujours ce qui regarde les déterminées. Les séries mêmes ayant ce défaut, que les valeurs y peuvent estre égales sans qu'on le reconnoisse, il n'y a que les séries que le calcul binaire fournira un jour, qui lèveront cet inconvénient, et seront maniables en même temps. Et ma réduction des différentielles aux exponentielles (autant qu'on en est le maistre jusqu'icy), nous donne aussi le moyen d'aller aux portions déterminées par un calcul certain qui fournit ce qui se peut. Mais cette réduction est encore trop bornée. Si vous voulés me faire part aussi, monsieur, de ce que M. Tchirnhaus vous a communiqué ou annoncé sur ses découvertes d'optique et verres, je vous en seray obligé, car je n'en sais pas assez le détail. Puisque vous pensés à ce qui regarde l'infini, que vous enrichirés par des belles réflexions à votre ordinaire, je souhaiterois d'apprendre vostre jugement sur mes essais philosophiques, et particulièrement à l'égard de l'union et commerce de l'âme et du corps ; car la considération de l'infini entre extrêmement dans mon système, mais un peu autrement pourtant, que de la manière qu'on le prend dans les infiniment petits, que je considère comme quelque chose de plus idéal. M. Bayle ayant marqué qu'il seroit bien aise de voir ce que je répondrois aux objections qu'il a insérées dans la seconde édition de son Dictionnaire, article ROZARIUS, j'ay dressé une réponse, que je luy veux envoyer, mais non pas encor pour estre imprimée, à fin que je puisse profiter auparavant des sentimens des personnes qui me peuvent donner des lumières. C'est pourquoy je vous envoyeray aussi une copie.

Au reste, je suis avec zèle, etc.

FONTENELLE A LEIBNIZ (1).

De Paris, ce 18 novembre 1702.

Monsieur,

Si je n'ai pas eu l'honneur de répondre plus tost à votre dernière lettre, prenés vous en à la promesse dont vous m'aviés flatté, de m'envoyer votre réponse à M. Bayle, sur votre système de l'âme. J'ai toujours cru la voir arriver de jour en jour, et j'attendois que je l'eusse reçüe pour répondre à tout en même temps. Je vois bien que je l'attendrois plus long-temps inutilement ; vous aurés sans doute fait réflexion qu'il n'étoit pas raisonnable de me l'envoyer comme pour m'en demander mon sentiment, certainement cela n'étoit nullement dans l'ordre, et je le sentis d'abord malgré l'amour-propre ; cependant ma vanité n'eust pas laissé de profiter d'une méprise où vous seriés tombé par pure bonté. Je connois déjà votre sistème de l'âme, il est très

(1.) Donnée par Feder à la suite de la lettre de Leibniz et de celle de Bignon.

ingénieux, et le moyen qu'un sistême qui vient de vous ne le fust pas? Mais je vous avoürai que je crois la nature de l'esprit humain incompréhensible à l'esprit humain ; il ne connoist que ce qui est d'un ordre inférieur ; que l'étendue et ses propriétés. Encore qui le pousseroit bien sur cela, il ne s'en tireroit peut-être pas à son honneur. Je croirois plustost que l'on pourroit démontrer l'impossibilité d'acquérir jamais ces sortes de connaissances métaphisiques, ce qui seroit une solution de problème à contre sens, comme la démonstration de l'impossibilité de la quadrature du cercle, qu'on dit que M. le marquis de l'Hopital a trouvée. Il me semble, monsieur, que je vous parle avec une étrange liberté, il est vrai qu'elle doit être permise entre philosophes, mais il ne faut pas que ce soient des philosophes d'un ordre aussi différent que vous et moi.

J'ai commencé la téméraire entreprise des infiniment petits. J'y travaillois avec grand courage, en attendant quelque rayon de bon sens qui m'en désabusast. Au lieu de cela, les histoires de l'Académie sont venues, qui m'ont rappelé à elles. Je ne sais si l'année 1699 sera présentement parvenuë à vous. 1700 paroistra certainement à la fin de cette année. 1701 est fait, je commence 1702, ce qui me met dans mon courant, moyennant quoi je me trouverai dans deux ou trois mois en état de me redonner à ma folie. Si les ignorans en géométrie nous donnent des lumières, je puis vous assurer que vous profiterés beaucoup à lire mon ouvrage. A vous parler sérieusement, il me paroist que le plan en sera net et général, et que dans toute l'étendüe où je jette mes filets, rien ne m'échappera. Du reste, ce ne seront que de malheureux petits élémens que les grands géomètres regarderont par-dessus l'épaule.

J'ai fait oster, selon votre ordre, votre calcul binaire de l'histoire de 1701 où il eust été. Je commence à entrevoir à quoi il peut servir ; mais je ne puis m'empêcher, monsieur, de vous exhorter à en donner quelque idée, ne fust-ce que par un seul exemple, afin que l'on puisse donner cette découverte au public. Comme la progression décuple et vulgaire produit par elle-même un moyen très facile de reconnoistre tous les multiples possibles de 9 ce qui n'est qu'une bagatelle, il faudroit faire voir que votre progression dyadique fournit quelque autre connoissance importante.

M. Chazelles, de notre Académie, ingénieur du roi, et habile observateur, étant allé il y a trois mois sur les costes de Bretagne et de Normandie, je l'ai prié de faire les observations que vous désirés.

La lumière de M. Cassini a été observée à Pontichéri, dans le royaume de Siam, par les jésuites. Elle l'a été aussi à Ispahan, à Goa, dans l'Amérique méridionale, et vers le cap de Bonne-Espérance.

La comète observée à Berlin l'a été aussi à Rome et à Paris dans le même mois d'avril.

S. A. R. Mgr. le duc d'Orléans a été curieux d'avoir un miroir ardent convexe de la façon de M. Tschirnhaus. Il est de 4 pieds de diamètre, et on en rétrécit le foyer avec un moindre verre. Vous verrés un dénombrement de ses principaux effets dans l'histoire de 1699 ; je ne vous puis rien dire de mieux sur les découvertes de M. Tschirnhaus en dioptrique. On a fait tout cet été des expériences nouvelles avec le miroir de M. d'Orléans ; il nous va donner assurément une chimie nouvelle, car les plus violens fourneaux n'étaient que des glacières en comparaison. Les histoires de chaque année en feront beau bruit.

On imprimera, dans l'histoire de 1702, ce que vous m'avez fait l'honneur de m'envoyer sur les polinomes irrationels, à l'occasion de l'algèbre de M. Ozanam. L'Académie auroit bien envie que ses histoires fussent plus souvent ornées de quelques pièces de vous.

Il y a eu ici un fait fort étrange. Une femme a

accouché par le fondement, mais pièce à pièce, et en un fort long tems.

M. Littre de notre Académie a présidé à cet accouchement singulier ; il a tiré hors du corps de cette femme par l'anus, toutes les pièces du fœtus qui passoient par un trou qui s'étoit fait au rectum : il a fait plus, il a remis la femme en parfaite santé. Je crois que c'est un miracle de médecine et de chirurgie tout ensemble ; nous vous en donnerons dans quelque temps un ample détail.

M. Cassini dit que le cycle de M. Tidius quoiqu'il eust besoin de temps en temps de quelque correction et de quelque équation, seroit bon pour les deux luminaires, si d'ailleurs il étoit centenaire, mais que ce nombre rompu de 592 le rend incommode.....

Voilà, Monsieur, à ce que je crois, tout ce que je puis vous dire de moins indigne de vous être dit. Quand vous aurés vu notre histoire de 1699, je vous supplie très humblement de vouloir bien m'en dire votre sentiment en détail sur la partie qui me regarde. Je connois votre politesse, et ce ne sont point des honnestetés que je vous demande, elles ne me feroient peut-être que du mal ; ce sont des critiques dont je puisse profiter pour un ouvrage qui doit avoir une suite continuelle. Si vous me faisiés l'honneur de me recommander le secret sur quelque chose qui regardast les pièces de nos Messieurs, je vous le promets inviolable.

Je suis avec beaucoup de zèle, Monsieur, votre très humble et très obéissant serviteur.

FONTENELLE.

FONTENELLE A LEIBNIZ (1).

Monsieur,

Dès que j'eus reçu votre lettre du 6 janvier (2) je chargeai le libraire de l'Académie de ramasser tous les livres ou ecrits que vous demandiés, et de les porter chez M. Brosseau. Il y a si long-temps que cela est fait, qu'apparemment vous en estes instruit à l'heure qu'il est. Je ne croi pas qu'on ait rien oublié de ce que vous souhaitiés qu'on vous envoyast. Mille grâces très humbles, Monsieur, de l'honneur que vous m'avez fait de me prendre pour votre commissionnaire, je me crois maintenant en possession d'une fonction si glorieuse, et si vous me la faisiés partager avec quelque autre, je vous avertis que je le trouverois fort mauvais.

---

(1) Inédit. L'original autographe est conservé dans la bibliothèque de Hannover.

(2) Cette lettre ne se retrouve plus.

Il vous est échappé dans votre lettre des traits ou plus tost des rayons de métaphisique qui m'ont charmé, et qui m'ont porté de grandes lumières dans l'esprit. Tout ce que vous me dites sur les premières loix du mouvement qui renferment quelque cause immatérielle, est d'une beauté sublime. Je voudrois seulement savoir, si ces loix sont indifférentes à la nature des corps, c'est-à-dire telles que la cause immatérielle ou Dieu en eut pu prescrire d'autres en ce cas là. Je vous avoüe qu'il y a là quelque chose d'arbitraire qui me fait de la peine et qui peut-être par des conséquences pourroit faire tort aux vérités géométriques. Si ces loix sont déterminées par la nature des corps à estre réelles, il y a donc entre elles et la nature des corps quelque rapport qui nous échape, et si nous le connoissions, les loix du mouvement nous conduiroient nécessairement à rien d'immatériel. Il me semble que selon votre idée c'est absolument la première partie du dilemme qu'il faut soutenir, mais elle a bien ses difficultés. Si les loix du mouvement sont arbitraires, qui m'assure qu'elles soient générales ? il y en aura ici d'une façon, ailleurs d'une autre. Ainsi parce que la construction d'un animal est arbitraire, il y a différentes constructions d'animaux. Ce qui est nécessaire est général, cela est incontestable, mais la proposition négative me parois vraye aussi, que ce qui n'est point nécessaire n'est point général. Pourquoi l'Estre infiniment sage aura-t-il entre deux espèces de loix égales par elles-mêmes, préféré absolument les unes aux autres ? Pourquoi ne les pas employer toutes, ou ensemble, ou séparément, s'il le faloit ? J'ai bien de la peine à croire qu'en ce genre-là tout ce qui est possible n'existe. L'ouvrage du Souverain ouvrier en sera plus noble et plus magnifique. Enfin l'essence de Dieu qui renferme toutes les autres essences étant nécessaire, je croirois qu'elle les détermine nécessairement aussi à estre telles. De là les vérités éternelles. Or je croi bien que le mouvement ne s'ensuit pas et ne peut s'en suivre de l'essence de la matière, quelle qu'elle soit, mais pour les loix du mouvement il me paroist qu'elles doivent s'en en suivre, quoique je ne voye pas cette liaison, peut être parce que l'essence de la matière ne m'est pas assés connuë.

Je ne sais pas s'il y a du sens commun à tout cela. Vous m'avourés du moins que ce n'est pas vouloir vous imposer, que de se hasarder à de pareils raisonnemens avec un homme tel que vous, je serois plus réservé et plus laconique si j'avois dessein de me faire passer d'auprès de vous pour un habile homme. Mais je ne veux pas vous tromper, peut-être aussi est-ce parce que je n'esperois pas d'y réussir.

L'histoire de l'Académie de 1701 est entièrement imprimée, et va paroistre ces jours-ci. J'aurai soin d'en faire envoyer un exemplaire pour vous à M. Brosseau. J'ai bien envie de savoir votre sentiment sur 1699, et non seulement sur ce qui me regarde, mais sur le total.

Je suis, Monsieur, votre très humble et très obéissant serviteur.

FONTENELLE.

De Paris, ce 24 mars 1703.

LEIBNIZ A FONTENELLE (1).

A Monsieur de Fontenelle, à Paris.

Berlin, 7 avril 1703.

Monsieur, en vous faisant les remercimens que je dois de me faire favoriser de quelques dissertations publiées à Paris de temps en temps qui se rapportent au dessein de l'Académie royale, je n'abuseray pas de la bonté que vous avez eue d'y déférer, en ordonnant à votre libraire d'en porter à M. Brosseau, de peur que vous ne disiez tout de bon que je ne vous fais mon commissionnaire.

(1) Inédit. L'original autographe est conservé dans la bibliothèque de Hannover.

J'ay écrit à M. l'abbé Bignon la poste passée, et le temps ne me permist pas de vous écrire aussi, Monsieur. Je le réservay pour aujourd'huy pour vous dire que la figure chinoise de Fohi, fait que je crois qu'on pourra maintenant parler de cette arithmétique dans les Mémoires de l'Académie; mais je vous supplie, Monsieur, d'y insérer non pas mon écrit passé, mais ce que je viens d'envoyer à M. l'abbé Bignon, qui est plus court et parle de cet accord que le R. P. Bonnet m'a annoncé, c'est lui qui a déchifré l'enigme de Fohi à l'aide de nos binaires. J'avais craint que le public ne meprisat une spéculation dont le fruit ne paroît pas d'abord, mais cette remarque la rend peut estre passable.

Pour ce qui est des loix du mouvement, on peut le démontrer en faisant certaines suppositions, mais chacune a quelque chose d'indépendant de la nécessité géométrique et dépendant du principe de la convenance ou de la perfection. M. Hugens suppose le principe du bateau, c'est-à-dire de l'équivalence, a l'égard du choc des corps, entre un corps, par exemple, véritablement en repos et sans action, et entre un corps qui court de la proue à la pouppe d'une vitesse égale à celle du bateau, ce qui fait paroistre ce corps en repos aux yeux du spectateur et sur le rivage du canal. Cette remarque se trouve heureusement conforme aux expériences mais on n'en sauroit demonstrer la nécessité.

Vous demandez, Monsieur, si les loix du mouvement sont indifférentes à la nature de la matière. Je réponds qu'ouy, si vous opposés l'indifférent au nécessaire et je réponds que non, si vous l'opposés au convenable ; c'est-à-dire à ce qui est le meilleur et donne le plus de perfection. Il en est de même si vous parlés de l'arbitraire. Ces loix ne sont pas si arbitraires ou indifférentes que quelques uns ont cru, ny si nécessaires qu'ont cru d'autres. Les loix du mouvement ne sont donc point de nécessité géométrique non plus que l'architecture. Et cependant il y a entre elles et la nature du corps, des rapports qui même ne nous échappent pas tout à fait. Ces rapports sont fondés principalement dans l'entéléchie ou principe de la force qui joint à la matière achève la substance corporelle. On peut même dire que ces lois sont naturellement essentielles à cette entéléchie ou force primitive que Dieu a mise dans les corps, par conséquent à la substance corporelle, autrement si elles n'en naissoient pas, elles ne seroient point naturelles mais miraculeuses et Dieu seroit obligé d'en procurer observation par un miracle continuel (1) :

(1) Leibniz était en opposition formelle avec les cartésiens sur les lois du mouvement, Op. Dut., t. III.

mais elles ne sont point essentielles à la matière c'est-à-dire à ce qu'il y a de passif dans la substance corporelle.

On pouvoit feindre bien d'autres loix et sans parler de celles de Descartes ou de la recherche de la vérité, j'ay démonstré autres fois et repeté en peu de mots dans un des journaux des savants, comment tout deuvroit aller naturellement dans le concours, s'il n'y avoit dans les corps que matière ou passif, c'est-à-dire étendue et impénétrabilité, mais ces loix ne sont pas compatibles avec les nostres et produiroient les effets les plus absurdes et irréguliers du monde, et violeroient entre autres la loi de la continuité que je crois avoir introduite le premier, et qui aussi n'est pas en tout de nécessité géométrique, comme lorsqu'elle ordonne qu'il n'y ait point de changement *per saltum*. Ainsi il ne faut point s'imaginer qu'il y a quelque monde où ces loix qui suivent de la pure matérialité ayent lieu ou quelques autres aussi peu convenables qu'elles, comme il ne faut pas croire avec Lucrèce qu'il y a des mondes où au lieu des animaux le concours des atomes forme des bras ou des jambes détachés, ny enfin que tout possible arrive quelque déraisonnable qu'il soit, ou de vouloir qu'il soit de la grandeur et de la magnificence de Dieu de faire tout ce qui est possible, outre que cela ne se peut par l'incompatibilité des possibles et la liaison de toutes les créatures, outre cela, dis-je, c'est vouloir de la grandeur aux dépens de la beauté. Et c'est comme si feignant qu'il soit une des perfections de Dieu, d'estre poete, on vouloit que ce poete parfait fist tous les vers possibles bons et mauvais, il en est de mesme de l'architecte et Dieu l'est véritablement.

L'essence de Dieu est seule nécessaire et il implique contradiction qu'elle n'existe pas. Mais Dieu est déterminé à produire les autres etres non pas par la loy de la nécessité, comme il seroit vray s'il produisoit tout possible, mais par celle de la sagesse ou du meilleur, du mieux ordonné, du plus parfait.

Je ne suis point laconique (1), Monsieur, et je ne sçay si je ne peche contre ce qu'on vous doit en ne servant de cette prolixité lorsque je parle à un esprit aussi pénétrant que le vôtre. Cependant je crois qu'on est toujours raisonnable quand on tâche de s'expliquer clairement. Car quand on n'est pas entendu, c'est le plus souvent plus tot la faute de celuy qui parle que de celuy qui écoute.

Votre très humble et très obéissant serviteur.

(1) Leibniz a passé deux pages.

FONTENELLE A LEIBNIZ (1).

Monsieur,

Je vous dirois, si j'osois, que je suis offensé des excuses que vous me faites sur vos commissions littéraires. Je me tiendrois très honoré d'en être chargé, je vous le dis sans aucun compliment, et avec une sincère envie d'être pris au mot. Qui est-ce qui ne se feroit pas un honneur d'être le correspondant de M. Leibnitz? mais la vanité à part, je m'en ferois aussi un sensible plaisir, seulement je crains que les occasions d'avoir et cet honneur et ce plaisir là ne fussent un peu rares. Pourveu qu'on vous envoye l'Histoire de l'Académie des sciences de chaque année, les livres qui viendront des particuliers de la compagnie et les journaux de France et de Trévoux pour les petites pièces, vous aurés tout ce qui regarde les mathématiques et la physique, ou du moins il ne s'échapera guère de chose d'ailleurs.

J'ai lu à l'Académie votre explication des lignes mistérieuses de Fohi par le calcul binaire, et elle a paru très ingénieuse et très heureuse. Elle sera imprimée dans l'Histoire de cette année, qui le sera

---

(1) Inédit. L'original autographe est à Hannover

sûrement l'année qui vient, car on travaille tant qu'on peut à regagner le courant, et on le regagne.

J'ai dit à M. Cassini l'offre de votre astronome de Berlin et la condition raisonnable qu'il y met; il ne doute pas que M. Cassini n'en ait déjà profité, curieux comme il est de la science.

Votre remarque sur l'algèbre de M. Ozanam a été imprimée dans un journal de France. Je la donnerai pour cela à un de nos mathématiciens.

M. le marquis de l'Hopital, dont vous me demandés des nouvelles, a entrepris, comme vous savés assurément, un traité des coniques, mais il me semble que l'ouvrage va lentement. Il m'a dit que des affaires domestiques l'avoient fort interrompu. Après cela il ne se donne pas tout à la géométrie qu'il néglige de suivre, et je ne puis croire qu'il ait grand tort. Un philosophe ou un géomètre est premièrement un homme. Pour le père Mallebranche, il n'a pas une santé bien robuste, il en prend soin comme de raison, et il n'y a guère lieu d'espérer que désormais il se casse la tête à des recherches philosophiques. Il vient même assés peu à l'Académie en été parce qu'il prend l'air à la campagne.

Quant à la métaphysique que vous avés bien voulu m'exposer sur les loix du mouvement, j'en suis charmé. La sublimité de vos pensées m'a élevé, et j'aimerois fort à avoir un guide tel que vous qui me menast dans cette haute région, car sans cela on court grand risque de s'y égarer. J'ai pourtant encore quelque scrupule. Peut être la difformité des loix contraires aux nostres ne seroit-elle que pour nous, mais je ne m'arrêterai point à vous déveloper ce que je veux dire, c'est bien assés pour moi d'avoir osé vous parler quelque autre fois sur de pareilles matières.

Je vous supplie de me mander des nouvelles de cette indisposition que vous avés euë, et de me croire, Monsieur, votre très humble et très obéissant serviteur.

FONTENELLE.

De Paris, ce 6 juillet 1703.

FONTENELLE A LEIBNIZ (1).

Je n'ay point encore eu, Monsieur, l'honneur de vous répondre sur l'arithmétique dyadique et sur les caractères de Fohi, parce que je ne soupçonnois pas que vous en pussiez être en peine. Dès que vous avez marqué, que vous consentés que cela fut imprimé dans nos mémoires, l'Académie a réglé qu'on l'imprimeroit, et votre défense seule avoit empêché

(1) Inédit. L'original autographe est à Hannover.

que l'on n'imprimât plus tôt l'idée de l'arithmétique binaire, mais il faut que tout cela soit dans son temps. C'est à l'année 1703 que ces mémoires appartiennent, et nous achevons présentement 1702, qui ne sera entièrement fini que dans quinze jours. Si nos histoires avoient pu pénétrer jusqu'à vous, vous verriez où nous en sommes et vous n'auriez pas eu d'inquiétude sur ce que vous nous aviez envoyé. Quant à votre écrit pour répondre au P. Lami, M. l'abbé Bignon n'a pas jugé à propos de le mettre dans son journal, parce qu'on n'y met rien de polémique. Voilà, Monsieur, les deux seuls articles dont j'avois à vous rendre compte. Quand vous voudrés nous envoyer quelque morceau de vous, quelque échantillon de vos sublimes découvertes en géométrie, l'Académie ouvrira ses mémoires avec un extrême plaisir, et fera sonner bien haut que vous êtes de son corps.

Je suis avec beaucoup de respect et une estime très singulière, Monsieur,

Votre très humble et très obéissant serviteur,
FONTENELLE.

De Paris, ce 9 septembre 1704.

LEIBNIZ A FONTENELLE (1).

N'avois-je pas raison, Monsieur, d'estre un peu en peine de la destinée de ce que j'avois pris la liberté de vous envoyer il y a longtemps, puisque vous me faites enfin l'honneur de m'apprendre, sur ma demande réitérée, qu'on ne trouve pas à propos de mettre dans le journal la réponse que j'ay faite au P. Lamy, parce qu'elle est polémique à ce qu'on dit au lieu que j'avois cru qu'elle estoit purement philosophique. Si cette résolution m'avoit esté connue plus tôt, j'aurois peut estre déjà un autre moyen de répondre à ce père, pour me justifier auprès du public, et je vous supplie cependant d'avoir la bonté de faire remettre ma réponse entre les mains de M. Pinson.

Pour ce qui est des dyadiques, la première pièce que j'avois envoyée estoit et doit être encor pour l'Académie seule, et la seconde, où les dyadiques sont comparés avec les caractères de Fohi, est destinée au public. Ainsi je vous supplie, monsieur, de ne faire mettre dans vos mémoires que la seconde pièce toute seule et non pas la première, et de marquer cela au-dessus des papiers, afin qu'après quelque

---

(1) Écrit au dos de la lettre de Fontenelle, et de la main de Leibniz.

temps on ne l'oublie. J'attends vos belles méditations sur l'infini ou infiniment petit. Il est vray que chez moi, les infinis ne sont pas des touts et les infiniment petits ne sont pas des grandeurs. Ma métaphysique les bannit de ses terres. Elle ne leur donne retraite que dans les espaces imaginaires du calcul géometrique, où ces notions ne sont de mise que comme les racines qu'on appelle imaginaires. La part que j'ai eu à faire valoir, le calcul des infinitésimales ne m'en rend pas assez amoureux pour les pousser au delà du bon sens. Et la vraie métaphysique ou philosophie si vous voulés, ne me paroît pas moins importante que la géométrie, surtout s'il y a moyen d'y introduire aussi les démonstrations qui n'en ont été que trop bannies jusqu'ici avec le calcul qui sera nécessaire pour leur donner toute l'entrée dont elles ont besoin.

Cependant il y faut préparer les lecteurs par des écrits exotériques. Les journaux m'ont servi jusqu'icy, mais je vois bien que le vôtre, parvenu à un certain âge où l'on ne se soucie plus des bagatelles, ne veut plus que des pièces de poids et qui ayent corps. Je voudrois estre toujours en estat de vous en envoyer de cette force, mais mon esprit est devenu moins propre à porter le travail des calculs et des figures, et il croit qu'il luy est permis maintenant de s'égayer un peu, sauf aux autres de mépriser ses productions tardives. Je suis le premier à me rendre justice là dessus, et je trouve toujours des gens qui me font plus d'honneur que je ne mérite, puisqu'il est vray que même » un sot trouve toujours un plus sot qui l'admire (1). »

Ayez la bonté de remarquer à M. l'abbé Bignon, que j'ay toujours la déférence qu'il faut pour ses sentimens.

Je suis avec zèle, monsieur.

---

(1) On remarquera le ton piqué de ces deux dernières lettres. Fontenelle avait un peu négligé les envois de Leibniz, et Leibniz, de son côté, les lui rappelait avec une insistance qui avait déplu.

DE L'USAGE DE LA MÉDITATION (1).

Je voy que peu de gens méditent, soit parce qu'ils sont plongés dans les *plaisirs* des *sens*, ou parce qu'ils se trouvent embarassés dans *les affaires*. Mais il est aisé de leur faire voir qu'ils s'en repentiront un jour, et que tous ceux qui ont négligé de méditer s'en sont repentis. Car *méditer* est faire des réflexions générales sur ce qu'on est, et sur ce qu'on deviendra ; faire pour ainsi dire une confession générale de sa vie à soy-même ; calculer souvent la recette et la dépense de nos talents, et imiter un marchand sage qui rapporte toute la substance de tous ses journaux dans un livre secret, afin d'y voir d'un coup d'œil tout l'estat de son négoce. Or, il est manifeste que celuy qui ne le fait pas fera une infinité de fautes, que le temps et les événemens luy découvriront trop tard, et il en sera d'autant plus fâché,

---

(1) Ce morceau, malheureusement trop court, où le métaphysicien sublime descend aux simples règles de direction, est tiré de la bibliothèque de Hannover.

qu'il connoistra de les avoir peu éviter par la méditation.

Mais ce chagrin sera sans égal, quand il s'agira de mourir, parce qu'on se trouvera hors d'estat et d'espérance de réparer sa faute, et qu'on sera allarmé terriblement par la juste crainte d'un avenir inconnu.

Car c'est alors que les *plaisirs des sens* nous abandonnent, et que nous abandonnons les *affaires*.

Ainsi l'ame sera réduite en elle-même, mais trop tard et malgré elle ; les *pensées* seront confuses et mal asseurées, les *résolutions* vagues et précipitées ; et l'esprit déchiré par des inquiétudes mortelles, pourra porter le caractère de son malheur jusque dans une autre vie.

Les plus libertins, qui souhoiteroient peut estre d'estre anéantis, ne sçauroient se dépouiller de cette crainte ; sans entrer dans les grandes raisons de la philosophie solide, ils ne laissent pas d'être frappés par des apparences très fortes, augmentées par la crainte de la mort présente, et par les paroles touchantes des assistans.

On peut juger par là, que ceux qui ne méditent pas, s'en repentiront à mesure qu'ils auront laissé écouler plus de temps.

En échange, d'autant plus qu'une personne aura

médité comme il faut, d'autant plus sera-t-elle en estat d'éviter les péchés et fautes pour s'épargner des repentirs inutiles et des regrets fâcheux.

Car ayant une fois pris des mesures, que la prudence peut donner après une reveue générale, et ayant mis bon ordre pour l'exécution de la résolution prise ; on sera doresnavant content de tout ce qui arrivera conformément à cette résolution, quoy qu'on tombe quelques fois dans des fautes et erreurs ; parce qu'on reconnoistra en même temps que ces fautes estoient inévitables dans l'estat où l'on estoit alors, à cause de la foiblesse de la nature humaine, qui ne nous permet pas de songer beaucoup tout à la fois, ny de nous souvenir de tout à point nommé.

Or, ceux qui sçavent de n'avoir pu mieux faire sont contents, s'ils sont sages ; et ceux qui sont contents sont heureux. « Ceux qui ont dessein de *méditer*, c'est-à-dire de faire une reveue générale des rencontres ou circonstances de la vie, à fin de mettre ordre à l'avenir, doivent surtout chercher quelque assurance de ce qu'ils doivent croire ou suivre, à l'égard de *Dieu*, de l'*ame* et *du vray bonheur*. Car c'est de là que dépend la résolution qu'ils doivent prendre pour le reste de leur vie, et nous voyons que beaucoup de personnes très sages et d'une haute vertu, ont changé entière-

» ment leur manière de vivre après avoir fait des
» réflexions sur cecy. »

Mais comme une délibération de cette importance a besoin d'une grande exactitude, et qu'il est difficile de distinguer les raisons solides de la vraye piété d'avec quelques sophismes fardés de superstition, si on n'a point de goust encor de la vray philosophie ; je conseillerois à celuy qui voudra méditer sérieusement, d'exercer auparavant son raisonnement dans des matières où il est moins dangereux de tomber, et plus aise de s'asseurer de la vérité.

Car une personne qui aura compris quelques démonstrations, admirera la force et la clarté de la vérité, et tâchera en toute autre matière de parvenir à quelque chose de semblable, autant que la nature de la chose le permettra. Il se verra métamorphosé en un instant, et il remarquera luy-même la différence entre les jugemens passés et présens. Les sentimens ne seront plus chancelans, les inquiétudes se changeront dans un vray repos, et le moment qu'il aura commencé à prendre goust aux véritez solides, sera celuy de sa conversion.

La plupart des hommes sont accoutumés aux idées confuses : les plus belles véritez ne les touchent pas : mais ils ignorent que les connoissances claires sont nécessaires à la sagesse et que la sagesse seule est médité comme il faut, d'autant plus sera-t-elle en estat d'éviter les péchés et fautes pour s'épargner des repentirs inutiles et des regrets fâcheux.

Car ayant une fois pris des mesures, que la prudence peut donner après une reveue générale, et ayant mis bon ordre pour l'exécution de la résolution prise ; on sera doresnavant content de tout ce qui arrivera conformément à cette résolution, quoy qu'on tombe quelques fois dans des fautes et erreurs ; parce qu'on reconnoistra en même temps que ces fautes estoient inévitables dans l'estat où l'on estoit alors, à cause de la foiblesse de la nature humaine, qui ne nous permet pas de songer beaucoup tout à la fois, ny de nous souvenir de tout à point nommé.

Or, ceux qui sçavent de n'avoir pu mieux faire sont contents, s'ils sont sages ; et ceux qui sont contents sont heureux. « Ceux qui ont dessein de *médi-*
» *ter*, c'est-à-dire de faire une reveue générale des
» rencontres ou circonstances de la vie, à fin de
» mettre ordre à l'avenir, doivent surtout chercher
» quelque assurance de ce qu'ils doivent croire ou
» suivre, à l'égard de *Dieu*, de *l'ame* et *du vray*
» *bonheur*. Car c'est de là que dépend la résolution
» qu'ils doivent prendre pour le reste de leur vie,
» et nous voyons que beaucoup de personnes très
» sages et d'une haute vertu, ont changé entière-

» ment leur manière de vivre après avoir fait des
» réflexions sur cecy. »

Mais comme une délibération de cette importance a besoin d'une grande exactitude, et qu'il est difficile de distinguer les raisons solides de la vraye piété d'avec quelques sophismes fardés de superstition, si on n'a point de goust encor de la vray philosophie ; je conseillerois à celuy qui voudra méditer sérieusement, d'exercer auparavant son raisonnement dans des matières où il est moins dangereux de tomber, et plus aise de s'asseurer de la vérité.

Car une personne qui aura compris quelques démonstrations, admirera la force et la clarté de la vérité, et tâchera en toute autre matière de parvenir à quelque chose de semblable, autant que la nature de la chose le permettra. Il se verra métamorphosé en un instant, et il remarquera luy-même la différence entre les jugemens passés et présens. Les sentimens ne seront plus chancelans, les inquiétudes se changeront dans un vray repos, et le moment qu'il aura commencé à prendre goust aux véritez solides, sera celuy de sa conversion.

La plupart des hommes sont accoutumés aux idées confuses : les plus belles véritez ne les touchent pas : mais ils ignorent que les connoissances claires sont nécessaires à la sagesse et que la sagesse seule est capable de nous rendre parfaitement heureux.

Je conclus que celuy qui veut méditer sur des choses relevées dont dépend son bonheur et dont l'expérience est difficile (ou impossible icy bas) doit surtout s'exercer quelque temps dans les questions aisées où il n'est pas dangereux de se tromper, ny difficile de se détromper. Et y ayant réussi, il sera en estat de prétendre à des connoissances claires de Dieu, de l'âme et de la félicité.

Il ne faut qu'un an au plus pour ces préparatifs, — et cette année suffira à nous rendre contents pendant le reste de notre vie. — Car après avoir mis ordre aux deuvoirs de nostre vocation, nous ne songerons qu'à nous perfectionner dans l'exercice des vertus, et dans la découverte des véritez et connoissances propres non seulement à soulager nos maux et ceux des autres hommes, mais encore capables de nous faire admirer la perfection de l'auteur des choses, dont la contemplation ravissante est l'unique moyen de nous satisfaire. — Et de cette manière on passera le reste de la vie dans une profonde tranquilité et avec un contentement qui surpasse tout ce qu'il y a de doux dans ce monde.

FRAGMENTS DIVERS.

DE LA VIE HEUREUSE (fragment) (1).

La vie heureuse icy bas consiste dans une ame tout à fait contente et tranquille; pour y arriver, il faut observer les points suivants :

[1.] Il faut se servir de la raison autant qu'il est possible pour connoistre les biens et les maux, et pour discerner les grands des petits, et les faux des véritables; à fin de juger ce qu'il faut faire ou obmettre durant le cours de cette vie. En un mot, il faut apprendre ce que la raison ordonne, d'où vient la SAGESSE.

[2.] Il faut se proposer fermement d'exécuter les commandemens de la raison, sans qu'aucun trouble ny passion nous puisse divertir d'un dessein si noble. En un mot, il faut s'efforcer de suivre exac-

---

(1) Extrait de la bibliothèque de Hannover. Voyez Préface, p. XVII, et Introduction, p. LI et sq.

tement dans la pratique, ce que la droite raison nous a appris en théorie, d'où vient cette habitude que nous appelons LA VERTU.

[3.] Enfin, ayant fait nostre possible pour *connoistre* les vrays biens et pour y *parvenir*, il faut estre content quoy qu'il en arrive, et il faut estre persuadé que tout ce qui est hors de notre pouvoir, c'est-à-dire tout ce que nous n'avons pas pu obtenir après avoir fait nostre deuvoir, n'est pas du nombre des vrays biens. Et par conséquent, il faut en un mot avoir tousjours l'esprit en repos, sans se plaindre d'aucune chose. Et cette assiette de l'esprit est ce qui fait la FELICITE, ou tranquillité de l'âme.

Comme ces trois points sont importants et d'une grande étendue, il sera à propos de les expliquer distinctement chacun à part. Mais les paroles seront inutiles, si celuy qui les lyra n'y apporte pas toute l'attention dont il est capable, et s'il ne fait pas à chaque mot réflexion sur ce qu'il a fait jusqu'icy, et sur ce qu'il doit faire à l'avenir. Ce qui est le vray moyen d'en profiter. Car s'il croit de pouvoir lire cecy comme un discours passager, fait plus tot pour plaire que pour instruire, il sera mieux de ne pas passer plus avant dans la lecture qui ne servira qu'à le rendre plus coupable.

DE VITA BEATA (autre fragment) (1).

Vita beata est animo perfecte contento ac tranquillo frui.

Beatitudo, summum bonum, finis ultimus quomodo differant.

Summum bonum est id quo obtento beati sumus, id est virtus, seu firma voluntas ratione utendi. Beatitudo est satisfactio animi solida et duratura quæ non nisi ex virtute oritur. Finis ultimus seu meta votorum est summa perfectio cujus homo est capax, seu perfectionum humanarum complexio. Itaque Stoïci virtutem seu summum bonum, Epicurei beatitudinem seu tranquillitatem animi, Peripatetici collecta animi corporis et fortunæ bona seu metam votorum præposuere.

Summum bonum ea quæ in potestate. Summum bonum est maximum eorum quæ in nostra potestate sunt (nam de his sermo est); id est maxima perfectio quam obtinere possumus, si velimus. Perfectiones autem quæ tempore longo indigent ab extremis causis impediri possunt. Solum bonorum quæ prorsus in

(1) Communiqué par M. Guhrauer, qui l'a découvert dans la bibliothèque impériale de Vienne.

nostra potestate sunt est nunc quidem agnoscere se egisse quidquid cum ratione fieri poterat, id est de se contentum esse. Sed [εὐφρόνων] summum præsentium bonorum diu possidebit etiam cæteras perfectiones tempore indigentes nanciscetur et eas quæ [serius] obtinguntur, adhuc facilius obtinebit quam alii. Nam et qui cum ratione alea ludit sæpius lucratur.

DÉMONSTRATION QU'IL N'Y A POINT DE FIGURE PRÉCISE ET ARRÊTÉE DANS LES CORPS A CAUSE DE LA DIVISION ACTUELLE DES PARTIES A L'INFINI.

Il n'y a point de figure précise et arrestée dans les corps à cause de la division actuelle des parties à l'infini.

ABC. Soit par exemple une droite ABC. Je dis qu'elle n'est pas exacte. Car chaque partie de l'univers sympathisant avec toutes les autres, il faut nécessairement que si le point A tend dans la droite AB, le point B ait une autre direction. Car chaque partie A tâchant d'entraîner avec elle tout autre, mais particulièrement la plus voisine B, la direction de B sera composée de celle d'A et de quelques autres, et il ne se peut point que B indéfiniment voisine de A, soit précisément exposée de la même façon à tout l'univers que A, en sorte que AB composent un tout qui n'ait aucune sous-division.

Il est vray qu'on pourra tousjours mener une ligne imaginaire chaque instant, mais cette ligne dans les mêmes parties ne durera que cet instant, parce que chaque partie a un mouvement différent de tout, aussi parce qu'elle exprime autrement tout l'univers. Ainsi il n'y a point de corps qui ait aucune figure durant un certain temps quelque petit qu'il puisse être. Or, je crois que ce qui n'est que dans un moment n'a aucune existence, parce qu'il commence et finit en même temps. J'ay prouvé ailleurs qu'il n'y a pas de moment moyen ou moment de changement. Mais seulement le dernier moment de l'estat précédent et le premier moment de l'estat suivant parce que cela suppose un estat durable. Or, tous les estats durables sont vagues et il n'y a aucun de précis. Par exemple, on peut dire qu'un corps ne sortira pas d'une telle place plus grande que luy durant un certain temps, mais qu'il n'y a aucune place précise ou égale au corps où il dure.

On peut donc conclure qu'il n'y a aucun mobile d'une certaine figure, par exemple, il n'est pas possible qu'il se trouve dans la nature une sphère parfaite qui fasse un corps mobile, en sorte que cette sphère puisse estre mue par le moindre espace. On pourra bien concevoir une sphère imaginaire, qui dans un tas de pierres passe à travers de toutes ces pierres, mais on ne trouvera jamais aucun corps dont la surface soit précisément sphérique.

SUR L'EXISTENCE DE DIEU (1).

Presque tous les arguments qu'on allegue pour prouver l'existence de Dieu ont du bon, mais on les voit rarement poussés à bout. On se contente ordinairement d'insinuer la chose, et cela ne laisse pas d'être utile selon la portée et la disposition du lecteur. Votre abrégé, Monsieur, peut servir à réveiller les esprits et à leur donner de l'attention. Je vous marqueray cependant des endroits où il me semble qu'il y auroit à suppléer.

Quant à la *première partie,* on doit vous accorder, Monsieur, qu'aucune partie de la matière ne sauroit être indépendante et en voicy la raison. C'est que chaque partie de la matière est un tout composé d'autres parties. Or, un tout ne sauroit estre indépendant. Car il dépend de ses parties. Mais on ne

(1) Leibniz avait reçu de France un Traité sur l'existence de Dieu dont nous n'avons pu découvrir l'auteur. Le fragment que nous publions est un extrait de la réponse que ce traité lui suggère.

doit pas accorder sans preuve qu'un être nécessaire et indépendant, est nécessairement le souverain des autres; et par conséquent, qu'il n'y a qu'un seul être indépendant. Il n'y a rien de si vray, mais il faut le prouver. Il faudroit prouver aussi cette conséquence, qui est dans la *seconde partie* que celuy qui tire une fois quelque chose de rien, donne l'être à tout. Vous demandés pourquoy il seroit borné. Je réponds qu'il se pourroit borner par sa propre nature ou volonté. Comme en effet Dieu n'a point produit tout ce qu'il pouvoit.

Il me semble aussi qu'on peut faire quelque difficulté sur ce raisonnement : que celui qui ne *sauroit se procurer l'être, peut encor moins se procurer la manière d'être*, par exemple, le mouvement. Si la *manière d'être* étoit plus que l'être, la conséquence seroit plus recevable.

Dans la *troisième partie* vous insistés fort bien, Monsieur, sur l'ordre et sur la régularité qui se remarque dans les mouvemens des corps connus. Epicure a tâché d'affaiblir cet argument, en disant, que dans un univers infini il y avoit toute sorte de combinaisons, et qu'ainsi il falloit bien, qu'il y eût aussi des endroits bien réglés, comme pourroit estre notre monde. On lui peut répondre, qu'en effet, si les lettres d'une imprimerie étoient jettées à l'aventure durant je ne say combien de millions de siècles, il ne seroit pas impossible que le hazard les fist quelques fois composer un sens raisonnable ; mais qu'une telle voye de produire de l'ordre est si rare et si peu apparente, que moralement on doit présumer le tout contraire.

Votre *quatrième partie* est contre le hazard. Mais pour le refuter entièrement par quelque chose de plus que la presomtion morale, il faudroit des raisonnemens poussés plus loin.

SUR L'IMMORTALITÉ DE L'AME.

*A madame l'Électrice de **** (1).

J'avoue qu'il paroit d'abord fort naturel et fort raisonnable, suivant la lettre du 2 d'aoust que V. A. C. vient de recevoir, que nostre âme est mortelle par nature ; et immortelle par grâce suivant ce que la foy nous apprend. Car il semble que les parties des choses retournent dans les élémens pour estre employées à d'autres generations.

(1) Ce morceau est précieux, parce que le nom de Van Helmont s'y rattache, et qu'il fut même provoqué par une discussion tout amicale de Leibniz avec le théoscope belge au sujet de l'immortalité de l'âme. Leibniz faisait un assez grand cas de ses doctrines, mais il avait trop de pénétration pour ne pas voir ce qu'elles avaient de flottant et de vague sur la question de l'immortalité. De là ses

Il semble aussi peu raisonnable de vouloir juger des actions de Dieu par des loix ou règles de justice et d'ordre que nous concevons ; et par conséquent, il semble que la justice de Dieu ne prouve point qu'il y a des chastimens ou des récompenses après cette vie.

Neantmoins, si on se donne la peine de méditer avec plus d'attention, on trouvera que la dissipation des parties de nostre masse corporelle, ne suffit point pour conclure que l'âme se dissipe aussi.

quelques remarques à madame l'électrice de Brunswic, qui venait de recevoir une lettre de Van Helmont.

Nous devons à feu M. Guhrauer une nouvelle preuve des rapports de Leibniz avec Van Helmont. La voici :

(*Copie de la lettre que je pris la liberté d'écrire à madame l'électrice de Brunswic, le 3 septembre 1694, à l'occasion des livres que son altesse Électrice avait reçu de M. van Helmont.*)

« Quant à la perfection des choses, en ne considérant que la raison toute seule, on peut douter si le monde avance toujours en perfection, ou s'il avance ou recule par périodes, ou s'il ne se maintient pas plutôt dans la même perfection à l'égard de tout, quoiqu'il semble que les parties font un échange entre elles, et que tantôt les unes, tantôt les autres, sont plus ou moins parfaites. On peut donc mettre en question si toutes les créatures avancent toujours, au moins au bout de leurs périodes, ou s'il y en a qui perdent et reculent toujours, ou enfin s'il y en a qui font toujours des périodes au bout desquels ils trouvent de n'avoir pas gagné ni perdu, de même qu'il y a des lignes qui avancent toujours, comme les droites, d'autres qui tournent sans avancer ou reculer, comme les circulaires, d'autres qui tournent et avancent en même temps, comme les spirales, d'autres enfin qui reculent après avoir avancé, ou avancent après avoir reculé, comme les ovales. »

Et quant à l'ordre et à la justice, je croirois qu'il y a des règles universelles qui doivent avoir lieu tant à l'égard de Dieu qu'à l'égard des créatures intelligentes, car les vérités sont de deux sortes : il y a des vérités de sentiment et des vérités d'intelligence. Les vérités de sentiment sont pour celui qui les sent et pour ceux dont les organes sont disposés comme les siens.

C'est pour cela qu'on a raison de dire qu'il ne faut point disputer des gousts.

Mais je crois que les vérités d'intelligence sont universelles, et que ce qui est vray la dessus à l'égard de nous, l'est aussi pour les anges et pour Dieu même. Les vérités éternelles sont le point fixe et immuable sur lequel tout roule. Telles sont les vérités des nombres, dans l'arithmétique, et celle des mouvemens ou poids dans la mécanique et dans l'astronomie. C'est pour cela qu'on dit avec raison, que Dieu fait tout par nombres, par mesure et par poids.

Cela posé, il est bon de considérer que l'ordre et l'harmonie sont aussi quelque chose de mathématique qui consiste en certaines proportions. Et que la justice n'estant autre chose que l'ordre qui s'observe à l'égard du mal et du bien des substances intelligentes, il s'ensuit que Dieu qui est la souveraine substance garde immuablement la justice et l'ordre le plus parfait qui se puisse observer. Tellement que je crois que si nous connoissions bien l'ordre de la Providence, nous trouverions qu'il est capable de remplir et même de passer nos souhaits et qu'il n'y a rien de plus désirable ni de plus satisfaisant pour nous en nostre particulier.

Mais comme on ne scauroit remarquer la beauté d'une perspective, lorsque l'œil n'est point placé dans la situation propre à la regarder, il ne faut point trouver étrange que le même nous arrive dans cette vie si courte à l'égard de l'ordre général. Cependant il y a lieu de croire que nous serons plus près un jour du véritable point de vue des choses pour les trouver bonnes, non seulement par la foy, ny seulement par cette science générale que nous en pouvons avoir à présent ; mais par l'expérience même des détails et par le sentiment vif de la beauté de l'univers, même par rapport à nous ; ce qui seroit une bonne partie de la félicité qu'on se promet.

Pour ce qui est des difficultés qui semblent naistre de quelques passages de l'Ecriture sainte, et de nos articles de foy, j'oserois dire, que si nous y trouvions quelque chose de contraire aux règles de la bonté et de la justice, il en faut conclure, que nous n'employons pas le véritable sens de ces passages de l'Ecriture, et de ces articles de la foy.

LETTRE A LA REINE, SUR L'ART DE BIEN PENSER, DU P. BOUHOURS (1).

Madame, quoique j'aye l'honneur d'estre auprès de V. M., un rhume me réduit à ne pouvoir point parler que par écrit. C'est pourquoy ayant trouvé denièrement dans mon cabinet l'*Art de bien penser*, qu'un auteur célèbre a écrit en forme de dialogue, livre fort superflu à vostre égard, puisque V. A. possède naturellement cet art, et qu'on pourroit tirer les plus beaux préceptes des exemples qu'elle fournit tous les jours sans y songer, je me suis avisé de marquer quelques endroits du traité qui m'ont point satisfait. Je n'aime point à critiquer que ceux qui critiquent injustement les autres.

L'auteur de l'*Art de bien penser* est de ce nombre.

C'est un habile homme sans doute et qui a bien du mérite, mais il fait trop le Caton et le censeur en matière d'éloquence, il semble même que l'envie de critiquer a eu bonne part à son ouvrage. Il blâme le rafinement dans les pensées, et moy je trouve qu'il n'y en a que trop dans ses jugemens, et bien souvent on ne s'apperçoit des défauts des

---

(1) Sophie-Charlotte, fille d'Ernest-Auguste, et de la duchesse Sophie, née en 1668, mariée à Frédéric Ier, roi de Prusse, 1684, morte à Hannover le 11 février 1705.

expressions qu'il blâme que lorsqu'on les regarde de trop près. A mon avis, quand il ne s'agit que de plaire, c'est assez qu'on soit frappé et même trompé agréablement, je pardonne à ce qui me charme du premier coup quelque faute médiocre que j'y pourrois découvrir à force de réflexions. Ceux qui ont l'esprit si pénétrant qu'ils remarquent d'abord les défauts cachés, ont le malheur de perdre les agrémens des choses, comme il arrive aux personnes trop sensibles, à qui la moindre senteur donne des vapeurs. . . . .
. . . .

[Il examine son jugement sur le Tasse, Voiture et divers apophthegmes des anciens ; la traduction d'une épigramme d'Ausone (1)].

On remarque entre autres : « Il exalte trop le badinage galant de Voiture, et il abaisse trop le sublime brillant de Balsac. C'est un défaut ordinaire des puristes de prendre parti contre l'élévation où ils ne sçauroient atteindre. Il croit que Balsac a trop rafiné en disant d'un petit bois assez sombre qu'il y entre du jour autant qu'il en faut pour n'être

---

(1) L'éditeur regrette de ne pouvoir pas donner tout au long ces jugements littéraires, assurément fort précieux, venant d'un Allemand très mêlé au mouvement des lettres en France, et très capable de faire assaut de bel esprit avec les plus habiles.

pas nuit, et moy je ne trouve rien de plus juste ny de plus naturel.

DE LA NATURE DE L'AMOUR.

Madame, je n'ay vu que deux ou trois pièces du procès qu'il y a entre deux illustres prélats de France, et avant d'avoir lu toutes les autres, je n'aurois garde de me mêler d'en juger. Laissons ce soin au pape, pour moy, je mettray seulement icy les idées que j'ay eu autres fois sur ce sujet, et dont quelques unes n'ont point déplu à V. A. E.

De toutes les matières de théologie, il n'y en a point dont les dames soyent plus en droit de juger, puisqu'il s'agit de la nature de l'amour, mais s'il n'est point nécessaire pour cela qu'elles ayent les hautes lumières de V. A. E. dont la pénétration va presqu'au delà de celle des plus profonds auteurs. Je ne voudrois pas qu'elles fussent comme on dépeint Madame Guyon, c'est-à-dire des dévotes ignorantes. J'en voudrois qui ressemblassent à mademoiselle de Scudery (1), qui a si bien éclairci les caractères et les passions dans ses romans et dans ses conversations de morale, ou du moins qui fussent comme

(1) On trouvera dans une note ci-après quelques détails curieux sur les rapports de Leibniz avec mademoiselle de Scudéry.

cette mistriss Norris, dame anglaise qu'on dit avoir si bien écrit depuis peu sur l'amour désintéressé. Mais venons au fait.

Aimer est trouver du plaisir dans les perfections ou avantages, et surtout dans le bonheur d'autruy. C'est ainsi qu'on aime les belles choses et surtout les substances intelligentes dont le bonheur fait nostre joye. C'est ainsy que ceux qui ont l'honneur de connoistre les incomparables vertus de V. A. E. se trouvent animés à la chérir.

. . . .
. . . .

Entre tous les ouvrages de dévotion qui mériteroient d'estre mis en usage parmy le peuple (1), je n'en trouve guesres de la force du livre du P. Frédéric Spée, jésuite, intitulé *Guldeness Tugendbuch*. Il y a des pensées tout à fait admirables et solides. Il n'y a principalement que les vers que je voudrois qu'on eût retranchés, parce que le P. Spée n'avoit aucune idée de la perfection de la poësie allemande, et apparamment n'avoit point ouï parler de l'incomparable Opitz (2) à qui nous la devons. Aussi, trouve-

---

(1) Voy. *Correspondance avec le landgrave Ernest de Hesse*, tome I.

(2) Opitz, réformateur de la poésie allemande, fondateur d'une école nationale et classique, qui eut aussi sa pléiade, et qui fleurit au commencement du xvii° siècle. Leibniz, qui était poëte lui aussi,

t-on qu'encor à présent, les catholiques romains nés dans cette religion, ne sçavent presque point ce que c'est qu'un bon vers allemand ; de sorte qu'on peut dire qu'ils se sont aussi peu réformés à l'esgard de notre poësie qu'en matière de culte, et que cette différence de nos vers est une marque du culte pour eux (1).

Note sur mademoiselle de Scudery.

A l'occasion de la mort de mademoiselle Scudery, Leibniz, dans une gazette où il rendait compte des événements littéraires les plus considérables, dit quelques mots de l'éloge qu'en a fait dans le *Journal des savants* l'abbé Bosquillon. Il peint d'après lui, et avec les couleurs dont il s'est servi, les qualités de son âme, celles de sa raison et toutes les vertus qui furent l'ornement de sa longue vie. « Morte à l'âge de quatre-vingt-quatorze ans, mademoiselle de Scudery, ajoute-t-il, étoit d'une

et même un peu de cette école, se rappelait encore avec délices, en 1715, la représentation d'une tragédie de Léon l'Arménien, d'Andréas Gryphius, contemporain d'Opitz, à laquelle il assistait encore enfant. Il aimait les chants religieux de l'Allemagne protestante ; lui-même en avait composé qui ne manquent pas de beauté, bien qu'il soit plutôt le Martial de cette pléiade dont Opitz était l'Horace, Flemming l'Ovide, et Gryphius le Sénèque tragique.

(1) Même reproche dans une lettre à un jésuite de Paderborn, le P. Driesh, qui était poëte, mais non de l'école d'Opitz. « Ger-
» manici carminis leges apud vestros (ignosce verbo) ignorari solent.
» Neque enim emendatio patriæ poeseos, quam inde ab anno fere
» trigesimo superioris seculi magna Germaniæ pars amplexa est
» in collegio patrum societatis Jesu quod sciam penetravit. » Op.
Dut., V. 430.

ancienne maison d'une famille noble d'illustration guerrière originaire du royaume de Naples, puis, fixée depuis deux siècles environ en Provence. Son père fut célèbre par ses galanteries et ses hauts faits : il servit avec considération sur mer et sur terre, et fut gouverneur du Havre sous l'amiral de Villars. Sa mère, de l'illustre maison de Goustimenil-Martel, fut recherchée pour sa beauté, mais elle étoit vertueuse et brilloit non moins par l'esprit. Sa fille, blanchie sous trois rois dans l'usage des cours, fit sensation lors de son arrivée à Paris : mais des malheurs imprévus qui vinrent frapper sa maison de ruines, et auxquelles elle voulut parer, lui mirent la plume en main et lui inspirèrent de composer des romans.

Elle sut y mettre la simplicité de l'histoire, la richesse de l'invention, l'élégance et la facilité du style, les graces de la conversation, les bienséances des mœurs, la grandeur et la pureté des sentimens, l'élevation et les nuances des caractères, y joindre en un mot l'utile à l'agréable d'une manière surprenante. Elle se cachoit cependant : et son nom ne parut point mais celui de son frère, sous lequel elle fit paroistre *Ibrahim Pacha* en 4 volumes, les *Harangues des femmes illustres* en deux parties, *Cyrus* en dix volumes, et la *première partie de Clelie* qui n'en compte pas un moindre nombre. Elle eut beau faire, on la reconnut bien vite, et depuis lors son frère qui avoit contracté alliance en Normandie avec une fille de l'ancienne maison de Martinvast, ne permit plus que son nom parût en tête des œuvres de sa sœur. C'est ainsi que la fin de Clelie, Celinte, Mathilde et les Promenades de Versailles, qui sont des nouvelles, parurent sans nom d'auteur. Dix volumes de conversation où elle essaye de peindre le monde et ses caractères, et d'animer les hommes à la vertu par le plaisir, son beau discours de la Gloire composé en 1671, qui remporta le prix de l'Académie française, sont à joindre à la liste de ses œuvres. Je ne parle pas de ses lettres et d'une quantité de beaux vers. Elle fut traduite dans toutes les langues de l'Europe et même dans celles de l'Orient. Les étrangers qui visitèrent Paris, s'accordent à en parler comme d'une merveille. D'illustres personnages tinrent à honneur de lui être présentés. Le savant prince Ferdinand, évêque de Paderborn et de Munster, lui fit présent de son portrait gravé et de ses œuvres. La reine Christine lui donna son buste, une pension, correspondit avec elle et fut, si je puis dire, son amie. L'Académie des Ricourati de Padoue la reçut au nombre de ses membres après la mort d'Helena Cornara et lui fit écrire une lettre élogieuse par Paul Patin. »

Leibniz, toujours d'après l'abbé Bosquillon, rend compte de ses derniers instants : « Malade d'un rhumatisme qui la faisoit beaucoup souffrir, elle resta fidèle jusqu'à la fin à ses amis, et leur garda jusqu'au bout ses vendredis. Le 2 juin 1701, après avoir reçu les sacremens, déjà très souffrante d'un rhume et d'une fièvre, mais pleine d'espérance et de foi dans les mérites du Christ, elle dit : « Il est temps de mourir. » Elle prit le crucifix et le tint embrassé jusqu'à la fin. Comme on voulut le lui retirer à cause de la pesanteur : « Laissez, laissez-moi mon Jésus, » dit-elle en le retenant d'une main mourante, puis elle rendit l'âme. Elle étoit âgée de quatre-vingt-quatorze ans. Elle fut une merveille du siècle et l'ornement de la société. L'Eglise de l'Hôpital royal des Enfans rouges, où elle avoit souhaité d'être ensevelie et celle de Saint-Nicolas des Champs, qui avoit été sa paroisse pendant cinquante ans, se disputèrent l'honneur de son tombeau. Le cardinal de Noailles décida en faveur de sa paroisse, où elle fut enterrée le soir du 3 juin. »

Leibniz fait suivre sa notice d'un catalogue de ses œuvres. On sait que l'authenticité du *Cyrus* fut contestée ; Leibniz a placé devant le titre une courte remarque qui renvoie, pour l'authenticité du *Cyrus* et celle de la *Clélie*, à Ménage, dans le *Menagiana*, p. 207, t. I. Une épigramme en vers latins adressée par Leibniz à mademoiselle de Scudéry mérite de trouver ici sa place : il s'agit de son perroquet. Mademoiselle de Scudéry avait à l'âge de quatre-vingt-treize ans fait quelques vers en l'honneur du duc d'Anjou, qui venait d'être couronné roi d'Espagne. Leibniz lui envoie ces vers :

> Psittace pumilio, docta sed magne loquela
>   Heu nuper Dominæ cura jocique tuæ.
> Si nunc Cyranidæ (1) quondam spectata volanti
>   Ad superos, avium maxima regna tenes ;
> Ne genus humanum paucorum a crimine culpa,
>   Queis nuda in vobis machina, sensus abest ;
> Et natura parens, nobis, si credimus, unis
>   Prodiga, sed reliquis rebus avara fuit.
> Mens melior Sapphûs per quam immortalis honore
>   Carminis, es socios jussus habere Deos ;
> Et Dominæ immensum parvus comes ibis in ævum.
>   Nam Sappho, quicquid Musa et Apollo, potest.

Mademoiselle de Scudéry répondit à cette épigramme, et adressa à Leibniz les vers suivants pour le remercier :

> Le célèbre Leibniz, si savant et si sage,
> Du petit perroquet a fait un grand tableau
> Dont les traits sont si vifs, le coloris si beau,
> Que nul phénix jamais n'eut un tel avantage ;

---

(1) Cyrano de Bergerac, dans son voyage au soleil, arrive dans le royaume des oiseaux, et ne doit sa délivrance qu'à un perroquet reconnaissant. (Leibniz.)

Car depuis le climat où naissent les phénix,
Il n'est point de savant [que n'efface] Leibniz (1).
Tous ses vers sont divins, et leur puissance est telle,
Que sans le mériter ils me font immortelle.

LEIBNIZ FEUILLETONISTE (2).

Premier article. *Thésée*, tragédie par M. Delafosse. A Paris, chez Pierre Ribou, 1700, in-12 (mars 1703).

L'auteur dit dans la préface, qu'après avoir donné au théâtre deux tragédies dont les dénoûments sont lamentables, il a voulu en faire une qui finît heureusement, malgré l'avis d'Aristote qui donne la préférence à celles du premier genre, et qui croit qu'un dénoûment funeste convient mieux au théâtre et est plus capable de remuer le cœur, puisqu'il va même jusqu'à prétendre que les poëtes qui recherchent des dénoûments heureux ne le font que pour

---

(1) Il y avait une lacune. M. Guhrauer proposait *semblable à*, qui est bien lourd, ou *tel que*, qui ne vaut pas mieux. Le vers est de douze syllabes ; dans un cas il n'en aurait eu que onze, et dans l'autre, dix.

(1) Nous donnons sous ce titre la traduction de deux articles écrits par Leibniz en allemand et qui nous ont été communiqués par M. Guhrauer. Ils étaient destinés à une gazette allemande où il rendait compte des publications nouvelles. On trouvera avec plaisir, dans ce premier article, quelque chose des opinions de Leibniz en poétique, et dans le second, quelques détails sur cette cour de Louis XIV, où l'ascendant de madame de Maintenon avait détrôné l'amour et remplacé Bajazet par Absalon.

plaire aux spectateurs, parce qu'ils ne leur croient pas assez de courage pour trouver du plaisir dans un dénoûment funeste.

M. Dacier se base, dans ses notes à la *Poétique* d'Aristote, et dans la préface d'*Electre* qu'il a traduite, sur ce principe que les pièces qui finissent si bien ne peuvent exciter ni terreur, ni pitié. M. Delafosse répond qu'elles peuvent exciter l'une et l'autre par le danger où se trouvent les premiers personnages, et que les larmes que la joie de les voir heureusement échapper au danger tire de nos yeux l'emportent sur celles qu'arracherait le chagrin de les voir y succomber. Il en donne pour preuve la représentation du *Cid* et d'*Iphigénie*, et il ne peut s'imaginer qu'il y ait plus de lâcheté ou moins de courage à pleurer de joie que de douleur.

C'est une belle question et digne d'être plus sérieusement examinée ; il y a des arguments pour et contre. Le sentiment de l'auteur paraît être le plus raisonnable, et on pourrait se ranger aux motifs qu'il en donne. Il dit d'abord qu'il ne peut comprendre quelle sorte de courage il y a à se délecter du malheur et de la misère ; que c'est un penchant inhumain et sauvage dont on ne saurait justifier même le peuple romain, si curieux de ces combats de gladiateurs qui s'entr'égorgeaient pour ses plaisirs ; qu'il y aurait bien une espèce de fermeté stoïque à ne ressentir ni joie ni douleur de l'infélicité d'autrui ; mais qu'il vaut mieux qu'une pareille insensibilité ne se rencontre pas chez les hommes, parce qu'elle les rendrait de marbre au malheur d'autrui. Car les hommes ne prennent pas pour guide la pure raison ; et comme il faut y joindre nécessairement quelque émotion du cœur, il vaut mieux que cette émotion soit conforme à la raison et à ce qui lui convient. Il n'est donc pas bien de leur apprendre à rejeter ces mouvements que la nature leur a donnés pour le bien du genre humain. Il s'ensuivrait qu'il est louable de ne pas s'émouvoir de la mort d'un père ou d'une mère ou d'un frère. Car la différence n'est que dans le degré, et tous les hommes sont frères. L'auteur dit qu'en conséquence, dans certaines rencontres, il faut éprouver de la compassion pour son prochain, bien qu'au fond cela soit plutôt nécessaire qu'agréable.

Il vaut donc mieux se ranger au sentiment des modernes qui préfèrent les tragédies dont le dénoûment est heureux, c'est-à-dire où la vertu est récompensée et le vice puni ; ainsi que nous voyons tous les romans, toutes les histoires d'amour de quelque importance suivre cette règle. Quand on élève un édifice dont on a choisi le plan, il faut avant tout donner la symétrie convenable. Et de même quand l'action est en nos mains, il faut lui donner un dénoûment que puisse avouer un homme de cœur. Toutefois, il faut entendre ce conseil des événements ordinaires ; car il y a telles circonstances où l'on pourrait bien, pour amener une péripétie, représenter des lieux désolés et des événements funestes.

L'auteur paraît reconnaître, dans la préface, que la Médée de sa tragédie ne se conduit pas en Médée : car elle eût été mieux dans son rôle, si elle avait contribué quelque peu par son industrie à la captivité de Sténélus, si elle avait conseillé au roi de le faire périr par le poison pour venger sur lui le meurtre commis sur son fils ; il eût aussi mieux valu que le roi, au moment où on l'amène devant lui, le reconnaisse à son épée ou à un anneau. C'eût été plus conforme au récit des anciens.

Deuxième article. *Absalon*, tragédie tirée de l'Écriture sainte.
(2 février 1702.)

On commence maintenant en France à faire des drames d'où l'on bannit l'amour, tandis que jusqu'ici le théâtre lui avait appartenu sans contrôle (1). Cela vient de ce que le roi marque son intention

(1) A ce sujet Leibniz disait que le *Mercure galant* devrait s'intituler le *Mercure dévot*.

de voir éviter tout ce qui peut même indirectement engager à mal sans être mal en soi. C'est dans cet esprit qu'a été composé l'*Absalon*, qui n'est pas encore imprimé, dont M. Duché est l'auteur, et qui a été représenté devant le roi par de grands personnages pour la plupart. Le duc de Chartres faisait le rôle de David ; mademoiselle de Melun faisait la femme de David ; le comte d'Ayen, fils du duc de Noailles, Absalon ; la duchesse de Bourgogne, Thamar qui passe dans la pièce pour la fille d'Absalon ; le frère du comte d'Ayen, un Israélite qu'y introduit l'auteur. Baron, le célèbre comédien et auteur, s'acquittait du rôle d'Achitophel le conseiller d'État. L'auteur M. Duché a pris l'emploi de Jamri, officier des gardes et ami intime d'Achitophel. Les deux autres personnages, celui du chef Joab et du conseiller Ezrai, avaient été distribués à d'autres.

On doit reconnaître que les vers sont gracieux ; mais, quant à l'invention, l'auteur ne craint pas de s'écarter de l'Écriture sainte. C'est une coutume de permettre aux poëtes, dans les romans et les poésies, d'ajouter quelques fictions, mais on ne leur permet pas de manquer les traits essentiels. Combien moins devrait-on se donner de telles licences quand il s'agit de l'Écriture sainte que tout le monde connaît, et que par conséquent il ne faut pas altérer !

Tout le monde sait qu'Achitophel s'est pendu pour un tout autre motif, et dans des circonstances bien différentes de celles imaginées par l'auteur. On sait aussi qu'Absalon n'a pas été tué de la main de Joab par hasard, et ainsi des autres. Je laisse à ceux qui sont connaisseurs dans l'art poétique à juger si l'histoire, et surtout l'histoire sainte, peut subir de telles altérations, et s'il ne vaut pas mieux les éviter et choisir un autre sujet, si celui-là ne va pas à la scène.

Boèce, *De consolatione*, résumé par Leibniz (1).

LIVRE PREMIER.

Boëce assisté des Muses, seules fidèles compagnes de sa fortune, déplore son malheur par des vers lamentables; lorsqu'il voit tout d'un coup une matrone d'une apparence toute céleste; mais, dont les habits paroissoient déchirés comme ceux d'une personne que plusieurs veulent tirer à eux. Cette dame chasse les muses poétiques, qui ne font qu'aigrir les

(1) Ce joli résumé des livres I et II de Boëce est-il de Leibniz? Il est en entier écrit de sa main et dans un français qui n'a pas tellement vieilli qu'on n'y reconnaisse le tour habituel de son style. L'éditeur ne croit pas que l'authenticité de ce morceau puisse être contestée.

douleurs des infortunés, par leurs plaintes trop touchantes et chante elle-même d'un ton plus grave, la cause du mal de son ami qui ne venoit pas de la fortune mais de luy-même, parce qu'en fuyant le siège de la tranquillité, établi dans son âme, il s'estoit abandonné aux passions pour les choses périssables, puis voyant qu'il ne la reconnoissoit point quoy qu'il avoit esté élevé chez elle et qu'il estoit comme hors de soy, elle lui essuye les yeux couverts de larmes, et luy rend la lumière. Ce fut alors qu'il se reconnut et qu'il reconnut la Sagesse, sa chère nourricière. C'est donc vous, madame, luy dit-il, qui venés du ciel pour me consoler dans ma misère, sans craindre qu'on vous accuse avec moy, comme on vous accusa autrefois avec Socrate. Ce n'est pas à la Sagesse, répondit-elle, d'abandonner l'innocence. Ny moi ny les miens ne sçauroient manquer de déplaire aux méchants. Mais, quelque grand que soit le nombre et la fureur de nos ennemis, ils ne sont pas en estat de nous nuire, nous sommes hors de leur portée et quand nous ne nous trahissons pas nous-mêmes, ils peuvent bien nous prendre quelques babioles; mais ils ne nous sçauroient ravir nos véritables biens. Non seulement les Titans, mais les tremblemens de la terre et les foudres du ciel, ne peuvent rien sur nous. Le destin même est sous nos pieds, puisque c'est une loy éternelle que tout doit tourner au bien des bons. Après avoir chanté cela d'un ton digne de la grandeur du sujet, elle se tourne vers son malade et luy demande s'il ne s'aperçoit pas de cette supériorité des sages. Mais le pauvre homme étoit trop abbatu pour s'eslever si haut. Les larmes luy revenoient à tous moments. Elle s'informe de son mal pour le guérir. Il luy fait donc un ample récit de son désastre, et monstre comment ses bonnes actions avoient esté enfin récompensées par le bannissement et la confiscation de ses biens, et même par la sentence de mort sur des accusations frivoles, dont la plus apparente avoit esté d'avoir sauvé le Sénat, que des délateurs vouloient rendre suspect au Roy. Il se plaint surtout que le comble du malheur d'un homme d'honneur, estant d'estre crû coupable lorsqu'il est innocent, rien ne luy estoit plus sensible que de voir son honneur même en danger d'estre flétri.

Je ne m'étonne pas, adjoute-t-il, que les méchans tâchent de faire du mal, mais je m'étonne qu'ils y réussissent sous les yeux de Dieu ; de sorte qu'on a raison de demander avec un ancien sage : S'il y a un Dieu, d'où vient le mal ? S'il n'y en a point, d'où vient le bien ? Après cela, Boëce s'adressant en vers au Souverain maistre des choses, le prie de jetter ses yeux pitoyables sur nous, et d'établir icy bas le même bon ordre qui paroist dans le gouvernement des corps célestes. La Sagesse sans s'émouvoir de ces plaintes : j'ai bien remarqué d'abord, lui dit-elle, en vous voyant, que vous estiés infortuné et exilé ; mais je ne sçavois que votre exil alloit si loin. Car je voy que vous estes sorti de la véritable patrie, dont la plus ancienne loy, est que personne en est chassé que parce qu'il ne veut pas y demeurer. Ainsi, je ne sçaurois vous guérir tout d'un coup. Là dessus, *elle se met à chanter* des vers, qui disent agréablement que tout veut avoir son temps et sa saison. Puis, retournant à celuy dont elle veut guérir l'esprit, elle lui applique des remèdes en luy faisant des interrogations. Elle demande donc s'il croit encor que l'univers est gouverné par la souveraine sagesse de Dieu, ou s'il s'est abandonné, jusqu'à s'imaginer que le hazard est le maistre des choses. *Boëce* luy asseure, quelque mal qui luy puisse arriver, qu'il ne doutera jamais de l'existence et de la providence de Dieu ; je m'étonne donc (luy réplique la Sagesse) que vous avés l'esprit si malade avec de si beaux sentiments. Mais, je m'apperçois de ce qui vous manque. Vous ne connoissés pas les fins de Dieu, ny les desseins où tendent toutes choses, et c'est ce qui fait que vous estimés heureux ou malheureux ceux qui ne le sont point, mais c'est assez que vous reconnoissés la providence. Cette étincelle de raison suffira pour vous rendre la lumière et la chaleur vitale. Puis *ayant chanté* quelques vers qui marquent que les passions nous empêchent de bien juger, elle se prépare à attaquer la maladie de plus près.

LIVRE II.

La Sagesse après un petit silence pour commencer par des remèdes moins forts, déploye les charmes de l'éloquence et de la poésie, qui ne sont jamais mieux employés, que lorsque la vérité les anime. Quelle raison avés vous, mon ami (dit-elle), de vous plaindre? est-ce qu'il vous est arrivé quelque chose de nouveau? ne sçavés-vous pas que c'est la manière de la fortune, d'abandonner ceux qui s'attachent à elle? Quand vous vous estes confié à la mer, avés vous droit de vous plaindre de la tempête. La fortune est semblable en instabilité au fameux Euripe, et cette comparaison est touchée dans des vers que la Sagesse y mêle pour égayer la conférence, puis (dit-elle), imaginés-vous que la fortune vienne icy pour plaider sa cause; ne vous dira-t-elle pas, avec raison, quelle a le droit de reprendre ce qu'elle vous avoit presté, et que toute l'histoire des peuples et toutes les tragédies des théâtres, vous devoient apprendre qu'elle ne donne rien en propriété. Elle pourra se plaindre, même par ces vers, qu'elle aura sujet de réciter contre l'insatiabilité des mortels; sans que vous ayiés le mot à dire contre ses raisons (1). Vous me dites des jolies choses, Madame (lui répondit Boëce), elles plaisent tant qu'on les entend, mais elles disparoissent avec le son des paroles, et le mal demeure. Vous avés raison (lui dit la Sagesse), cependant je n'en use pas ainsi sans sujet, ces confidences ne laissent pas de presparer vostre esprit à des remèdes plus solides. Je vous prie cependant de considérer avec combien de profusion et combien longtems la fortune vous a esté favorable, combien ses faveurs sont allées loin de ce que vous aviés droit de prétendre. Vostre première jeunesse est parvenue à des dignités, où presque point de vieillards arrivent. Et tous vos autres avantages ont esté si grands, que même les présens malheurs n'en sçauroient effacer le souvenir agréable. Pesés les bienfaits de la fortune, contre vos disgrâces, et vous trouverés que vous luy demeurés redevable. Les maux ne semblent l'emporter présentement, que parce qu'ils sont présens; mais ils ne dureront guères, et du moins ils dureront moins que les biens. Et quand les uns seront passés aussi bien que les autres, il faudra

(1) Ces vers se trouvent insérés. Voy. l'Appendice.

avouer que les biens l'emportent sans difficultés.
Quand la fortune ne vous auroit point quitté, vous
l'auriés bien tost quittée, car rien n'est stable dans
le monde, et toute la nature consiste dans un changement : c'est le sujet des *vers* entremêlés. Ouy
(dit Boëce), j'avoue d'avoir esté fort heureux, c'est
ce qui m'afflige davantage, et les maux me sont
d'autant plus sensibles. Votre fausse opinion (répond
la Sagesse), soutenue de l'imagination du mal présent, ne change point la nature des choses, ny la
véritable balance de vos biens et de vos maux, qu'on
doit estimer d'un esprit qui regarde le présent et le
passé d'un éloignement égal. Avec tout cela, vous
n'estes pas si malheureux que bien des gens ne se
croiroient heureux, s'ils se pouvoient mettre à vostre
place. Vostre beau-père et vostre femme se portent
bien. Vous sçavés ce qu'ils valent ; vous avez des
enfants parvenus au consulat. Et je vous trouve
bien délicat de vous plaindre avec tant d'advantages
que la fortune vous a laissés. Où trouverés-vous un
parfait bonheur icy bas ? L'un est riche mais il est
malheureux ; l'autre est noble mais il est pauvre.
Les plus fortunés sont toujours les plus sensibles aux
maux ; ils se plaignent d'un estat où bien d'autres
souhoiteroient arriver. On n'est donc jamais malheureux que parce qu'on croit de l'estre, ce qui estant,

ô mortels, pourquoy cherchez-vous hors de vous la félicité qui est en vous-même. C'est une perfection du bien d'estre stable ; autrement, le possesseur sçachant qu'il le peut perdre est en crainte, ou s'il ne le sçait pas, son ignorance est une imperfection. L'un et l'autre est incompatible avec le souverain bien. [Un bien n'est d'aucun prix] quand il est périssable (1), donc le souverain bien ne sçauroit estre osté. La Sagesse adjoute ici des *vers*, dont le sens est, que le plus seur pour la tranquillité, est de ne se point embarrasser des biens passagers. Mais (poursuit-elle) puisque que je voy que mes raisons commencent à estre goûtées, considérons un peu les biens de la fortune. L'argent n'est bon que par son employ, la beauté le fait perdre, il n'est donc bon que pour s'en défaire. La beauté de l'or et des pierres précieuses est leur perfection et non pas de celuy qui les possède. Les belles couleurs des fleurs de vos jardins vous embellissent-elles ? le nombre des laquais vous fait-il plus robuste ou plus sain ? leur force ne vous sert qu'à acquérir ou à maintenir d'autres avantages également imaginaires. Pourquoy prenez-vous donc les biens étrangers pour les vostres ? C'est l'imagination qui vous les attribue, et cela vous rend insatiables et inquiets. Contentez-

---

(1) Voyez la restitution du texte à l'Appendice.

vous des véritables biens et vous ne vous soucierés point de la fortune. Vous voulez chasser vostre indigence, et au contraire vous l'augmentés, car, plus vous avés de choses et plus vous aves besoin d'aides pour les retenir. Et au lieu d'estre maistre de vos prétendus biens, vous vous assujettissés à eux, en augmentant vos soins et vos peines. Aussi, il n'y a guères de biens de cette sorte, qui n'ayent rendu leurs possesseurs malheureux. Suivent des vers, qui sont la peinture de la félicité du siècle d'or, où les hommes vivoient dans la simplicité naturelle. Quant aux honneurs, ce n'est qu'un gouffre de misères que l'ambition fait naistre : les méchants l'emportent ordinairement. Les dignités ne sont donc pas une marque fidèle de l'excellence. La véritable puissance est de dominer sur les esprits et c'est l'effet de la Sagesse. Le reste est tyrannie et esclavage, et le tyran est lui-même l'esclave de ceux qu'il travaille, et dont il est travaillé à son tour, parce qu'il s'en voit haï. Et souvent, il souffre plus qu'il ne fait souffrir ceux qu'il poursuit. Quelle puissance qui ne peut empêcher qu'on ne puisse autant contre elle.

MÉMOIRE
POUR LES PERSONNES ÉCLAIRÉES
ET DE BONNE INTENTION (1).

1° Il est rare de rencontrer des personnes à qui ce Mémoire soit propre; il y en a pourtant et peut-être plus qu'on ne pense (quoiqu'on n'ait pas toujours l'occasion de les connoistre) et c'est pour elles que je l'ay dressé.

2° Je trouve qu'encor les hommes éclairés et bien intentionnés se laissent emporter le plus souvent par le torrent de la corruption générale, et ne se livrent pas avec assez de force aux moyens de s'en tirer et de faire du bien.

3° Deux choses en sont causes : le défaut de l'attention ou de l'application dans chacun en particulier et le défaut de l'intelligence ou communication entre eux. On est diverti par les soins ordinaires de la vie et lors même qu'on a assés de force ou assés d'application d'esprit pour voir ce qu'il faudroit faire, On ne trouve que rarement les gens auxquels on oseroit s'ouvrir là-dessus. Les hommes ne songent

---

(1) Ce mémoire inédit, écrit en entier de la main de Leibniz, est tiré de la bibliothèque de Hannover.

ordinairement qu'à la bagatelle, et il est tellement hors d'usage de penser au solide que cela passe presque pour ridicule.

4° Ce Mémoire est fait pour représenter comment il faudroit remédier à ces deux défauts de l'application et de la communication, et si Dieu y donne sa bénédiction, j'espère encor d'y contribuer quelque chose, pourveu que j'aye le bonheur de rencontrer des personnes qui prennent à cœur ce qui est le plus important et le plus solide.

5° Je soutiens donc que les hommes pourroient estre incomparablement plus heureux qu'ils ne sont et qu'ils pourroient faire en peu de temps des grands progrès pour augmenter leur bonheur, s'ils vouloient s'y prendre comme il faut. Nous avons en mains des moyens excellens pour faire en dix ans plus qu'on ne feroit sans cela en plusieurs siècles, si nous nous appliquions à les faire valoir et ne faisions pas toute autre chose que ce qu'il faut faire.

6° Cependant, il n'y a rien de si aisé que de contribuer aux biens solides des hommes, et sans attendre la paix générale ou l'assistance des princes et Estats, les particuliers ont déjà le moyen de le faire en partie. Et ce qu'on dit communément : « *In magnis voluisse sat est* » est encore autrement véritable qu'on ne l'entend vulgairement ; car la bonne volonté sincère et ardente suffit non-seulement pour s'aquitter de son devoir et pour estre estimable lorsqu'on ne réussit pas, mais même pour réussir effectivement. Il est vray que pour cela le meilleur sera que cette volonté se trouve dans plusieurs qui soyent d'intelligence : rien n'est plus fort que la société.

7° J'avoue qu'on parle assez souvent de nos maux ou manquemens et des moyens qu'il faudroit pour y remédier, mais ce n'est ordinairement que par manière de discours et comme par divertissement ou par coustume et sans la moindre intention de prendre des mesures pour y remédier, et c'est pourtant ce qui devroit estre l'objet de tous nos soins, pour ne point perdre le temps prétieux de nostre vie en souhaits impuissans et en plaintes inutiles.

8° Je trouve que la principale cause de cette négligence, outre la légèreté naturelle et inconstante de l'esprit humain, est le désespoir de réussir dans lequel le scepticisme est compris. Car comme ces soins de remédier à nos maux et de contribuer au bien commun, ne peuvent guères tomber que dans les esprits au-dessus du vulgaire, il se trouve par malheur que la plupart de ces esprits, à force de penser aux difficultés et à la vanité des choses humaines, commence à désespérer de la découverte de la vérité et de l'acquisition d'un bonheur solide. Ainsi, se contentant de mener un train de vie aisée, ils se moquent de tout, et laissent aller les choses, ce qui vient de ce qu'ils ont assez d'esprit et de pénétration pour s'appercevoir des défauts, mais non pas assez d'application à trouver les moyens de les surmonter.

9° Pour moi, je mets en fait ce grand principe de la métaphysique aussi bien que de la morale ; que le monde est gouverné par la plus parfaite intelligence qui soit possible, ce qui fait qu'il le faut considérer comme une monarchie universelle dont le chef est tout puissant et souverainement sage, et dont les sujets sont tous les esprits ; c'est-à-dire toutes les substances capables d'intelligence ou de société avec Dieu, et que tout le reste n'est que l'instrument de la gloire de Dieu et de la félicité des esprits, et par conséquent tout l'univers est fait pour les esprits, en sorte qu'il puisse contribuer à tout bonheur le plus qu'il est possible.

10° Il s'ensuit de cela un autre principe qui est purement de practique, c'est que plus les esprits sont de bonne volonté et portés à contribuer à la gloire de Dieu, ou, ce qui est la même chose, au bonheur commun, plus ils prendront part à ce bonheur eux-mêmes ; et s'ils y manquent, ils se trouveront punis indubitablement ; car dans une monarchie ou cité parfaitement bien gouvernée, il faut qu'il n'y ait point de bonne action interne ou externe qui n'ait sa récompense proportionnée, et point de mauvaise qui n'ait son chastiment. Nous n'en pouvons pas expliquer le détail par le secours de la seule raison, ny dire comment il devroit faire surtout dans une autre vie; mais il nous doit suffire en général que cela est ainsi, et que c'est une chose seure et indubitable.

11° Cela estant establi, toute personne éclairée doit juger que le vray moyen de s'asseurer pour tousjours de son vray bonheur particulier, c'est de chercher la satisfaction dans les occupations qui tendent au bien général; car l'amour de Dieu sur toutes choses et les lumières nécessaires ne manqueront jamais à un esprit qui sera animé de cette manière, Dieu ne refusant jamais sa grâce à ceux qui la cherchent de bon cœur. Or, ce bien sincère, autant que nous y pouvons contribuer, est l'acheminement à la perfection des hommes, tant en les éclairant pour connoître les merveilles de la souveraine substance qu'en les aidant à lever les obstacles qui empêchent le progrès de nos lumières.

Il est vray que Dieu n'a point besoin de nous, et quand nous négligerions notre devoir, les choses ne laisseront pas de se faire parfaitement bien; mais alors ce sera sans que nous y prenions assez de part nous-mêmes, et cette perfection générale se trouvera en partie dans la justice de notre chastiment, qui sans cela se seroit trouvée dans notre bonheur particulier.

12° Pour contribuer véritablement au bonheur des hommes, il faut leur éclairer l'entendement ; il faut fortifier leur volonté dans l'exercice des vertus, c'est-à-dire dans l'habitude d'agir suivant la raison, et il faut tâcher enfin d'oster les obstacles qui les empêchent de prouver la vérité et de suivre les véritables biens.

13° Pour éclairer l'entendement, il faut perfectionner l'art de raisonner, c'est-à-dire la méthode de juger et d'inventer qui est la véritable logique et comme la source de toutes les connoissances. De plus, il faut faire enregistrer comme dans un inventaire général les vérités de conséquence qui sont déjà trouvées et qui se rencontrent non seulement dans les livres, mais encor parmy les hommes de toutes sortes de professions. Et il faut enfin prendre des mesures propres à faire faire des recherches et des expériences pour avancer à l'avenir autant qu'il est possible. Chacun de ces points mérite un éclaircissement particulier. J'ay assez médité là dessus pour pouvoir entrer dans un grand détail s'il estoit lieu icy de le faire.

14° Pour rendre la volonté des hommes meilleure, on peut donner de bons préceptes, mais il n'y a que sous l'autorité publique qu'on les peut mettre en practique. Le grand point est le redressement de l'éducation qui doit consister à rendre la vertu agréable et à la faire tourner comme en nature ; mais quand on y a manqué dans la jeunesse, il faut avoir recours à la bonne compagnie et aux exemples, à une représentation vraie du bien et du mal pour faire aimer l'un et haïr l'autre ; à des examens de soy-même et à des réflexions fréquentes en se disant souvent à soy-même *dic cur hic, hoc age, respice finem ; item* à certains règlements qu'on se fait à soy-même, et où l'on entre avec d'autres : enfin au châtiment et à la récompense qui sont les derniers remèdes et les moins propres à donner une vertu solide : ils sont nécessaires néantmoins pour y disposer.

15° Les obstacles de nostre bonheur, c'est-à-dire de la raison et de la vertu qui viennent de l'esprit même, cessent par les remèdes déjà marqués ; mais les empêchemens qui sont hors de nostre esprit viennent de nostre corps ou de la fortune, et pour rendre les hommes les plus heureux qu'il est possible, il faut chercher encor les moyens de conserver leur santé et de leur donner les commodités de la vie. Ainsi, il faut examiner la nature des corps de l'univers, tant pour y trouver les merveilles de la sagesse divine que pour reconnoistre en quoy ils peuvent servir à nostre conservation et même à nostre plus grande perfection. Ainsi l'avancement de la science naturelle et des beaux-arts est d'une très grande importance.

16° Mais outre l'histoire de la nature corporelle, il est encor important de connoistre l'histoire humaine et les arts et sciences qui en dépendent. Elle comprend l'histoire universelle des temps, de la géographie des lieux, la recherche des antiquités et des anciens monumens, comme médailles, inscriptions, manuscrits, etc., la connoissance des langues et ce qu'on appelle la philologie qui renferme encore les origines étymologiques; j'adjoute encore l'histoire littéraire qui nous apprend les progrès de nos connoissances, et ce que nous devons aux autres aussi bien que le moyen de trouver chez les auteurs les notices dont on a besoin dans les rencontres pour profiter des travaux d'autrui.

17° Je tiens même que l'histoire humaine comprend celle des coustumes et des loix positives dont les principales sont les loix romaines qui servent de fondement à la jurisprudence privée et publique receue aujourd'hui. Outre les loix fondamentales des Estats avec les généalogies et controverses ou prétentions des princes dont il est bon d'estre informé, non pas tant parce qu'elles soyent bonnes en elles-mêmes, mais parce qu'elles causent des grandes révolutions qui nous enveloppent et intéressent les sociétés dont nous faisions partie.

18° Enfin, j'y comprends encor l'histoire des religions et surtout de la véritable religion révélée avec l'histoire ecclésiastique. Comme cette histoire est la plus importante pour notre salut, on peut dire avec raison que le plus grand usage de la connoissance des antiquités et des langues mortes est celuy qu'on en tire pour la théologie, tant à l'égard de la vérité de la religion chrétienne et de l'autorité des livres sacrés que pour expliquer ces mêmes livres et leur mille difficultés, et pour connoistre enfin la doctrine et la practique de l'église de Dieu et les loix ou canons de la jurisprudence divine.

Le moyen le plus grand et le plus efficace de parvenir à toutes ces choses et d'augmenter le bonheur général des hommes en les éclairant, en les tournant au bien et en les exemtant des incommodités fâcheuses, autant qu'il est faisable, seroit de pouvoir persuader aux grands princes et aux principaux ministres, de faire des efforts extraordinaires pour procurer de si grands biens et faire jouir nos temps des avantages qui, sans cela, ne seront réservés qu'à la postérité assez éloignée. Et il est constant qu'outre la gloire immortelle, ils en retireroient des utilités immenses et travailleroient même à leur propre perfection et satisfaction ; car rien n'est plus digne des grandes âmes que la connoissance et l'exécution de ce qui fait le bonheur des hommes, et découvre les grandeurs de Dieu qui nous donnent de l'admiration et de l'amour pour luy ; mais, outre cela, les grands, par ces moyens, auroient des sujets plus vertueux et plus propres à les bien servir ; et les personnes de loisirs et de moyens, au lieu de s'amuser à des bagatelles, à des plaisirs criminels ou ruineux, et à des cabales, trouveroient leur satisfaction à estre curieux de ce qu'on appelle *vertuosi;* et les grands mêmes, ou leurs enfans et proches, seroient souvent sauvés dans les maladies dangereuses et délivrés des maux qui nous paroissent maintenant invisibles, à cause du peu d'application qu'on fait paroistre encor pour l'avancement de la médecine et de la physique d'usage. Enfin, les arts de paix et de guerre fleuriroient merveilleusement dans leurs Estats, tant pour mieux résister aux ennemis par terre et par mer, que pour cultiver et peupler le païs par la navigation, le commerce, les manufactures et la bonne police ou économie, outre les missions et colonies propres à porter la piété et la vertu parmy les barbares et les infidèles.

19° Mais en attendant les conjonctures favorables

pour intéresser le public dans ces bons desseins, les particuliers doivent fairele leur, et chacun doit satisfaire à son devoir sans se rapporter aux autres. Car on est obligé, en conscience, de faire en sorte qu'il puisse rendre compte à Dieu du temps et des forces qu'il lui a prestés. Ainsi, le temps qui nous reste au delà du nécessaire après nos affaires, les relâchemens que notre santé demande, doit estre employé à des occupations utiles, non-seulement à nous, mais encor aux autres, et ceux qui ont de quoy faire des dépenses considérables ne doivent pas se borner aux seules vues du plaisir, de l'ambition et de l'intérest, mais en mettre encor une partie à ce qui peut procurer des avantages solides au bien public, car c'est une charité qui vaut autant et souvent mieux que les aumônes.

Et pour ce qui est des sçavans capables de contribuer à l'accroissement de nos connoissances, ils doivent songer à des travaux qui ne servent pas seulement à se faire connoistre et applaudir, mais encor à produire quelques nouvelles lumières. Ces travaux peuvent consister dans des recherches pour nous et dans des enseignemens pour les autres. Ces recherches peuvent consister en méditations et en expériences ou observations, et ces enseignemens peuvent être, de vive voix ou par écrit, communiqués en particulier ou donnés au public. En tout cela, il faut regarder au fruit réel qu'on peut retirer, car écrire pour écrire n'est qu'une mauvaise coutume, et écrire seulement pour faire parler de nous est une vanité qui fait même du tort aux autres en les faisant perdre leur temps.

20° Ce n'est pas que je méprise les compositions, lorsqu'elles sont faites sur des sujets utiles et d'une manière propre à nous faire gagner la peine de chercher au besoin; car j'ai dit cy-dessus que je souhaitterois des bons inventaires de nos connoissances; j'approuve même les livres d'amusement, comme romans, poésies, harangues, éloges, satyres, pièces galantes, car si des habiles gens et des personnes vertueuses s'en mêlent, on s'en peut servir pour faire estimer la vertu et pour rendre le vice haïssable et ridicule, pour rendre justice au mérite, pour immortaliser quelque belle pensée, en la mettant en épigramme bien fait, et pour enseigner même les arts et les sciences d'une manière qui excite la mémoire agréablement suivant la méthode des anciens, qui estoit de donner les préceptes importans en chansons ou en vers. Je ne m'oppose pas qu'on épluche les antiquités romaines, grecques hébraïques, égyptiennes, arabesques, scythiques, celtiques, indiennes, car tout cela peut avoir son usage, et il importe au public qu'il y ait des personnes qui fassent leur affaire de ces choses là ; qu'il y ait des poëtes, des antiquaires, des médaillistes, des grammairiens, des étymologistes, des lexicographes, des compilateurs et faiseurs de répertoires, des journalistes qui servent de secrétaires à la république des lettres ; car tout a son usage, et nous avons besoin des antiquaires, par exemple, à peu près comme les juges ont besoin des notaires experts, qui se font une affaire de discerner les écritures toutes faites. Enfin, il ne méprise rien dont on peut apprendre ; mais je voudrois que tout cela fût fait d'une manière à nous en faire tirer le profit sans nous faire perdre du temps et sans nous accabler d'une infinité de mauvais livres qui étoufferont enfin les bons et nous ramèneront à la barbarie.

21° Mais, quoyque les particuliers qui ont du mérite et de la bonne intention puissent nous donner des choses fort belles et fort utiles, il est pourtant vray qu'ils feroient infiniment mieux et plus, et plus tost, s'il y avoit entre eux beaucoup d'intelligence et de communication. Car, maintenant que chacun pense à soy, il arrive que différentes personnes font la même chose, ce qui est autant de perdu ; il arrive que ceux qui entreprennent quelque travail manquent de lumières, matériaux ou autres aides que des personnes habiles ou instruites leur pourroient fournir, et, ce qui est le plus important, mille choses se peuvent faire par deux ou trois, ou même par plusieurs qui s'entendent, et que chacun à part ne fera jamais, ou ne fera jamais bien.

22° On raconte que le fameux Dubel avoit l'imagination bonne ; que, trouvant un morceau de pierre dans la rue, il se souvient d'un trou qu'il avait remarqué dans un autre endroit, que ce fragment estoit capable de remplir exactement. C'est pour dire que les combinaisons des choses qui paroissent éloignées servent souvent à produire des effects extraordinaires, et c'est encore les raisons pourquoy ceux qui se bornent à une seule recherche manquent souvent de faire des découvertes qu'un esprit plus étendu, qui peut joindre d'autres sciences à celles dont il s'agit, découvre sans peine. Mais comme un seul ne sauroit bien travailler à tout, c'est l'intelligence mutuelle qui y peut suppléer. Les sçavans se trouvent souvent court parce qu'ils ne savent pas les adresses des ouvriers, et les ouvriers demeurent dans leurs vieilles practiques faute de consulter les sçavans. Un homme du commun aura fait une jolie observation qui périra avec luy ; si elle estoit connue là où il le faut, ce seroit une source de nouvelles découvertes.

Un homme fort éclairé a une pensée qu'il laisse pourrir parce qu'il est rebuté par les grands calculs, soit en nombres ou en espèces algébriques qu'il faudroit pour l'exécuter, pendant qu'un habile calculateur, manquant de matières importantes pour employer son calcul ; et celuy de ses écoliers s'amuse à des exemples inutiles qui coûtent autant de peine que les bons. Il y a des calculs et autres travaux qu'on peut faire une fois pour toutes ; mais faute de communication entre ceux qui en ont besoin, chacun le doit faire à part. Sans parler des contestations qui naissent entre les habiles gens, faute de s'entendre et de communiquer ensemble. Enfin, il ne faut point s'étonner que les hommes font si peu d'effet ; ils sont comme les différens ingénieurs d'une même fortification, ils s'entr'empêchent et se décréditent, et un renverse les travaux de l'autre, seulement parce que ce n'est pas les siens ; et lorsque les ouvrages de l'un et de l'autre subsistent, ils ne nous satisfont pas assez ; mais si tous ces habiles hommes avoient travaillé sur un même plan bien arrêté, *dispertitis operibus*, on auroit gagné bien du temps et bien des dépenses, et on auroit quelque chose de bien plus parfait.

23° La singularité fait encore ce méchant effet qu'elle donne occasion à des sectes et à des entestemens de fausse gloire qui arrestent les progrès. Un scavant aura quelques vues grandes et belles. Là-dessus il se veut ériger en chef de secte; il travaille à ruiner la réputation des autres; il se fait un grimoire étudié auquel ses disciples s'accoustument, jusqu'à n'estre plus capables de raisonner au delà; il est bien aise de les aveugler pour avoir la gloire d'estre seul leur conducteur.

Et c'est le cas des Cartésiens ordinaires, car Des Cartes, tout grand homme qu'il estoit, avoit cette vanité de vouloir estre solipse; il chicanoit sur les belles productions des autres, et il a tellement ébloui la vue de ses disciples, que j'ay remarqué souvent qu'ils ne donnent presque rien que des paraphrases de leur maistre, et ne s'appliquent pas assez à faire des progrès, dans la fausse créance qui flatte également la vanité et la fainéantise de plusieurs; qu'ils en savent assez, et qu'après ce que leur maistre a fait, il n'est pas nécessaire d'en demander davantage.

Cependant le public y perd tout ce que des bons esprits qui se peuvent rencontrer parmy eux auroient pu faire s'ils avoient conservé la liberté et l'application dont ils manquent maintenant, dans la créance que ce qu'ils ont appris de leur maistre leur suffit. La bonne intelligence et communication détruit ces entêtemens. On y reconnoist aisément qu'un seul homme est peu de chose au prix de l'union de plusieurs. Ainsi, on rendra à chacun la justice qu'il mérite.

24° Nostre siècle a vu naistre des belles sociétés, et il en a tiré des grandes utilités ; mais il pourroit aller encore bien au delà. Il y avoit en Allemagne une société considérable dont plusieurs membres estoient princes de l'empire, et autrement grands seigneurs, ou du moins hommes distingués par les dignités et par le mérite; on l'appeloit *societatem frugiferam;* mais ils ne s'amusoient qu'à purger la langue au lieu de nous porter les fruits qu'ils pouvoient. L'Académie françoise a suivi quelque chose de leur plan pour ne rien dire Della Crusca de Florence, qui est plus ancienne. La Société royale d'Angleterre a des vues bien plus grandes et bien plus belles, et nous luy sommes infiniment redevables; mais un peu trop d'attachement à des menuës expériences leur a nui dans l'opinion du vulgaire qui n'en pénètre point l'importance; il a fait même que le fruit a esté moindre qu'il auroit pu être. Ce qui est encor plus vray dell'Academia del Cemento de Florence. L'Académie royale des sciences de Paris est un corps établi et entretenu par son roy. Elle a donné quelques choses très importantes : mais les guerres l'ont obligée de se resserrer pour ne parler d'autres considérations et changemens. La société de plusieurs médecins en Allemagne, qui ont pris le nom de Curieux de la Nature, est plus ancienne que les autres qui travaillent aux sciences. Son premier but estoit de donner des livres que chaque membre entreprenoit de publier sur quelques sujets naturels, mais plustôt de curiosité que de practique, et suivant une méthode qui est plus propre à servir de Répertoire qu'à donner des ouvertures. Depuis ils se sont élevés davantage, et ils y ont joint un recueil d'observations annuelles, parmy lesquelles il y en a beaucoup de très-utiles ; mais la communication entre eux est assez resserrée. Enfin, toutes ces sociétés, se bornant à des certains sujets, ne scauroient jouir assez des utilités qui résultent des combinaisons des sciences différentes et des veues générales de la perfection humaine.

25° Il y a un grand point qui manque à ces sociétés (excepté l'Académie royale des sciences de Paris) c'est qu'elles n'ont point de fonds. Ainsi, elles ne scauroient tenter des entreprises capables de faire un grand effect en peu de temps. Et cependant, c'est le principal à quoy l'on doit buter, car ce temps est la plus prétieuse de toutes nos choses ; c'est la vie en effect. Ainsi, si nous nous amusons à aller un petit pas, nous ne nous appercevons guères de nos progrès, et d'autres siècles, peut-estre assez reculés, commenceront enfin de profiter de nos travaux. J'avoue que nous devons travailler pour la postérité. On bastit souvent des maisons où l'on ne logera pas ; on plante des arbres dont on ne mangera pas les fruits ; mais lorsqu'on peut encore jouir luy-même de sa peine, c'est une grande imprudence de la négliger.

26° Je crois qu'il y auroit moyen de trouver ces fonds sans que le public fut obligé de faire des frais et sans que les particularités (*sic*) fussent obligés à des contributions entre eux. L'Angleterre m'y paroist propre surtout pour bien des raisons ; mais c'est une matière qui mérite un discours à part, et s'il y avoit quelque apparence de faire gouster ces desseins à des personnes considérables et éclairées, on pourroit s'y étendre davantage par des ouvertures qui surpasseroient peut-estre ce qu'on en peut attendre.

APPENDICE.

Préface, p. iv.

Extrait de la leçon XII du cours de 1829 de M. Cousin.

« Voilà donc Leibnitz se séparant également du sensualisme de Locke et de l'idéalisme de Descartes, et ne rejetant absolument ni l'un ni l'autre; c'est là, selon moi, l'idée fondamentale de Leibnitz, et vous sentez que j'y applaudis de toutes mes forces. Pourquoi ne le dirais-je pas? puisqu'on cherche à ces faibles leçons des antécédents, je le reconnais bien volontiers, c'est à Leibnitz qu'elles se rattachent, car Leibnitz, ce n'est pas seulement un système, c'est une méthode, et une méthode théorique et historique à la fois, dont le caractère éminent est de ne rien repousser et de tout comprendre pour employer tout. Telle est la direction que nous nous efforcerons de suivre, et celle que nous ne cesserons de recommander comme la seule, comme la véritable étoile sur la route obscure de l'histoire de la philosophie. »

Introduction, p. xxij, et Lettres et Opuscules, p. 131.

Pièces relatives à Foucher, Malebranche et dom Robert des Gabets.

Nous devons à la libéralité d'un savant bien connu par ses travaux sur Leibniz, M. Foisset, quelques uns des renseignements qui vont suivre sur son compatriote l'abbé Foucher. M. Foisset a bien voulu, sur notre demande, nous envoyer copie de l'article Simon Foucher, par Papillon (Bibliothèque des auteurs de Bourgogne), que nous donnons *in extenso*, avec la liste de ses ouvrages, mais que nous ferons précéder d'un trop court extrait de la lettre de M. Foisset, qui nous paraît ouvrir une vue tout à fait neuve sur l'abbé Foucher.

Extrait d'une lettre de M. Foisset relativement à la correspondance de Leibniz avec Foucher.

Dijon, 5 avril 1854 (1).

. . . .

. . . .

« L'abbé Foucher, au XVIIe siècle, était avec Huet (plus érudit encore, mais moins philosophe que lui) le porte-drapeau de ce scepticisme chrétien, qui croit servir la foi en rabaissant la raison. Leibniz, qui avait un faible contre Descartes, leur savait gré de tenir bon contre l'engouement universel pour ce dernier. Il y a là un petit coin assez curieux du caractère de Leibniz et de l'histoire de l'esprit humain. »

Nous nous rangeons entièrement à cette opinion de M. Foisset, et nous sommes heureux de nous trouver d'accord avec lui dans notre manière de considérer le scepticisme de l'abbé Foucher, tout en lui laissant l'honneur de ce rapprochement avec Huet qui est assurément très ingénieux.

(1) Cette date sera notre excuse si la remarque pleine de justesse de M. Foisset se trouve rejetée à l'appendice. Le corps du volume était déjà prêt à paraître, quand la lettre du savant membre de l'Académie de Dijon nous est parvenue.

Simon Foucher (1).

Il est triste qu'un écrivain qui a fait tant d'honneur à sa patrie et à la république des lettres ne soit presque plus connu que par ses écrits. Voici tout ce que j'ai pu apprendre sur son sujet. Simon Foucher, fils de Nicolas Foucher, marchand, et d'Anne Richot, fut baptisé dans la paroisse Notre-Dame de Dijon, le 1er mars 1644. Il avait donc environ deux ans de plus que Leibniz. Après qu'il eut reçu l'ordre de prêtrise, il entra en la sainte chapelle de Dijon, en qualité de chanoine honoraire. A peine garda-t-il cette place deux ou trois ans. Il se rendit à Paris, où il crut pouvoir satisfaire plus aisément son inclination pour les lettres. Il y acquit l'estime d'un grand nombre de savants qui l'honorèrent aussi de leur amitié. Il prit le degré de bachelier de Sorbonne. Baillet m'apprend (2) que Foucher se chargea, à la prière de Rohault, de l'oraison funèbre de Descartes. Le même Baillet appelle Foucher (3) le restaurateur de la philosophie académicienne, et il lui donne d'autres éloges. La philosophie académicienne faisait les délices de Foucher. Il avait dessein de la rétablir, la croyant la plus conforme à la raison et la plus utile à la religion. L'histoire qu'il en a composée est admirable, au sentiment de Ménage, c'est-à-dire, de l'un des plus savants hommes de son temps, sur l'histoire et sur les dogmes de l'ancienne philosophie. Les éditeurs du *Menagiana* (4) nous assurent que Ménage disait

---

(1) Bibliothèque des auteurs de Bourgogne.
(2) *Vie de Descartes*, in-4º, part. II, p. 439.
(3) *Vie de Descartes*, p. 492.
(4) Voy. le *Menagiana*, t. II, p. 359, 377 et suiv., édit. de 1715; Bayle, *Dictionnaire critique*, art. CARNÉADE, et le t. III de ses *Lettres*, p. 450.

ordinairement que M. Foucher et M. Huet étaient les plus versés qu'il y eût dans l'histoire des sectes différentes des philosophes. Parallèle qui fait un honneur infini à notre auteur, venant surtout d'un juge aussi habile que Ménage. La grande application à l'étude nuisit extrêmement à la santé de Foucher. Elle lui causa la mort dans un âge peu avancé; ce fut à Paris, un vendredi 27 avril 1696. Il fut enterré dans le cimetière de Saint-Nicolas des Champs.

Catalogue de ses ouvrages.

1° *Poëme sur la mort d'Anne d'Autriche*. Paris, 1666, in-4°, 24 pages. Pour le poëme, qui est en stances élégiaques, comme parle l'auteur. L'Épître dédicatoire (à la reine Marie-Thérèse) est contenue en 12 pages.

2° *Nouvelle façon d'hygromètres*, par S. F. (Simon Foucher), 1672, brochure in-12. — Lettre du 15 décembre 1672, 18 p.

3° DISSERTATION SUR LA RECHERCHE DE LA VÉRITÉ, OU SUR LA PHILOSOPHIE DES ACADÉMICIENS, *où l'on réfute les préjugés des dogmatistes, tant anciens que nouveaux; avec un* EXAMEN PARTICULIER DES SENTIMENS DE M. DESCARTES. Paris, in-12, sans nom d'imprimeur et sans date. — Il paraît à la première page que ce fut en 1673. Le premier volume contient les dissertations sur la logique des académiciens. L'auteur avait fait un système entier de leur philosophie, lequel en contenait toutes les parties.

4° CRITIQUE DE LA RECHERCHE DE LA VÉRITÉ, *où l'on examine en même temps une partie des principes de M. Descartes. Lettre par un académicien anonyme*. Paris, Coustelier, 1675, in-12, 124 pages. — On fit, la même année, une critique de cette critique. Dom Robert des Gabetz, bénédictin, en est auteur. Elle fut imprimée à Paris, in-12, chez Dupuys. Il est fait mention de ces critiques dans une lettre latine de Paul Vindigius, conseiller du roi de Danemark, qui, parlant de Foucher, dit: *Mihi in paucis carus.* Cette lettre se trouve dans le recueil de Jean Decker, *De scriptis à despotis.* V. *Præfat. Fabricii ad Placcium de anomymis*, et p. 606, nᵒˢ 2437 et 2487 du Traité de Placcius.

5° *Réponse pour la critique à la préface du second volume de la Recherche de la vérité.* Paris, Angot, 1676, in-12, 128 pages, sans la préface de 12 feuillets. — *Id., ibid.*, La Caille, 1679, in-12.

6° DE LA SAGESSE DES ANCIENS, *où l'on fait voir que les principales maximes de leur morale ne sont pas contraires au christianisme.* Paris, Dezailliers, 1682, in-12. — *Id., ibid.*, 1683, 246 pages. J'ai vu des fragments imprimés de la troisième partie.

7° *Réponse à la Critique de la Critique de la Recherche de la vérité sur la philosophie des académiciens.* Paris, 1686, in-12.

8° *Traité des hygromètres* (ou machine pour mesurer la sécheresse ou l'humidité de l'air). Paris, Michallet, 1685, in-12. — Voy. l'extrait de ce livre dans la *Bibliothèque universelle* de Jean Le Clerc, Rome, I, p. 344.

9° DISSERTATION SUR LA RECHERCHE DE LA VÉRITÉ, *contenant l'apologie des académiciens, où l'on fait voir que leur manière de philosopher est plus utile pour la religion, et plus conforme au bon sens* (pour servir de réponse à la *Critique de la Critique*, etc.), *avec plusieurs remarques sur les erreurs des sens, et sur l'origine de la philosophie de M. Descartes.* Paris, Michallet, 1687, in-12, 156 pages, sans la préface de 9 pages.

Ces dissertations ont paru par lambeaux, chez différents imprimeurs. — *Id.*, Paris, 1693. Tous ces morceaux sont contre Dom Robert des Gabetz. Voyez-en l'extrait dans Basnage, *Histoire des ouvrages des savants*, juin 1688, p. 253.

10° *Lettre sur la morale de Confucius, philosophe de la Chine.* Paris, Hortemels, 1688, in-8°, 29 pages. — L'auteur y dit à la page 26 : « Je me suis expliqué là-dessus dans mon Apologie des académiciens. » Et il signe S. F.

Foucher, étant l'auteur de l'*Apologie des académiciens*, l'est donc aussi de la *Lettre sur la morale de Confucius*. Ce que je fais observer, parce que certaines personnes n'ont pas cru qu'il eût composé ce dernier ouvrage.

11° DISSERTATION SUR LA RECHERCHE DE LA VÉRITÉ, *ou sur la philosophie des académiciens.* Livre I, contenant l'histoire de ces philosophes. Paris, Jean Cusson, 1690, in-12. — Ce livre et le précédent, que j'ai cité au n° 9, sous le titre de *Dissertation sur la Recherche de la vérité*, ont été réimprimés ensemble à Paris, chez Michallet, en 1690, in-12. Voy. Basnage, *Histoire des ouvrages des savants*, août 1692.

12° LETTRE A M. LANTIN, *conseiller au parlement de Bourgogne, sur la question :* « Si Carnéade a été contemporain d'Épicure. » — Voy. l'extrait de cette lettre à la page 509 du *Journal des savants*, 1691, édit. in-12. La réponse de M. Lantin se trouve *ibid.*, p. 206. Il est parlé de cette dispute entre nos deux savants dijonnais dans les *Lettres de Bayle* (lettre 149, à M. de la Monnoye). Prosper Marchand, dans la note sur cette lettre, dit que ce que Foucher a fait sur les académiciens, contre le P. Malebranche, depuis 1687 jusqu'en 1693, est renfermé en 4 vol. in-12.

13° Extrait (fort long) d'une lettre de Foucher à M. Lantin

sur Carnéade, dans le *Journal des savants* de 1692. Édit. in-12, p. 704.

14° DISSERTATION SUR LA PHILOSOPHIE DES ACADÉMICIENS, livre III. Paris, Michallet, 1692, in-12.

15° Extrait d'une lettre à M. de Leibnitz sur les académiciens. Imprimé dans le *Journal des savants*, 1693, in-12, p. 182. La réponse de M. Leibniz, est *ibid.*, p. 527.

Page 395, *ibid.*, on lit l'extrait d'une lettre de M. de Leibniz à M. Foucher, au sujet de quelques axiomes de philosophie.

16° DISSERTATION SUR LA RECHERCHE DE LA VÉRITÉ, contenant l'histoire et les principes de la philosophie des académiciens; avec plusieurs réflexions sur les sentimens de Descartes, etc. Paris, J. Anisson, 1693, in-12, 240 pages, et une préface de 6 pages. — Cette édition contient les dissertations dont j'ai parlé, auxquelles on a joint une QUATRIÈME PARTIE. Voy. le *Journal des savants*, 1693, in-12, p. 756.

17° Réponse de M. S. F. à M. de L. B. (M. Simon Foucher à M. de Leibnitz) sur un autre système de la communication des mouvemens. Dans le *Journal des savants*, 1695, p. 639. Voy. le 3ᵉ tome des *Lettres de Bayle*, p. 490.

18° *Dialogue entre Empiriastre et Philalèthe*, in-12, sans date, sans nom de ville ni d'imprimeur. On n'a imprimé que 360 pages de ce livre, qui est resté incomplet.

Il est à propos d'observer qu'une partie de ces ouvrages ne portent point le nom de l'auteur, qui s'y découvre ordinairement par ces lettres initiales : S. F., et que souvent ils ont été imprimés par morceaux en brochures.

Foucher a été loué par plusieurs gens de lettres, entre autres par M. de Leibniz, singulièrement dans l'*Histoire critique de la république des lettres* de Jean Masson, t. IX, p. 105. M. de Leibniz y parle de Foucher comme d'un homme très habile dans les méditations philosophiques.

Voici un livre dans lequel on fait l'honneur à Foucher de l'associer avec les plus fameux philosophes de son siècle. Cet ouvrage est intitulé : Bulfinger, *De harmoniâ animi et corporis humani, maxime præstabilitâ ex mente Leibnitii*, commentatio hypotetica, accedunt solutiones difficultatum ab eruditis viris, Foucherio, Lamio, Tourneminio, Newtonio, Clarkio, atque Sthalio motarum. *Leipsick*, 1723, in-8°. Le même ouvrage a été traduit en français, et on le trouve annoncé au t. XXII de la Bibliothèque Germanique, imprimé en 1734, dans les *Nouvelles littéraires de Berne*, p. 185, sous ce titre : *Controverse philosophique* qu'il y a eu entre M. le baron de Leibnitz d'une part, et MM. Foucher, Bayle, Newton et Clarke de l'autre, sur l'harmonie préétablie qui se trouve entre l'âme et le corps, avec une préface où l'on prouve la vérité de cette harmonie, par J. J. K.

Foucher a laissé en manuscrit une tragédie de *l'Empereur Léon*. Il avait eu dessein de composer quelques autres ouvrages, comme : Une saine philosophie, une véritable théologie. Je ne sais s'il a laissé quelques morceaux de ces deux derniers.

Voy. les auteurs cités dans cet article.

Introduction, p. xxxix.

Excerpta ex notis meis inauguralibus ad Fucherii responsionem in Malebranchium critica (1).

Scavoir ce qu'il y a de réel dans les objets, c'est scavoir les

(1) Si jamais Leibniz a donné une preuve d'estime et d'amitié à l'abbé

causes des apparences. Et ce qui est la cause de leur diversité est hors de nous.

M. Foucher a tort de dire, p. 23, que les vérités des mathématiques ne sont pas des vérités à proprement parler, ou pour le moins, ne sont pas les vérités que les philosophes doivent chercher ; car quoy qu'elles ne disent pas s'il y a quelque chose hors de nous, ou si ce que nous sentons ne sont que des apparences, elles ne laissent pas de nous donner moyen de raisonner solidement sur ces apparences et même de les prédire et de les procurer. Outre que ce sont des vérités hypothétiques qui ont lieu, quoy qu'on n'y pense point, et ne dépendent ny de nostre pensée, ny de l'existence des choses.

Ad., p. 30. Idea est id quo perceptio sive cogitatio una ab alia differt ratione objecti.

Ad., p. 33. Les idées quoy qu'elles ne soyent point étendues peuvent servir à l'âme à connoistre l'étendue, et il peut y avoir un rapport entre ce qui est étendu et ce qui ne l'est pas, comme par exemple, entre l'angle et l'arc qui le mesure.

Ad., p. 39. Et l'idée peut estre prise de deux façons, scavoir : *pour la qualité ou forme* de la pensée, comme la vélocité et la direction le sont du mouvement, ou bien *pro objecto immediato sive proximo perceptionis*. Et de cette manière, l'idée ne seroit pas une façon d'estre de notre âme. Et cela est apparemment le sentiment de Platon ou de l'auteur de la *Recherche*. Car quand l'âme pense à l'estre, à l'identité, à la pensée, à la duration, elle a un certain objet immédiat ou cause prochaine de sa perception.

Foucher, c'est assurément en prenant le soin d'annoter sa *Critique*. Ces remarques sont le complément de la correspondance. Elles nous ont servi à tirer nos conclusions. Elles paraissent pour la première fois.

Et de cette manière, il se peut que nous voyions tout en Dieu, et que les idées ou objets immédiés soyent les attributs de Dieu mesme. Ces formules ou façons de parler ont quelque chose de vray, mais pour parler juste, il faut donner des significations constantes aux termes.

Ad., p. 52. Quant à la connoissance de l'*âme*, il est asseuré que la perception de la pensée même, est différente de la perception des choses auxquelles on pense et qu'on appelle *matérielles*, quand on s'y apperçoit des plusieurs parties à la fois. Par conséquent, les objets immédiés de nos perceptions ou les causes prochaines de ces différentes pensées, diffèrent aussi entre elles... Or, cette cause immédiate de la perception que nous avons de la pensée même, est ce qui pense en nous ou bien c'est *nous*, c'est-à-dire nostre *âme*. Et la cause immédiate hors de nous des pensées, de l'étendue, des couleurs, etc., (s'il y en a une hors de nous) est appelée matière : donc l'âme est différente de la matière. Mais, peut estre que la nature de nostre âme, est la cause immédiate de nos perceptions des choses matérielles, et que Dieu auteur de tout, est cause de l'accord qu'il y a entre nos pensées et ce qui est hors de nous.

Ad., p. 53. Les couleurs ne sont peut-estre pas des façons d'estre de nostre âme, mais plustôt leurs causes prochaines hors de nous et hors de Dieu.

Ad., p. 56. L'auteur dit que les traces sont nécessaires pour nous conserver la mémoire des choses. Mais cela ne me paroist pas si asseuré. Ceux qui accordent le souvenir à l'*âme* séparée, ne demeureront pas d'accord de cecy, et par quelle trace l'âme se souvient-elle d'avoir esté, d'avoir pensé?

Ad., p. 63. L'auteur semble raisonner ainsi quand nous disons : estre, penser, etc., les traces de ces paroles ne sont pas naturellement jointes à ces idées, donc il faut qu'il y en ait qui y soient jointes immédiatement. Mais peut-estre qu'elles y peuvent estre jointes immédiatement sans être jointes naturellement. Il faut examiner par quel moyen je pourrois faire comprendre à un homme qui n'entend pas nos langues, la signification de ces mots : estre, penser. Cela se feroit, ce me semble, en monstrant des exemples et en donnant à entendre négativement, que le mot dont je me sers, signifie ce qu'ils sentent ou ce dont ils s'apperçoivent en eux-mêmes ou dans les choses, outre ce qu'ils y voyent, écoutent, touchent. Ainsi ces mots se peuvent donner à entendre, non pas par des traces, mais par la négation des traces : les unes estant une fois entendues, servent de traces quoyque arbitraires à l'avenir. Il faudroit prendre garde un peu plus exactement qu'on ne fait, comment les enfants ou *aurei* (adultes) apprennent les langues sans truchement : il y a aussi certaines rencontres où les traces sont jointes aux pensées..... sans estre arbitraires, à cause d'une certaine connexion..... Par exemple, pour donner à entendre à un Américain ce que c'est que penser, je luy monstrerois la posture d'un homme qui est pensif et celuy qui a donné à Nurenberg un petit nomenclateur avec des figures s'est souvent servi de cette adresse.

P. 120. L'auteur a raison de dire que la pensée n'est pas l'essence de l'âme, car une pensée est une action, et puisque une pensée succède à une autre, il faut bien que ce qui reste pendant ce changement soit plus tost de l'essence de l'âme, puisqu'elle demeure toujours la même. L'essence des substances consiste dans la force primitive d'agir ou dans la loy de la sorte des changemens comme la nature de la série dans les nombres.

Lettres et Opuscules, p. 131.

Cessation de la correspondance : mort de l'abbé Foucher.

LEIBNIZ A NICAISE.

M. l'abbé Foucher est-il mort ou vivant? Il n'a rien dit sur ma réplique dans le journal. Lorsqu'il a écrit contre mes nouvelles pensées philosophiques, il a cru que ce n'étoient des hypothèses; mais en y méditant, il trouvera qu'elles sont démontrées.

NICAISE A HUET.

Dijon. 20 juin 1697.

Voici ce que M. Leibniz dit sur la mort de M. Foucher que je lui avois annoncée, ce qu'il dit est conforme à mes sentimens.

« Je suis fâché de la mort de M. Foucher; sa tête était un peu brouillée. Il ne s'arrêtoit qu'à certaines matières un peu sèches, et il me semble qu'il ne traitoit pas ces matières mêmes avec toute l'exactitude nécessaire. Peut-être que son but n'étoit que d'être le ressuscitateur des Académies, comme M. Gassendi avoit ressuscité la secte d'Epicure, mais il ne falloit donc pas demeurer dans les généralités. Platon, Ciceron, Sextus Empiricus et autres, lui pouvoient fournir de quoi entrer bien avant en matières et sous prétexte de douter, il auroit pu établir des vérités belles et utiles. Je pris la liberté de lui dire mon avis là-dessus, mais il avoit peut-être d'autres vues dont je n'ai pu assez être informé. Cependant il avoit de l'esprit et de la subtilité et de plus il étoit fort honnête homme : c'est pourquoi je le regrette. Peut-être a-t-il laissé quelque ouvrage posthume digne de paraître. » (Cousin, p. 151, t. XI.)

On remarquera deux choses dans ce jugement de Leibniz : d'abord et toujours beaucoup de finesse d'appréciation, mais aussi, en rapprochant cette lettre des lettres antérieures et en comparant les dates, un peu de rancune de ce que l'abbé Foucher n'avait pas voulu se rendre à ses éclaircissements touchant l'hypothèse de l'harmonie préétablie.

Huet, à qui Nicaise avait transmis le jugement de Leibniz, le confirme en ces termes (*Lettre de Paris*, 25 juillet 1697) :

« M. de Lamare m'a appris la mort de M. Foucher : j'envoyai aussitost pour m'en éclaircir tout à fait au lieu de sa demeure, mais je n'en pus rien apprendre. Le livre qu'il fit contre le P. Malebranche me donna de l'estime pour luy. Il s'attacha ensuite à moy par de fréquentes visites, et je n'y trouvay pas ce que je m'en étois promis. Il s'estoit renfermé dans l'estude du Platonisme qu'il qualifioit de la doctrine des académiciens ; mais cette doctrine ayant jeté plusieurs branches, il s'en fallut peu qu'il les eust toutes maniées et secouées. A peine connoissoit-il le nom de Carnéades et d'Arcésilas, moins encor le pyrrhonisme. D'ailleurs ces petits livrets qu'il répandoit ne laissoient point d'idée complète de son système. »

Et il raconte une visite à M. de Montausier, où il s'étend sur les excentricités de l'abbé Foucher non sans quelque malignité. Dans une lettre antérieure du 19 avril 1697, où il se donne moins carrière, Huet disoit à Nicaise :

« Un mot que vous avez glissé dans votre lettre sur la mort de M. Foucher, m'a fait faire réflexion que je ne l'ai point vu depuis environ deux ans (l'amitié n'étoit pas bien vive) quoique auparavant je ne fusse pas si longtemps sans le voir. J'ai envoyé dans son quartier en faire des enquêtes, sans qu'on en ait pu rien apprendre. Il étoit chapelain de certaines religieuses de la rue

Saint-Denys dont je ne sais pas le nom. On en pourroit apprendre là de certaines nouvelles. Si vous en apprenez quelque chose, vous me ferez plaisir de m'en faire part. C'étoit un homme plein de candeur, droit, docile sans faste. »

M. Cousin, dont la curiosité a partout glané dans les archives du XVIIe siècle, a donné dans ses *Fragments* une lettre de René Ouvrard à Nicaise, relative à l'abbé Fouschère, comme il l'appelle, et une autre de Foucher lui-même à l'évêque d'Avranches :

« A Paris, le 24 de septembre 1675.

» Bien m'en prit d'avoir trouvé M. Fouschère (*sic*) deux jours avant qu'on eût affiché et mis en vente les deux tomes un et deux de la *Recherche de la Vérité*, pour lesquels il avoit de l'impatience. Car présentement je le crois si enfoncé dans cette matière et dans le dessein de critiquer, que ce seroit lui faire grand tort de lui aller rendre visite et de le tirer un moment de cette occupation. Je m'imagine qu'il ne voit voler devant ses yeux que des fantômes, des atomes et des idées, et qu'il n'y a point de machine dans M. Descartes, dont il ne remue tous les ressorts. A vous dire le vrai, quoiqu'il soit plein d'esprit et de vivacité, je le plains de l'employer à ces sortes de critiques où l'on ne dispute que des manières de concevoir et de s'énoncer sans néanmoins apporter aucune preuve que l'on doive plutôt faire d'une manière que de l'autre......

» R. OUVRARD. »

« J'ai lu votre livre *Concordia rationis et fidei*, et j'ai bien de la joie de voir que vous avez démontré d'une manière si claire, que les sentiments de Platon s'accordent avec le Christianisme, principalement pour ce qui est du mystère de la Trinité et de la nature du Verbe divin. Tout le monde a fort approuvé votre style, et il n'y a personne qui n'ait admiré votre condition. Pour moi, je vous assure que je suis édifié de cette lecture ; car je suis d'autant plus porté à recevoir les vérités du Christianisme, que je suis persuadé que les philosophes les plus éclairés les ont reconnues.

» A l'égard des fables que vous avez rapportées, je suis fort persuadé que vous ne demandez pas qu'on les regarde comme si elles étoient vraies, ni qu'on y ajoute foi comme faisoient les payens. Cependant, quelques docteurs ont eu peine à digérer les transfigurations de Jupiter par rapport à celles de notre Sauveur ; mais ces gens-là n'ont pas lu votre livre ; car vous avertissez au commencement que nous ne prétendez pas que l'on ajoute foi aux fables des payens, mais seulement en montrant que leur religion les obligeoit de croire des choses si peu croyables, et que le nôtre nous traite plus favorablement, en ne nous proposant que des choses raisonnables et qui ne sont pas difficiles à croire. Voilà, ce me semble, comme l'on doit interpréter ce que l'on trouve dans votre deuxième et troisième livre ; mais il y a des esprits indociles qui ont de l'aversion pour la philosophie et qui ne veulent pas qu'on leur apprenne ce qu'ils ne savent pas.

» Je prends la liberté, Monseigneur, de vous soumettre avec autant de respect que de sincérité leurs réflexions, car, pour moi, je crois que s'il y en a quelques-uns qui n'approuvent pas votre ouvrage, cela vient de ce qu'ils ne l'ont pas assez lu ni bien compris. J'espère avoir l'honneur de vous présenter la première partie de mon *Histoire des Académiciens* aussitôt qu'elle sera imprimée.

» FOUCHER. »

Introduction, p. xxvij, et note.

Malebranche.

Voici les deux extraits, l'un du commencement, l'autre de la fin, de la fameuse préface contre l'abbé Foucher que Malebranche a retranchée :

« Il paroît depuis quelque temps un livre qui a pour titre : *Critique de la recherche de la vérité, où l'on examine en même tems une partie des principes de Monsieur Descartes. Lettre par un académicien à Paris*, etc. On dit que ce Livre m'attaque, et l'on a raison de le dire ; car le titre le marque et l'auteur en paroît avoir le dessein. Cela me donne droit et m'impose même quelque sorte d'obligation de dire ce que j'en pense. Car outre que je dois désabuser certaines gens qui se plaisent à ces petites querelles, et qui décident d'abord en faveur des critiques qui flattent leur passion ; je croi devoir quelque réponse à celuy qui m'attaque, afin qu'on ne pense pas que je me taise ou par fierté, ou par impuissance.

» L'Auteur de la Critique me pardonnera, s'il lui plaît, s'il semble quelquefois que je l'offence, je serois bien fâché d'en avoir seulement le dessein. Mais je ne puis me deffendre sans le blesser : je ne puis repousser les coups qu'il me veut porter, sans lui faire sentir et sans faire connoître aux autres sa foiblesse et son impuissance. L'obligation de se défendre est naturelle, mais celle de défendre la vérité est absolument indispensable.

» Voici en deux mots son dessein. Il suppose que le Livre qu'il critique est une *Méthode* pour jetter les fondemens des sciences. Il réduit cette Méthode à quatorze *chefs*. Il montre que ces quatorze chefs sont ou des suppositions sans preuve, ou des assertions sans fondement, et par conséquent que le corps du Livre est entièrement inutile à la recherche de la vérité; quoy qu'il y ait par ci par là quelques réflexions, qui le mettent au rang des ouvrages qui ont attiré l'estime de nôtre siècle.

» Je réponds en général que l'Auteur de la Critique n'a pas compris, ou qu'il a fait semblant de ne pas comprendre le dessein du Livre qu'il combat : car il est visible que le dessein principal de ce Livre est de découvrir les erreurs auxquelles nous sommes sujets. Il est vrai que l'on y traite de la nature des sens, de l'imagination et de l'esprit ; mais il est clair et j'avertis même en plusieurs endroits, que ce n'est que pour découvrir ces erreurs dans leurs causes : car c'est une méthode que je tâche toujours d'observer, parce que je la croi la plus utile pour éclairer l'esprit. »

Malebranche, entrant ensuite dans le détail de la Critique, met en regard ses réponses de manière que le tout forme une sorte de tableau synoptique ; l'étendue de cette réfutation nous force à la supprimer. Malebranche conclut ainsi :

« Voilà tout ce que je croi devoir répondre à l'Auteur de la Critique, parce que je suis persuadé que ceux qui pénétreront bien dans ma pensée, n'auront pas besoin d'éclaircissement sur les prétendües difficultez qu'il m'oppose : et que ceux qui n'ont point lû ou qui n'ont point compris les choses dont je traite dans le livre qu'il combat, n'entendroient point aussi les réponses plus amples que je pourrois y faire.

» On voit suffisamment par les trois premiers chapitres de la Critique que j'ai refutez assez au long, ce qu'on doit penser des autres auxquels je n'ai répondu qu'en deux mots. Les examinera plus exactement qui en aura le loisir et l'inclination :

mais pour moi, je croirois perdre mon temps et le faire perdre aux autres, si je m'arrêtois à ramasser tous les paralogismes qui sont répandus dans ce Livre, pour en informer des personnes qui sans doute ne s'en mettent point en peine.

» La raison et le goût des honnêtes gens ne peuvent souffrir tous les grands discours qui ne tendent à rien de bon et qui marquent seulement le chagrin et la mauvaise disposition de ceux qui les composent : et c'est se rendre ridicule que de s'imaginer que les autres s'intéressent dans nos querelles et de les appeler tous pour être témoins de la faiblesse et des vains efforts de son adversaire.

» Celui qui m'attaque ne doit point aussi trouver à redire à la manière dont je me deffens. Si je ne réponds point amplement à toute sa Critique ce n'est pas que je la méprise. On peut juger que je n'aurois pas repoussé les coups qu'il m'a voulu porter, si je n'avois crû qu'il fût assez fort pour me blesser, et je pense avoir plus de droit de me plaindre de la négligence avec laquelle il me Critique, qu'il n'a droit de se fâcher de la manière dont je lui répons.

» Si nôtre auteur s'étoit fortement appliqué à me combattre, je suis persuadé qu'il m'eût donné de l'exercice, car je ne juge pas de la force de son esprit par un écrit à la cavalière, qu'il semble n'avoir fait qu'en se joüant. Ainsi la négligence qui y paroît m'est favorable : et pour moi, je ne me plains pas qu'il me néglige : car je ne suis pas digne de son application ni de sa colère. Je me plains seulement qu'il ne parle pas sérieusement des choses sérieuses; qu'il se divertit de la vérité et qu'il n'a pas tout le respect qu'on doit avoir pour le public, lors qu'il tâche de le surprendre en plusieurs manières différentes, ainsi que l'on a vû en partie par cette réponse.

» Si j'ai été obligé de parler de luy comme j'ai fait en quelques endroits, il ne doit s'en prendre qu'à luy-même ; car j'ai supprimé, de peur de luy déplaire, beaucoup d'expressions et de pensées que sa manière d'agir fait naître naturellement dans l'esprit. J'ai une si grande aversion pour toutes les contestations inutiles et qui peuvent blesser la charité, que je ne répondrai point à tous ceux qui m'attaqueront sans m'entendre, ou dont les discours me donneront quelque sujet de croire qu'il y a quelqu'autre chose que l'amour de la vérité qui les fait parler. Pour les autres, je tâcherai de les satisfaire. On voit assez que si j'étois obligé de répondre à tous ceux qui ont bonne volonté de m'attaquer, je ne jouïrois guères du repos que je souhaite. Mais s'il n'y a point en France de loi pour les empêcher de parler (1), il n'y en a point aussi qui m'oblige à ne me pas taire.

» Peut-être que dans le temps de mon silence ceux qui m'insulteront se trouveront maltraitez par quelque main invisible : car je ne puis empêcher que l'amour de la vérité ne sollicite quelques esprits qui auront meilleure grâce que moi à deffendre un ouvrage à qui ils n'ont point de part (2). Mais je souhaite qu'on se souvienne de la parole que je donne et que je donne librement et sans contrainte : et qu'on ne m'impute pas des écrits que je pourrois faire et que je déclare ici que je ne ferai point. Cependant je croi qu'il est plus avantageux à tous ceux qui n'auront rien de solide à m'opposer, de se taire, que de

(1) Il est remarquable que ce vœu de Malebranche, peu favorable assurément à la liberté de la presse, se retrouve dans Pascal, qui, dans un passage de ses *Provinciales*, en appelle à l'autorité séculière, contre ceux qu'il combat.

(2) Allusion à Dom Robert des Gabets, qui préparait sa défense. Voyez note ci-après.

fatiguer le monde par des écrits qui blessent la charité et qui sont inutiles à la recherche de la vérité. »

Tel est ce factum, d'une admirable vigueur, que nous avons retrouvé à grand'peine et qu'on aura sans doute quelque plaisir à lire.

Pages 28, 50, 51, 53, 54, 55, 57, 78.

Dom Robert Desgabets. (Voyez COUSIN, *Fragments de philosophie cartésienne.)*

Robert Desgabets, né dans le diocèse de Verdun, entré en 1636 dans la congrégation de Saint-Vannes et de Saint-Hidulphe, y remplit successivement les emplois de professeur, de définiteur, de prieur et de procureur général.... Il adopta de bonne heure le Cartésianisme, mais beaucoup plus en physique qu'en métaphysique. Il a revendiqué la première expérience de la transfusion du sang, qui paroît en effet lui appartenir. Envoyé à Paris en qualité de procureur général de sa congrégation, il profita du séjour qu'il y fit pour se lier avec les principaux Cartésiens, Clerselier, Regis, Rohault, le P. Poisson et Malebranche. Lorsque celui-ci fut attaqué par Malebranche, Dom Desgabets prit sa défense dans un écrit imprimé en 1676 et qui a pour titre : *Critique de la critique de la Recherche de la vérité, où l'on découvre le chemin qui conduit aux connaissances solides, pour servir de réponse à la lettre d'un académicien.*

M. Cousin fait connaître Dom Robert Desgabets dans ses *Fragments de philosophie cartésienne*, et a publié ses *Discussions avec le cardinal de Retz*, auteur de *Descartes à l'alambic*, *distillé par Dom Robert.* Nous renvoyons à ses *Fragments*, page 123 et suivantes.

M. Cousin montre fort bien que Dom Robert Desgabets n'était pas un vrai Cartésien. On peut se demander alors à quel titre il défend Malebranche contre l'abbé Foucher dans sa *Critique de la Critique :* mais il faut savoir que Malebranche le désavoua par un avertissement qui, sans être aussi rude que la préface dirigée contre l'abbé Foucher, ne dut pas être non plus du goût de Dom Robert. C'est une preuve, entre mille, du soin qu'il faut mettre à ne pas intervenir dans les querelles d'autrui. Au surplus, voici le début de cet avertissement de Malebranche : « Depuis la première impression de cette seconde partie, il paroît ici deux livres qui y ont rapport. Le premier a pour titre : *Critique de la Critique de la Recherche de la Vérité, où l'on découvre,* etc. (c'est l'œuvre de Dom Robert). Je suis fort obligé à l'Auteur de cette Critique, de l'honneur qu'il paroît me faire par le titre de son Livre. Mais ce même titre pouvant faire croire que j'aurois eu quelque part à son Ouvrage, je croi devoir dire que, quoique je sois très satisfait de sa personne, je ne suis pas extrêmement content de son Livre. Il me semble que ceux qui se mêlent de deffendre ou de combattre les autres, doivent lire leurs Ouvrages avec quelque soin, afin d'en bien sçavoir les sentimens. Mais la *Recherche de la Vérité* ne mérite pas que des personnes d'esprit s'y appliquent. Je le veux. Ce Livre ne méritoit donc pas que la personne dont on parle, qui certainement a beaucoup d'esprit et de mérite, le deffendist ou le critiquast. »

On n'a point assez relevé ce côté du caractère de Malebranche, par lequel une rude franchise et une mâle sévérité de langage s'allient aux habitudes les plus douces et à la docilité d'un enfant.

Préface, p. xvj, et note.

Leibniz à M. Bayle.

Hanovre, 27 décembre 1698.

Monsieur,

Je chéris fort l'honneur de votre obligeante lettre que M. Banage de Beauval m'a envoyée. Il ne m'en pouvoit arriver de plus agréable, ni d'une personne dont j'honore davantage l'excellente érudition. Je suis surtout bien aise que ma réponse à vos objections ne vous a point déplu. Aimant la vérité, et vous mettant au rang de ceux qui la peuvent approfondir, d'une manière capable d'avancer considérablement nos connoissances, je serai toujours ravi de pouvoir profiter de vos lumières. Et n'osant point espérer qu'un petit discours, tel que celui qui doit paroitre dans le journal de M. Beauval avec votre permission, puisse satisfaire entièrement à vos difficultés, j'aimerois mieux d'apprendre celles qui vous restent ou qui vous peuvent être venues de nouveau, que de recevoir des applaudissemens de la multitude.

J'ai fait mettre dans les *Actes de Leipsig* du mois de septembre une réponse à M. Sturmius, professeur d'Altorf, connu par ses écrits de philosophie et de mathématique, où je tâche de lui montrer qu'il appartient aux substances créées d'être actives et d'avoir quelque force en elles.

J'ai reçu une lettre d'un auteur célèbre, et qui passe avec raison pour un des premiers philosophes de ce tems, où il me donne avis, avec cette louable sincérité qu'il a toujours fait paroitre, d'avoir quitté enfin l'opinion reçue chez les Cartésiens, et employée souvent par lui-même, qu'il se conserve toujours la même quantité de mouvement absolu; disant d'avoir reconnu qu'il se conserve seulement la même somme de mouvement du même côté et non pas absolument. Je lui répondrai que ce qu'il dit est vrai, mais que ce n'est pas assez à mon avis. S'il n'y avoit que cela, il ne se conserveroit rien en vertu des règles, lorsque les corps concourent avec des vitesses réciproques à leurs masses; et il se conserveroit très peu lorsque l'un a tant soit peu plus de quantité que l'autre. Mais il n'en est pas ainsi. La vérité est, que la nature conserve toujours encore la même force absolue, en sorte que les corps pourront produire autant d'effet après le choc qu'ils en avoient pu produire auparavant, si rien d'accidentaire n'absorbe une partie de la force. Par exemple, si les deux corps concourans étoient pesans, et si on s'imaginoit qu'avant le choc ils tournoient leur mouvement à monter chacun à part dans quelque plan incliné, et que par là leur commun centre de gravité puisse arriver à une certaine hauteur; il faut que si on leur donnoit occasion de monter après le choc, ce centre commun puisse encore arriver à la même hauteur, afin qu'il ne se perde rien de la force. Enfin l'expérience confirme mon sentiment, et feu M. Hugens, à qui je l'avois fait remarquer, le trouva véritable; il exprima ainsi depuis, qu'il se conservoit la même force centrale. Mais j'aime mieux de dire, qu'il se conserve absolument la même force, puisqu'elle paraît non seulement dans les ascensions, mais aussi dans quelque autre effet qu'on puisse prendre. Car si les corps concourans pouvoient bander justement un certain nombre des ressorts égaux avant le choc, ou donner un certain degré de vitesse à un certain nombre des globules, je tiens qu'ils en pourront faire autant par après, et ni plus ni moins.

M. Bernoulli, professeur à Groningue, avoit été pour l'opinion commune, mais après avoir examiné la mienne avec soin, il s'est rendu entièrement. Il est vrai que cette conservation de la force ne se peut obtenir qu'en mettant partout du ressort dans la matière; et qu'il s'ensuit une conclusion, qui paroîtra étrange à ceux qui ne conçoivent pas assez les merveilles des choses : c'est qu'il y a pour ainsi dire des mondes dans les moindres corps, puisque tout corps, quelque petit qu'il soit, a ressort, et par conséquent est environné ou pénétré par un fluide aussi subtil à son égard, que celui qui fait le ressort des corps sensibles le peut être à notre égard, et qu'ainsi il n'y a point de premiers éléments, puisqu'il en faut dire autant de la moindre portion du plus subtil fluide qu'on peut supposer. Mais ce n'étoit pas mon dessein de m'enfoncer ici dans ces matières. Il me reste de dire que j'avois attendu l'histoire des ouvrages de M. de Beauval pour vous répondre, croyant que vous y ajouteriez peut-être quelque chose à mes réflexions. Mais comme on me dit qu'elle n'a pas encore paru, je n'ai pas voulu laisser passer l'année sans m'acquiter de mon devoir, et sans vous assurer du zèle avec lequel je suis entièrement, etc.

P. S. M. Mastricht, syndic de la République de Bremen, très habile homme et ami particulier de M. Placcius de Hambourg, m'a chargé de vous écrire que le grand ouvrage des Anonymes et Pseudonymes de M. Placcius étant achevé, on seroit prêt de l'abandonner à un libraire, et M. de Mastricht croit qu'on vous en feroit volontiers le maître, pour faire paroître comme il faut un ouvrage qui servira merveilleusement à l'histoire littéraire. Si votre loisir vous permettoit de faire savoir bientôt votre sentiment là-dessus, vous obligeriez ces Messieurs et moi aussi.

Lettre de Bayle à Leibniz.

Rotterdam, le 13 d'octobre 1702.

Monsieur,

Je suis bien aise que M. Toland se soit souvenu de la prière, que je lui avois faite de vous assurer de mes respects. La lettre que vous me fîtes l'honneur de m'écrire le 19 d'août dernier me fut envoyée par M. de Volder il y a deux ou trois jours avec le manuscrit, où vous avez bien voulu examiner mes petites objections. Je l'ai lu avec un plaisir extrême et avec une nouvelle admiration de la beauté et de la profondeur de votre génie, qui sait si bien développer les matières les plus difficiles. Quant aux louanges que vous m'y donnez, Monsieur, vous me permettrez de les attribuer à vos manières honnêtes et polies, car je suis bien convaincu que tout ce que je puis penser et dire est petit, et principalement par rapport à un philosophe aussi grand et aussi sublime que vous l'êtes. Ainsi quelque gloire qu'il y ait à être loué par un si grand homme, la connoissance que j'ai de mon indignité m'oblige à vous prier d'ôter ces éloges quand vous publierez (ce que je souhaite passionnément que vous fassiez) votre réponse. Je la renvoye à M. de Volder, afin de vous épargner la peine d'en faire faire une autre copie; il aura la bonté de vous la faire tenir avec cette lettre.

Je vois plus clair dans votre hypothèse, Monsieur, depuis que j'ai lu votre manuscrit, et je me félicite de vous avoir donné lieu à l'orner de nouvelles considérations, qui développent de plus en plus un point de doctrine très relevée. Je ne vous envoye point de nouveaux doutes, car tout ce que je pourrois répliquer, autant que je le prévois, ne seroient que des appendix des premières objections, qui à proprement parler ne contiendroient rien de plus qu'elles, et reviendroient à la même chose par des circuits. On ne peut, ce me semble, bien combattre la possibilité de votre hypothèse, pendant qu'on ne reconnoît pas distinctement le fond substantiel de l'âme, et la manière dont elle se peut transformer d'une pensée à l'autre. Et peut-être que si l'on reconnoissoit très distinctement cela, on verroit que rien n'est plus possible que ce que vous supposez. Personne n'est plus capable que vous, Monsieur, de nous éclairer sur ce grand point, et je suis sûr, que cette analyse des idées dont vous parlez à la fin de votre écrit, seroit le plus grand secours qu'on puisse donner à l'esprit humain, et l'une des plus importantes choses de la philosophie. Je souhaite que celui qui l'a conçue la produise au public, c'est de vous, Monsieur, que je parle. Il me faudroit plusieurs pages, si je voulois vous indiquer tous les endroits de votre réponse qui m'ont charmé, et si j'entrois dans un détail, j'oublierois moins que tout autre chose, ce que vous dites sur le livre du Chevalier de Méré. Cela est tout à fait curieux.

Mais je ne m'aperçois pas que quand on a l'honneur d'écrire à une personne si occupée que vous, on doit être court. Je finis donc en vous souhaitant une parfaite santé, à fin que vous continuiez à travailler à la prorogation des vérités les plus sublimes de la philosophie, et en vous assûrant que je suis avec un profond respect et en toute la gratitude imaginable, etc.

Extrait de la réponse de Leibniz à la lettre précédente, à laquelle il a mis ces mots allemands : nicht abgangen, *c'est-à-dire que cette lettre n'est pas partie. Elle fut datée de Berlin, le 5 décembre* 1702 (1).

MONSIEUR,

J'ai reçu l'honneur de votre lettre, mais mon écrit est resté chez M. Bernoulli, à Groningue, pour être plus à portée, si quelqu'un le vouloit voir encore. Je suis bien aise, qu'il ne vous a point déplu, mais j'aurois tort d'en retrancher les endroits qui vous rendent justice, et qui marquent l'obligation qu'on vous a d'avoir contribué à développer cette matière par vos belles et profondes réflexions. S'il ne vous reste de la difficulté que sur le progrès spontané des pensées principalement, je ne désespère point qu'elle pourra cesser un jour, et j'avois même déjà écrit une lettre pour y contribuer : mais je me ravise et j'en retranche ici tous ces raisonnemens, car peut-être n'en avez-vous point besoin, Monsieur; peut-être aussi que quelque autre chose que ce que vous avez marqué vous empêche d'entrer entièrement dans mon sentiment. Il semble aussi que vous avez craint de tomber dans les redites, mais quand on procède nettement par ordre, par preuves, exceptions, répliques et dupliques, etc., on le peut éviter.

J'ai reçu enfin l'*Extrait de la connoissance de soi-même* du père Lami Bénédictin, touchant ce qui regarde mon système. Mais j'ai eu de la peine à comprendre en quoi consiste ce qui

(1) Feder paraît avoir ignoré qu'il y a deux projets de cette lettre, l'un daté, l'autre sans date, et qu'entre les deux il y a des variantes. Tout un alinéa commençant par ces mots : « Vous dites aussi, monsieur, » manque.

peut lui avoir causé de la difficulté. Et au lieu que vous avez eu soin, Monsieur, de ne me point objecter ce qui peut être opposé à tous les systèmes, presque tout ce qu'il dit contre moi, ne milite pas moins contre tous les autres. C'est comme s'il s'imaginoit que mon système doit rendre les choses meilleures qu'elles ne doivent et ne peuvent être. Car il m'impute d'ôter à l'âme la liberté et de charger Dieu des désordres. Mais les actions, sentimens ou passions involontaires, si elles ne lui viennent pas du corps, lui viennent de ce que sa nature est expressive du corps. Et puisque Dieu est auteur non seulement de la nature de l'âme, mais aussi de celle du corps : il n'importe que les désordres et les extravagances volontaires ou involontaires naissent de la nature de l'âme seule, ou de la nature de l'âme jointe avec les impressions de Dieu ; et même on peut dire que le dernier parti, qui est celui des causes occasionnelles, est le plus embarrassant. Et puisque Dieu peut produire des douleurs ou autres sentimens peu avantageux dans l'âme selon l'auteur ; pourquoi ne seroit-il point permis à Dieu, selon moi, de donner à l'âme une nature qui produise ces choses par ordre dans la suite des temps ?

Ce docte Anglois, qui m'avoit apporté vos complimens obligeans, sera de retour en Hollande. Il m'a montré ce qu'il vous avoit écrit sur un passage de votre *Dictionnaire* à l'endroit de Dicéarque, qui ôte toutes les âmes à la nature ; il a voulu répondre à l'objection que vous faites à Dicéarque. Mais je ne lui ai point dissimulé que je suis de votre sentiment, que la matière ne peut point devenir pensante, comme elle peut devenir ronde. Et j'ai montré, comme vous savez, Monsieur, que la matière peut devenir propre à donner des pensées bien distinctes, quand elle est bien organisée, mais non pas à en faire naître où il n'y en a point du tout. C'est comme un essayeur ne fait point naître de l'or, mais il le développe. Il est vrai que si le dérangement de la matière étoit capable de faire cesser les pensées, son arrangement seroit aussi capable d'en faire naître. Mais tout cela ne se doit entendre que des pensées distinguées, qui attirent assez notre attention pour qu'on s'en puisse souvenir.

J'appréhende que cette guerre, qui s'échauffe plus que jamais, ne fasse quelque tort aux sciences; je remarque qu'en France, et partout ailleurs, le nombre des savans véritablement solides diminue extrêmement; et je ne m'en étonne point, quand je vois que depuis l'an 1672, il n'y a eu que guerres et taxes pour y subvenir, de sorte que ceux qui sont venus depuis ce temps-là n'ont eu presque que le nécessaire en tête. Et vous savez qu'on appelle nécessaire dans le monde, non pas ce que Jésus-Christ appelle *unum necessarium*, mais ce qui sert à faire bouillir la marmite. Il y a peu de gens de votre humeur, Monsieur, et de la mienne, pour prendre plaisir aux recherches.

Avant que de finir, je dirai quelque chose à l'endroit de votre lettre, où vous remarquez, Monsieur, qu'on ne sauroit bien examiner la possibilité de mon hypothèse, sans connoître assez distinctement le fond substantiel de l'âme et la manière dont elle se peut transformer. Je ne sais s'il est possible d'expliquer mieux la constitution de l'âme qu'en disant : 1.) Qu'elle est une substance simple, ou bien ce que j'appelle une vraie unité. 2.) Que cette unité pourtant est expressive de la multitude, c'est-à-dire des corps, et qu'elle l'est le mieux qu'il est possible selon son point de vue ou rapport. 3.) Et qu'ainsi elle est expressive des phénomènes selon les lois métaphysico-mathématiques de sa nature, c'est-à-dire selon l'ordre le plus conforme à l'intelligence et à la raison. D'où il s'ensuit, enfin, 4.) Que l'âme est une imitation de Dieu, le plus qu'il est possible aux créatures, qu'elle est comme lui simple et pourtant infinie aussi, et enveloppe tout par des perceptions confuses, mais qu'à l'égard des distinctes elle est bornée ; au lieu que tout est distinct à la souveraine substance, de qui tout émane, et qui est cause de l'existence et de l'ordre, et en un mot la dernière raison des choses. Dieu contient l'univers éminemment, et l'âme ou l'unité le contient virtuellement, étant un miroir central, mais actif et vital pour ainsi dire. On peut même dire que chaque âme est un monde à part, mais que tous ces mondes s'accordent et sont représentatifs des mêmes phénomènes différemment rapportés, et que c'est la plus parfaite manière de multiplier les êtres autant qu'il est possible, et le mieux qu'il est possible (1).

Lettres et Opuscules, p. 270, et note.

Boëce, De consolatione.

Cum polo Phœbus roseis quadrigis
    Lucem spargere cœperit,
Pallet albenteis hebetata vultus
    Flammis stella prementibus.
Cum nemus flatu Zephyri tepentis
    Vernis irrubuit rosis,
Spiret insanum nebulosus Auster.
    Jam spinis abeat decus,

(1) Dans le second projet, la lettre finit autrement.

Sæpe tranquillo redeat sereno
  Immotis mare fluctibus
Sæpe ferventeis aquilo procellas
  Verso concitat æquore
Rara si constat sua forma mundo,
  Si tantas variat vices,
Crede fortunis hominum caducis,
  Bonis crede fugacibus ;
Constat æternaque positum lege est
  Ut constet genitum nihil.

Lettres et Opuscules, p. 272 et note.

Boëce, de Consolatione, *résumé par Leibniz.*

Le texte de Leibniz paraît défectueux : on peut le restituer au moyen de celui de Boëce.

Le texte original du *De consolatione* porte deux raisonnements qui sont à peu près ceux-ci :

» 1° Si la béatitude est le souverain bien de la nature raisonnable, et si ce qui peut estre ravy de quelque manière que ce soit n'est pas un souverain bien parce que ce qu'on ne nous scauroit oster, doit estre nécessairement plus excellent, il est évident que la fortune estant si changeante, ne peut prétendre à la possession de cette béatitude.

» 2° De plus celuy qui jouit de cette félicité périssable, ou scait quelle est inconstante ou ne le scait pas. S'il ne le scait pas, quelle béatitude peut-il y avoir dans l'ignorance et dans l'aveuglement? S'il le scait, il faut nécessairement qu'il appréhende la perte de ce qu'il est assuré de perdre, et par conséquent cette crainte continuelle l'empeschera d'estre jamais heureux : que s'il croit devoir mépriser cette perte, il faut conclure que la félicité dont il considère la perte avec autant d'indifférence, n'est qu'une béatitude imaginaire. »

FIN.

INDEX ALPHABÉTIQUE.

A

Académiciens. L'abbé Foucher restaurateur de leur philosophie, p. 36. Logique des académiciens, p. 42, 44, 182 ; leur philosophie, p. 49, 82 ; leurs axiomes, p. 95, 104, 106 ; opinion de Leibniz, p. 107, 108 ; leur *doute* expliqué, p. 119.

Académie. Leibniz désireux d'y avoir un correspondant, p. 195. Académie française, p. 202, 217. Académie des sciences, p. 290.

Action (L'homme est-il principe d'), p. 182.

Affabilité. Quelle en est la cause, p. 163.

Aimer. Définition, p. 255.

Air (Coussins d'), p. 210.

Ame. Ce que c'est, p. 188 ; n'est pas mortelle par nature, immortelle par grâce, p. 248.

Amitié. Ses motifs, p. 151. Quelle est la plus belle, *ibid.*

Amour. Sa nature, p. 254. Amour-propre, p. 138.

Analyse. Ses limites, p. 71.

Anciens (Sagesse des), p. 41.

Animaux. Leurs transformations, p. 68.

Apparences (Réalité de nos), p. 38.

Argumentation. Ce que c'est d'après Locke, p. 23.

Aristote. Son erreur touchant les corps, p. 70.

Arithmétique sauvée, p. 30.

Arnauld. Ses discussions avec Malebranche, p. 41.

Art de connaître les hommes, p. 132 et suiv. ; de raisonner, p. 279 ; de bien penser, du P. Bouhours, p. 252. Arts mécaniques, p. 96, 201. Faire fleurir les arts, p. 283.

Association. Ses bienfaits dans les sciences, p. 286, 288, 290.

Assurance morale, p. 38.

Astronomie. Hypothèse de Leibniz, p. 63. Tables, p. 199.

Attention (Défaut d'), p. 274.

Augustin (Saint). Son sentiment sur les académiciens, p. 66.
Axiomes. Identiques, p. 30 ; des Cartésiens, p. 54.

B

Bayle. Examen de ses sentiments par Leibniz, p. 173 et suiv.; 179 et suiv.
Beatitudo. Quid sit, p. 243.
Bien. En quoi consiste-t-il, p. 181. Balance des biens et des maux, p. 271. Souverain bien inamissible, p. 272. Ne pas s'embarrasser des biens passagers, p. 272. Moyen de contribuer au bien, p. 275.
Binaires (Essai des), p. 208.
Bonheur particulier dépend du général, p. 278. Obstacles au bonheur, p. 281.
Bonté (Vertu de la), p. 146.
Botanique, p. 201.

C

Calculs. Les faire une fois pour toutes, p. 288.
Cartes de la France, p. 209.
Cartésiens. Examen de leur grand principe, p. 55.
Causes finales, utiles pour les découvertes, p. 107. Cause des substances créées, p. 54.
Cercle (Quadrature du), p. 85. Infini, quid ? p. 92.
Certitude. Si elle est dans les idées, p. 9, 21, 23. Où Locke la place, p. 19, 21, 23.
Clémence. Est-elle politique, ou un effet de l'orgueil ? p. 165.
Communication (Défaut de), p. 274.
Complaisance. N'est point mauvaise, p. 162.
Conceptions claires, sujettes à errer, p. 70.
Coniques (Traité des), p. 230.
Consolation (Livre de Boëce de la), résumé par Leibniz, p. 265 et suiv.
Constance vengée, p. 157, 157.
Continuité (Principe de la), p. 89, 101.
Contradiction (Principe de), p. 50.
Corps. En quoi il consiste d'après Locke, p. 7. Est-il raisonnable

de les nier? p. 5. Peuvent-ils agir sur les esprits, et *vice versâ?* p. 51. Cas où ils ne seraient que des phénomènes, p. 69. Sentiment de Platon, p. 69, 70. Point de figure exacte en eux, p. 70. Corps organiques, p. 190.

Corruption. Qui en est exempt? p. 134.

Créer. Définition, p. 183.

Curieux (Société des), p. 291.

Curiosité. Mobile de l'amour de la vérité, p. 153.

Cycle de Tidius, p. 212.

Cycloïde (Histoire de la), p. 177, 212.

D

Débonnaireté. Ce qu'elle est, p. 148.

Définition réelle, nominale, p. 56.

Démonstration touchant les corps, p. 244.

Descartes. Leibniz n'a pas médité ses écrits, p. 33. Son *Cogito, ergo sum* ne suffit pas, p. 32. Ce qui résulte de sa pensée de la distinction de l'âme et du corps, p. 38. Défaut de ses lois du mouvement, p. 65. En quoi il a manqué, p. 70. Se contredit en métaphysique, p. 110. Son éloge, p. 33. Géomètre, p. 214.

Désintéressement serait faux, p. 152.

Dieu. Démonstration de son existence tirée de son idée ne vaut rien d'après Locke, p. 8, 22. Ce qu'il y faut corriger d'après Leibniz, p. 56. Voies de Dieu et les nôtres, p. 181. Dieu ne devait pas donner la liberté, p. 182. Sur quoi les théologiens fondent la préférence de Dieu, p. 184. Science moyenne, p. 184. Son essence, p. 228. Son existence, p. 246. Son gouvernement, p. 277.

Différence de l'être et du néant, immuable, p. 87.

Dignités sont peu de chose, p. 273.

Dilatabilité, p. 205.

Diversité (Principe de la), p. 32.

Divisibles et indivisibles tout ensemble réfutés par Foucher, p. 101, 102.

Division des travaux scientifiques, p. 288.

Douceur. Ses motifs, p. 162.

Douleur. Serait intéressée, p. 161. Histoire du plaisir et de la douleur, p. 88, 112.

Dynamique. Brouillon fait par Leibniz, p. 91.

E

Écriture sainte (Difficultés tirées de l'), p. 251.
Éducation (Redressement de l'), p. 280.
Entéléchie, p. 190.
Épigramme de Leibniz, p. 259.
Équations locales, p. 90.
Esprit. En quoi il consiste suivant Locke, p. 7. Comment il forme des idées générales suivant Locke, p. 15. Exempté de révolutions après la mort : pourquoi, p. 69 ; de secte, p. 288.
Essais de l'Entendement de Locke, p. 22.
Essences (deux sortes), p. 10, 25. Essence de la matière, p. 95, 99.
Étendue. Y en a-t-il hors de nous ? p. 54.
Éternité tota simul, p. 86.
Être. Manière d'être. Différence des deux, p. 247. Infini, p. 103.
Expériences. De quoi nous assurent-elles ? p. 36. A faire, p. 279.
Explications mécaniques, p. 52.
Expression (Théorie de l'), p. 188.

F

Faculté de faire des abstractions, p. 16. Ce qu'elles sont, p. 182.
Félicité. Ce que c'est, p. 242.
Fermeté. Son mobile, p. 158.
Feu par réaction, p. 202, 205.
Fidélité des sujets, p. 144 ; du secret, *ibid.*
Figure. Absence de figure précise dans les corps, p. 245.
Fohi (Figures chinoises de), p. 225, 229, 231, 233.
Foisset (M.). Son opinion sur l'abbé Foucher. Appendice, p. 294.
Fontenelle. Sa correspondance avec Leibniz, p. 199 et suiv. Entretiens de la pluralité des mondes, p. 208. Lit à l'Académie un Essai de Leibniz, p. 204. Leibniz piqué contre lui, p. 235.
Force. Ses motifs, p. 135, 136. Forces primitives, dominantes, p. 194.
Fortune (Biens de la), p. 270. Son inconstance, p. 269. Les fortunés, les plus sensibles aux maux, p. 271.
Foucher (l'abbé), chanoine de Dijon. Critique de la Recherche de la vérité du P. Malebranche, p. 44, 78. Son sentiment sur Platon, p. 28, 76, 86. Restaurateur de la philosophie des académiciens,

p. 66, 78, 82, 87, 94, 131. Critique du système de Leibniz, p. 99, 125 et suiv. Détails biographiques (voy. l'*Appendice*, p. 295). Étude sur l'abbé Foucher. Introduction, p. XXII et suiv.

G

Générosité. Ce que c'est, p. 166. Ses mobiles, p. 159.
Géographie d'Albufeda, p. 206.
Géométrie sauvée, p. 30. Problème de Leibniz, p. 64.
Grandeurs. Peuvent se diviser à l'infini, p. 89.
Gravité. Compagne de l'hypocrisie, p. 102.

H

Harmonie préétablie, p. 53, 54.
Histoire des lois et coutumes, p. 281; humaine, *ibid.*; des religions, p. 282; céleste, *ibid.*
Honnêteté des femmes. N'est que de la paresse, p. 151.
Honneurs (Vanité des), p. 273.
Huet, évêque d'Avranches. Ses mémoires sur le Cartésianisme, p. 110, 118. Son opinion sur Foucher, p. 305.

I

Idées. Selon Locke, ne peuvent entrer dans l'esprit que par les sens et la réflexion, p. 3, 5.
— *générales.* Doivent être formées sur les particulières, p. 4. Sont formées par abstraction, p. 16.
— de la substance formée par Locke de la composition des idées simples, p. 5. Sa nécessité reconnue, p. 16. Idée de la raison, p. 18.
— de la substance en général, ne s'explique pas dans le système de Locke, p. 5. Comment il a voulu la former, p. 16. Ce qu'elle est suivant lui, p. 17. Obscure, celle des propriétés claire, p. 18.
— *simples*, venant des sens ou de la réflexion, ne sont pas l'unique fondement de notre raisonnement, p. 6.
— *composée* de l'esprit formée par Locke sur les opérations de notre âme, p. 7.
— *de Dieu.* Comment formée d'après Locke, p. 8.
— *simples* vraies et adéquates, selon Locke; idées des substances

imparfaites et inadéquates, p. 9. — Abstraites, ce qu'elles sont, p. 10.

Idées d'un *substratum* obscure, confuse et relative, p. 14.

— *simples.* Ce qu'elles sont, leur origine, p. 15. Fondement de toutes connaissances, p. 22. Effets des pouvoirs des choses, p. 24.

— *des relations,* et modes simples et mixtes, et idées composées des espèces et des substances, p. 15.

— Ne peuvent démontrer l'immatérialité de notre âme, p. 20.

— de l'Être approfondie par Platon, p. 81.

Identité morale, physique, p. 192.

Immortalité de l'âme, p. 248.

Indivisibles. Leibniz a changé de manière de voir à leur sujet, p. 120. Ne composent pas le continu, *ibid.*

Indulgence. Ses motifs, p. 148.

Infini. La nature l'affecte, p. 121, 215. Infiniment petits, p. 215, 217, 234.

Influence, pas d'une substance sur l'autre, p. 188.

J

Juger. Est-ce un acte de la volonté, p. 54.

Justice. Ame de la générosité, ses motifs, p. 169. Règles de justice, p. 250.

L

Lantin. Histoire du plaisir et de la douleur, p. 88, 112. Remarques sur Diogène Laerce, p. 112.

Leibniz, p. 52, 122, 124, 173, 233, 234, et Appendice, p. 300.

ocke, p. 1 et suiv., voy. l'Introduction, p. lxij et suiv.

Logique véritable, p. 279.

M

Magnanimité des philosophes rabaissée, p. 159. Leur désir de se voir blâmés et défendus, p. 160.

Mal. D'où vient le mal, p. 267. Cause du mal, p. 179.

Malebranche. Embarrassé dans son système des idées, p. 114. Réponse de Leibniz, p. 114, 115, 230. Sa préface, p. 308.

Matière et corps. Comment nous venons à les former, p. 36. Essence de la matière. Toute étendue n'est-elle pas matérielle ? Pense-t-elle ? p. 7. (Foucher), p. 82.

Maxime. Qui a besoin de limitation, p. 175.

Méditation. Ce que c'est, p. 236.

Mémoire pour les personnes éclairées et de bonne intention, p. 274, 239.

Mépris de la mort, serait faux, p. 157. Des richesses, blâmé, p. 161.

Méridienne (Continuation de la), p. 201.

Mines (Travaux de Leibniz sur les), p. 197.

Mnémonique, p. 287.

Modération. Ce que c'est, p. 154.

Modestie. L'orgueil en serait la source, p. 155. Des femmes : quel en serait le mobile, p. 156. Dans la dépense, approuvée, p. 161.

Moi. Il y en a un dans chaque substance, p. 68.

Mondes (Entretien de la pluralité des), p. 208.

Morale de Leibniz. Introduction, p. xlviij.

Mouvement (Lois du), p. 222, 223, 225, 226, 227, 230. Par quoi est poussé un corps, p. 68. Abstrait et concret. Théorie de Leibniz, p. 119.

Multitude opposée à unité, p. 187.

Mystère. Ce qu'il ne faut pas appeler ainsi (auteur du christianisme non mystérieux), p. 11. Gens hardis à les attaquer, p. 12.

N

Nature. Sa manière d'agir. Doutes de Foucher à cet égard, p. 84.

Nécessités. Leur nature, p. 32.

Newton, p. 200.

Notion. De la personne. D'où elle vient, p. 11. Renfermant quelque chose d'imaginaire, p. 69.

O

Ordre (Preuve tirée de l'), p. 247 ; et justice, p. 250 ; général, p. 251.

Orgueil. Serait le meilleur précepteur de l'homme, p. 154.

Origène. Son sentiment sur les créatures, p. 175.

P

Parrhasiana. Raisonnements sur les maux physiques et moraux, p. 173. Manière de voir de Bayle, p. 174.

Passions. Mauvais juges, p. 209.

Patience dans les maladies, ses motifs, p. 156.

Péché. Pourquoi est-il permis, p. 180.

Pensées (Grande variété dans nos), où en est la cause, p. 35.

Perception, ce que c'est, p. 188.

Phosphore (Invention du). Méprises dans le récit, p. 98, 197. Son histoire, p. 211.

Pitié. Le mobile en serait égoïste, p. 149. Réfutation.

Plaisirs des sens, p. 237.

Poésie allemande, p. 250, etc.

Pouvoir sur soi-même, p. 154.

Preuves. Ne peuvent aller à l'infini, p. 50.

Principes. Grand principe de la métaphysique, p. 277.

Probité. Sa pratique par deux principes, p. 140-41-42-43.

Problème. Extrema in idem recidunt. Quelle conséquence il n'en faut pas tirer, p. 86.

Progrès à l'infini. Est-il possible, 249. Perfection, période, p. 249.

Propositions hypothétiques, p. 30. Nécessaires, comment établies, p. 51.

Providence, p. 251.

Prudence peu estimable, et pourquoi, p. 138.

Pudeur. De quoi l'on ne rougit pas, p. 148.

Pythagoriciens. Ce qu'ils ont fait, p. 70.

R

Raison. Ce que c'est (auteur du *Christianisme non mystérieux*), p. 2. De quoi elle ne dépend point, p. 6, 19.

Raisonnement (Exercice du), p. 239.

Rapport naturel entre quoi, p. 5.

Récompenses et châtiments (Principe des), p. 277.

Reconnaissance. Fausse allégation, p. 144.

Règle générale. Quelle ; défectueuse comme principe de science, p. 54.

S

Sagesse. Ce que c'est, p. 241. Ses discours, p. 260.
Savants (Devoirs des), p. 284.
Scepticisme est un désespoir de réussir, p. 276.
Sciences. Société des sciences, p. 203, 290, 291. Essai de science numérique, p. 204, 206.
Scudéry (Mademoiselle de), p. 254, 255, 256, 257, 258, 259.
Sincérité, p. 145. Sincères par intérêt, p. 145.
Sophie (Charlotte). Lettre à la reine, p. 252.
Sophie (la duchesse). Fragments de lettres, p. 187, 192.
Statique des règles, p. 71.
Substance selon Locke, ce qu'elle signifie, p. 4, 14. Ce que c'est, p. 16 (Locke). L'idée en est obscure, mais pas l'existence, p. 17.
— Matérielle et spirituelle en même temps, p. 17, 20.
Substratum. Ce que c'est, p. 5, 14.

T

Tables analytiques fort utiles, p. 90.
Tragédie de *Thésée*, p. 260, d'*Absalon*, p. 268.
Tempérance. Ses motifs, p. 137.
Tschirnaus. Qualité et défaut de ses conceptions géométriques, p. 70, 213.

U

Unités. Considérations diverses sur les unités, p. 187-191. Explication de la nature des unités, p. 172-3-4.
Univers fait pour les esprits, p. 277.

V

Vaillance. Deux motifs principaux, p. 160.
Verbe divin. Toutes choses faites par lui, p. 105.
Vérité des propositions hypothétiques hors de nous, p. 31.
Vérités éternelles, p. 31, 32, 33, 250.
— générales absolues, au nombre de deux, p. 32, 35.
— hypothétiques, p. 49.
— solides, tâcher d'en établir, p. 66. Essai de démonstration à

cet égard. p. 67. Différent de ce qu'on se l'imagine, et pourquoi, p. 67.

Vérités importantes. En chercher les preuves, si c'est possible, p. 88.

Inventaire admirable, p. 279.

Vertus qui ont rapport à la justice, p. 140.
— officieuse, mobile d'intérêt, p. 146.
— ordinaires, pas à l'épreuve des grandes tentations, p. 146.
— qu'on peut ranger sous la force, p. 153-54.
— ayant rapport à la tempérance, p. 161.
— qui dépendent de la prudence, p. 162.

Vie (notre) est-elle un songe, p. 37.
— heureuse. Ce que c'est, p. 241. *Vita beata*, 243.

Vitesse infinie, absurde, p. 86.

Volonté des hommes rendue meilleure, p. 179.

ERRATA.

Page v, note 2, *Trevoue*, lisez : *Trevoux*.
   vj, note 3, *Schedii*, lisez : *Schedis*.
   lxix, (1), lisez : (3).
   xc, ligne 4, *exposé*, lisez : *exposée*.
   cx, ligne 8, *pomariis*, lisez : *pomœriis*.
   42, ligne 22, ; ponctuez ,.
   80, note 4, *Anest.*, lisez : *Amst.*
   87, ligne 24, *Louvegastrin*, lisez : *Pontchartrain*.
   98, note 3, *Lewenhoeck*, lisez : *Hartsoecker*.
   103, ligne 16, *nous nous*, lisez : *nous*.
   118, note 1, *mon.*, lisez : *man*.
   143, ligne 25, *mov*, lisez : *moy*.
   154, ligne 4, φιλοσοφ, lisez : *philosophes*.
   159, ligne 20, *amerois*, lisez : *aimerois*.
   160, ligne 13, *connoitre*, lisez : *faire connoître*.
   166, scandez : Si primordia nostra
                    Autoremque Deum quærimus,
                    Nullus degener extat.
   168, ligne 3, *seroit*, lisez : *feroit*.
   Ibid., ligne 9, *l'a*, lisez : *la*.
   173, avant-dernière ligne, *proportions*, peut-être *disproportion*.
   177, ligne 7, *sue*, lisez : *sçu*.
   Ibid., ligne 9, *Carlodati*, lisez : *Magliabecchi*.
   185, ligne 19, . ponctuez ?.
   188, ligne 25, *la*, lisez : *sa*.
   198, dernière ligne. *notre*, lisez : *votre*.
   199, avant-dernière ligne. *ou*, lisez : *où*.
   200, ligne 15, *nous*, lisez : *vous*.
   223, ligne 3, *legales*, lisez : *égales*.
   239, ligne 7, *vray*, lisez : *vraye*.
   248, ligne 15, *V. A. C.*, lisez : *V. A. E.* (Votre Altesse Électorale).
   287, ligne 8, *se souvient*, lisez : *se souvint*.
   304, ligne 3, *que ce n'étoient des*, lisez : *que ce n'étoient que des*.
   Ibid., ligne 13, *Académies*, lisez : *académiciens*.

Nota. L'éditeur fait observer que l'orthographe arbitraire de Leibniz, de Fontenelle, et surtout de l'abbé Foucher, a été respectée ; on a fait de même pour la ponctuation.

TABLE DES MATIÈRES.

Préface...	i
Introduction..	xxj
I. Théorie des idées..	xxiij
II. Morale...	xlj
III. Orthodoxie..	lxij
Conclusions...	lxxxiij
Remarques sur le sentiment de M. de Worcester et de Locke. Des idées et principalement de l'idée de la substance, etc.	1
Correspondance de Leibniz avec l'abbé Foucher............	27
Réflexions sur l'art de connaître les hommes, à madame l'électrice de Brunswic-Lunebourg............................	132
Remarques critiques de Leibniz sur le Dictionnaire de Bayle.	
1° Origène..	174
2° Otton III. Ovide...	175
3° Parens (David)..	176
4° Pascal..	176
5° Ricius. — Ruffi..	177
6° Ruysbroeck..	178
7° Pauliciens...	179
Fragment d'une lettre de Leibniz..............................	187
Extrait d'une lettre de Berlin, 19 novembre 1701........	192
Lettres de Leibniz et de Fontenelle.............................	196
De l'usage de la méditation......................................	236
Fragments divers.	
De la vie bienheureuse.....................................	242
De vita beata (autre fragment)........................	243
Démonstration qu'il n'y a point de figure précise et arrêtée dans les corps à cause de la diversité actuelle des parties de l'infini................................	244
Sur l'existence de Dieu....................................	246
Sur l'immortalité de l'âme, à madame l'électrice de ***...	248
Lettres à la reine sur *l'Art de bien penser*, du P. Bouhours.	252
De la nature de l'amour...................................	254
Note sur mademoiselle de Scudéry................	256
Leibniz feuilletoniste.......................................	260
Boëce, *De consolatione*, résumé par Leibniz...............	265
Mémoire pour les personnes éclairées et de bonne intention..	274
Appendice..	293
Errata...	335

www.ingramcontent.com/pod-product-compliance
Lightning Source LLC
Chambersburg PA
CBHW051827230426
43671CB00008B/860